Tabgha 2012

Festschrift zur Einweihung des neuen Klostergebäudes am 17. Mai 2012

Herausgegeben von den Benediktinern der
Abtei Dormitio und des Priorats Tabgha

Abtei Dormitio / Kloster Tabgha (Hgg.)
Tabgha 2012. Festschrift zur Einweihung des neuen Klostergebäudes am 17. Mai 2012.
1. Auflage 2012

Layout und Redaktion
Basilius Schiel OSB/Dormitio

Printed and bound
Emerezian Est., Jerusalem
print@emerezian.com

Tabgha ist nicht nur ein Ortsname

Tabgha ist zu einem Begriff geworden,
zu einem festen Programmpunkt,
der auf keiner Pilgerreise ins Heilige Land fehlt.

Der Name Tabgha
löst bei vielen Pilgern und Besuchern,
den Gästen, Mitarbeitern und
bei uns Mönchen und Schwestern
unterschiedliche Assoziationen aus:

Die einen verbinden mit dem Namen Tabgha
das wohl berühmteste und bekannteste Mosaik
im Heiligen Land
mit den Fischen und Broten,
das an das biblische Geschehen
der Speisung der 5000 erinnert.

Andere denken an die wunderschöne Kirche,
die im byzantinischen Stil
aus hellem Jerusalemstein erbaut ist.

Israelis sind begeistert von der einmaligen Akustik,
die sie bei Konzerten in unserer Kirche erleben.

Unvergessen sind vielen Pilgern und Gästen die
Eindrücke bei einer Eucharistiefeier,
einem Sonnenaufgang,
einer Gebetszeit an Dalmanuta,
direkt am Seeufer.

Seit 1984
ist der Name auch mit dem Begriff
der Jugend- und Behindertenbegegnungsstätte
verbunden
und für Einzelgäste
mit der Atmosphäre bei einem Aufenthalt
in unserer kleinen Kommunität.

Für uns,
die Benediktiner,
bedeutet Tabgha das Glück,
am Heiligtum der Brotvermehrung
präsent sein zu können
und den Pilgern die Möglichkeit zu geben,
diese Stätte Jesu zu erleben.

Tabgha ist einfach Tabgha!

Jeder nimmt seine individuellen Eindrücke,
seine persönlichen Erfahrungen
und Erinnerungen mit,
jeder hat seine Vorstellungen,
sein Bild.

Aus: Hieronymus Brizic OSB,
Mit Pater Hieronymus durch die Geschichte von Tabgha,
Manuskript, Tabgha 1996/1999.

Inhalt

Joachim Kardinal Meisner
Vorwort für das Festbuch zur Einweihung des Klosters in Tabgha 6

Fouad Twal
Grußwort 9

Notker Wolf OSB
Grußwort 11

Gregory Collins OSB
Grußwort 12

Mother Ma. Araceli Escurzon OSB
Da-Sein und Dienst. Ein heiliges Privileg in Tabgha (1994–2012) 15

Basilius Schiel OSB
(Geleitwort) 18

Evangelium nach Johannes
Das Wunder der Brotvermehrung 20

Stefano De Luca
Vorgeschichte, Ursprung und Funktion der byzantinischen Klöster von
Kafarnaum/Tabgha in der Region um den See Gennesaret 24

Hieronymus Brizic OSB
Mit Pater Hieronymus durch die Geschichte von Tabgha. – Teil I: Prolog 63

Hubert Kaufhold
Der erste Bericht über das Mosaik mit dem Korb und den Fischen in Tabgha am See Gennesaret 67

Hieronymus Brizic OSB
Mit Pater Hieronymus durch die Geschichte von Tabgha. – Teil II: Platzhalter während
des Zweiten Weltkrieges. – Wie die Benediktiner nach Tabgha kamen 77

Wie die beiden Enten in die Lotusblüte kamen 92

Hieronymus Brizic OSB
Mit Pater Hieronymus durch die Geschichte von Tabgha. – Teil III: Wie wir auf der Knopp-Farm
den Unabhängigkeitskrieg erlebt haben 96

Benedikt Maria Lindemann OSB
Tabgha. Siebenquell geistlichen Lebens 107

Hieronymus Brizic OSB
  Mit Pater Hieronymus durch die Geschichte von Tabgha. – Teil IV: Unsere Umquartierung
  von der Knopp-Farm zum Ort der Brotvermehrung 113

Alois Peitz & Hubertus Hillinger
  Der Planungsprozess 126

  Der Grundstein 130

Alois Peitz & Hubertus Hillinger
  Das neue Kloster der Benediktiner in Tabgha 134

Basilius Schiel OSB
  „Wir sind glücklich mit diesem Bauwerk." 188

Hieronymus Brizic OSB
  Mit Pater Hieronymus durch die Geschichte von Tabgha. – Teil V: Über meine Mitbrüder und Äbte 197

Ludger Bornemann
  Wieder ist Gott reisefertig 219

Hieronymus Brizic OSB
  Mit Pater Hieronymus durch die Geschichte von Tabgha. – Teil VI: Die vierte Brotvermehrungskirche 231

Erich Läufer
  Das Wunder von Tabgha 250

Henry V. Morton
  …die wundervolle Welt anschauen… 256

Hieronymus Brizic OSB
  Mit Pater Hieronymus durch die Geschichte von Tabgha. – Teil VII: Misereor – „Mir ist
  weh um die Leute." Vom Beginn der Begegnungsstätte Beit Noah 263

Paul Nordhausen-Besalel
  Beit Noah 2012 275

Jeremias Marseille OSB
  Benediktinisches Leben am See Gennesaret 289

  Foto-Nachweis 300

Vorwort für das Festbuch zur Einweihung des Klosters in Tabgha

Joachim Kardinal Meisner
Erzbischof von Köln
Präsident des Deutschen Vereins vom Heiligen Lande

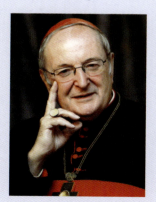

Seit nunmehr gut 70 Jahren leben Benediktiner der Abtei Dormitio zu Jerusalem nun auch in Tab-gha am See Gennesaret. Wenn es stimmt, dass die Zahl 70 im jüdisch-rabbinischen Denken zu den Vollkommenheitszahlen gehört, dann ist es wohl ein Geschenk Gottes, dass nunmehr – nach siebzig Jahren – auch der neue Klosterbau neben der vielleicht schönsten Kirche in Galiläa fertiggestellt ist und den Mönchen zur irdischen Heimat übergeben wird.

Es ist ein heiliger Ort, auf dem der Klosterbau errichtet wurde. Das Heilige Land mit seinen Plätzen biblischer Ereignisse beeinflusst und bestimmt das Denken von Christen. In der unvergleichlich schönen Landschaft am Galiläischen Meer liegt Tabgha, das ursprüngliche „Heptagon", der Siebenquell. Hier weihte vor 20 Jahren, am 23. Mai 1982, mein Vorgänger in Köln, der hochverehrte Joseph Kardinal Höffner, die Brotvermehrungskirche ein. Seitdem betrachten hier Tag für Tag hunderte Pilger die unbekümmert erzählenden Mosaiken biblischer Flora und Fauna. Das Herzstück aber ist das weltberühmte Altarmosaik mit dem Korb und den Fischen und Broten. Die Erinnerung an das Wunder der Brotvermehrung gab der Kirche ihren Namen. Oft suchen Pilger aber auch den stillen und unmittelbar am Wasser gelegenen Platz Dalmanuta zum Beten und Besinnen auf.

Am Fest Christi Himmelfahrt 2012 werde ich bei der festlichen Einweihung des fertiggestellten Klosters den Segen Gottes für das Haus und seine Mönchsgemeinschaft erbitten. Das erfüllt mich mit großer Freude.

Noch einmal: Tabgha ist ein heiliger Ort. Die Evangelien lenken unseren Blick zurück zu dem, was damals hier geschah: Hunderte, ja tausende Menschen laufen Jesus nach. Sie laufen ihm nach bis in die Wüste, weg von daheim, weg vom Brot, weg vom Gewohnten. Sie laufen Jesus am Ufer entlang nach und ihm in die Augen. Sie laufen um den See, um ihn zu hören. Er hat sie gepackt, der Mann aus Nazaret, der von Gott spricht und nur von Gott und seinem Reich. Nicht von Spiel und Spaß, nicht von Brot und Politik erzählt er, sondern von Gott, der die Menschen liebt.

Nachgelaufen sind sie ihm. Jetzt sind sie müde und abgespannt, hungrig sind sie. Ihre Taschen sind leer, ihre Mägen auch. Aber sie bleiben. Jesus hat sie gepackt, weil sie spüren, dass das, was er sagt, wahr ist. Doch die Jünger bitten Jesus, die Leute – Männer, Frauen und Kinder – wegzuschicken, damit sie nicht verhungern. Eigentlich ist es unglaublich, wie Jesus reagiert: „Lasst die Leute sich setzen" (Joh 6,10), sagt er daraufhin und weiter: „Gebt ihr ihnen zu essen!" (Mt 14,16). Die Leute setzen sich tatsächlich, obwohl es weit und breit kein Brot zu kaufen gibt. Sie trauen dem Herrn etwas zu. Er wirkt das Wunder der Brotvermehrung. Gleichsam unter der Hand werden Brot und Fische mehr und mehr, soviel, dass alle satt werden und die Jünger zum Schluss noch 12 Körbe voll einsammeln.

„Gebt ihr ihnen zu essen!" Dieser Auftrag Jesu gilt auch heute noch. An welchen Tischen werden die Menschen satt? Bei meinem ersten Besuch in Tabgha erzählten mir die Mönche, dass das eucharistische Brot auf dem Altar das fünfte Brot sei, das im Korb des Mosaiks fehle. – Eine schöne Deutung. Die Menschen, die nach Tabgha kommen, haben weniger leere Taschen, vielmehr leere, hungrige Herzen. Wer nach Tabgha kommt, darf nicht vergebens hoffen, hier Speise über den Tag hinaus zu finden. Ich vertraue darauf, dass die Mönche des heiligen Benedikt Zeit, Möglichkeiten und Worte finden, um diesen geistigen Hunger zu stillen. Sie dienen dem Wort Jesu: „Ich bin das Brot des Lebens, wer zu mir kommt, wird nie mehr hungern" (Joh 6,35).

Der Evangelist Johannes kann uns noch einen Schritt weiterführen, wenn er schreibt: „Dann nahm Jesus die Brote, sprach das Dankgebet und teilte es an die Leute aus, soviel sie wollten" (Joh 6,11). Es ist kein Zufall, dass das Dankgebet das Nehmen und Austeilen verbindet. Wer dankbar von Gott empfängt, wird er nicht auch verschwenderisch austeilen? Es ist gut, dass der gelungene Klosterbau neben Mönchszellen und Gängen, neben Gasträumen und Refektorium als Herzkammer das Oratorium hat. Von ihm sagt der Mönchsvater Benedikt in der Ordensregel, dass das Oratorium das sei, was sein Name besagt, und es werde dort nichts getan oder aufbewahrt, das sich für diesen Ort nicht schickt. Und weiter: „Und wenn einer still für sich beten will, trete er einfach ein und bete, nicht mit lauter Stimme, sondern mit Innigkeit".

Von ganzem Herzen wünsche ich persönlich, aber auch als Präsident des Deutschen Vereins vom Heiligen Lande der Mönchsgemeinschaft in Tabgha und ihrem neuen Klosterbau den Segen Gottes und eine friedvolle Zukunft. An diesem Ort mögen Pilger und Besucher das Wort aus der Regel des Mönchsvaters Benedikt zum bleibenden Erlebnis erfahren:

*„Et omnibus congruus honor exhibeatur,
maxime domesticis fidei et peregrinis"*

*„Allen erweise man die angemessene Ehre,
besonders den Brüdern im Glauben und den Pilgern"*

Köln, im März 2012

+ Joachim Kardinal Meisner
Erzbischof von Köln

Grußwort

Fouad Twal
Lateinischer Patriarch von Jerusalem

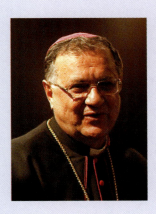

Liebe Schwestern und Brüder in Christus,

mit Freude habe ich von Ihren Plänen, ein neues Kloster in Tabgha am Ufer des Sees von Galiläa zu bauen, gehört. Dieses „neue Wagnis" bringt mit sich die Chance zur Erneuerung einer früheren Vision und ursprünglicher Verpflichtungen. Ihre Unterstützung und Ihre Sorge für das Heiligtum der Brotvermehrung eröffnen vielen Pilgern die Gelegenheit, den Spuren Jesu zu folgen, und zwar genau am Ort Seines öffentlichen Dienstes, wo Er viele in täglicher Gemeinschaft und im Gebet in Seine Nachfolge gerufen hat.

Nun feiern Sie passenderweise in großer Freude und Dankbarkeit die Segnung und die Eröffnung des Klosters. Ich möchte meine herzlichste Gratulation und meine besten Wünsche an Abt Gregory Collins und die benediktinische Gemeinschaft von Tabgha und der Dormitio-Abtei aussprechen, an die Schwestern und die Oblaten, die mit Ihnen zusammenarbeiten, an Ihre Wohltäter, Freunde und Volontäre und an Seine Eminenz Joachim Kardinal Meisner, den Erzbischof von Köln und Präsidenten des Deutschen Vereins vom Heiligen Lande.

Der heilige Gregor der Große, einer der frühen benediktinischen Mönche, rief zu einem Leben auf, gänzlich geweiht, „Christus zu suchen und Ihm zu dienen, dem einen und wahren Erlöser" (nach der Präfation der Messe zum heiligen Benedikt). Lassen Sie, angestoßen durch diesen glücklichen Anlass, aufmerksam diesen Ruf und den geistlichen Weg des heiligen Benedikt zu, inspiriert von dem einen Verlangen, Christus zu gefallen, dass Er hell, stark und beständig in Ihnen brenne. Ein großartiges Licht des Glaubens und der Kultur strahlte vom großen heiligen Benedikt aus, das durch das Beispiel und durch die Arbeit der nachfolgenden Generationen seiner Söhne sich ausgebreitet hat und weltweit erblüht ist.

Die Präsenz der deutschen Benediktiner im Heiligen Land ist eine wertvolle Gabe Gottes an die Kirche: Ihr, die Ihr freigebig Eure Familien und Euer Land zurückgelassen habt, um SEINEM Willen zu folgen, Ihr seid Schätze für die Kirche von Jerusalem. Das Leben und die Regel des heiligen Benedikt führen Euch auch weiterhin zu einem starken und ausdauernden Glauben an Gottes Wort, der gepflegt wird in einer Atmosphäre des Schweigens und der demütigen Anbetung und der so dem Volk Gottes ein eigenes Wissen um IHN vermittelt – etwas, was die Kirche erwartet, und etwas, wonach die Seelen dürsten. Weil das benediktinische Ethos auch über die Grenzen der Klausur hinausreicht, ermahne ich Euch, desto mehr im glühenden Geist Eures heiligen Gründers und eifrig im großen Einsatz für die Errichtung des Reiches Gottes zu bleiben.

In einer Welt, die so oft eine misstönende und bedeutungslose Mischung aus Klängen und Ideen ist, flößen Euer authentischer Lebensweg, mag er auch in den Umständen des Alltags verborgen bleiben, und Eure Vertrautheit mit dem Wort Gottes den Seelen ein demütiges und klares Vertrauen in die Macht Jesu Christi ein. Diese Einheit mit Jesus, die in Gebet und Arbeit treu gelebt wird, kann unzählige Seelen inspirieren, dass sie mit dem Wort Gottes vertraut werden und dass sie demütig im Geiste unseres Himmlischen Vaters leben. Eure Bereitschaft, der Kirche zu dienen, ist vorbildlich. Die Herausforderungen und Verantwortlichkeiten, persönlich und als Kommunität, sind immer groß. Und doch, eingedenk, dass wir gewöhnliche Menschen sind, gerufen einem ungewöhnlichen Herrn zu dienen, lasst uns gemeinsam voranschreiten in Seinem Dienst mit Demut und Hoffnung, die aus der Erkenntnis geboren wird, dass für die, die vertraut mit Jesus Christus gehen, keine Herausforderung zu groß ist.

Da Ihr nun diese bedeutsame Zeit in Eurer reichen Geschichte feiert, erinnere ich mit Dankbarkeit an all das, was Ihr hier im Heiligen Land getan habt, seit Ihr 1906 hier angekommen seid. Lebhaft und dankbar sind wir uns Eures gastfreundlichen, gnadenreichen und großzügigen Dienstes bewusst, den Ihr allen erwiesen habt, die durch Euer Leben und Eure Arbeit beehrt wurden.

Besonders denke ich an die Zeit, als das Lateinische Patriarchalseminar zwischen 1921 und 1932 den Benediktinern der Dormitio-Abtei anvertraut war. Während dieser Zeit hat Euer Beispiel, Euer Unterricht und Eure Führung ein starkes Corps von Priestern geprägt, die der Ortskirche vielfältig gedient haben. Gott hat für Sein Volk im Überfluss gesorgt, denn Er „hat uns mit allem Segen seines Geistes gesegnet durch unsere Gemeinschaft mit Christus im Himmel" (Eph 1,3), und folglich ermöglicht Er unseren Gläubigen ein siegreiches Leben in Christus im Himmel, während sie zugleich sehr auf der Erde verwurzelt sind.

Ich wiederhole meine tiefe Wertschätzung und meinen Dank für Sie alle, die Sie unsere gemeinsame Mission angenommen haben: Zeugen zu sein für Gottes Wahrheit. Mit meinen Gebeten wünsche ich Ihnen allen die Freude des Herrn.

In Christus, unserem Erlöser,

+ Fouad Twal
Lateinischer Patriarach von Jerusalem

Grußwort

Notker Wolf OSB
Abtprimas

Tabgha – ein Kleinod am See Gennesaret, vom Heilig-Land-Verein uns Benediktinern dankenswerterweise anvertraut, bekommt ein neues Kloster. Es war notwendig geworden wegen der Baufälligkeit des alten. Es ein Zeichen benediktinischer Stabilität: wir wollen bei den Menschen bleiben. Das Gotteslob soll weiterhin erklingen an dem Ort, an dem nach alter Tradition Jesus fünf Brote und zwei Fische vermehrt und an die vielen Menschen ausgeteilt hat.

Ein Benediktinerkloster ist ein Ort der Besinnung, der Gastfreundschaft und der Begegnung. „Im Haus des Himmlischen Vaters gibt es viele Wohnungen," hat Jesus gesagt. Alle sind hier willkommen: die Pilger, Jungendliche und Erwachsene, die Behinderten, einfach jeder, der sich von dem faszinierenden Geheimnis der Brotvermehrung ansprechen lässt. Auch Menschen aus zerstrittenen Nationen können hier Aussöhnung und Frieden finden.

Wir Benediktiner sind verwurzelt in einer 1500jährigen Tradition. Aber wir blicken nicht nostalgisch zurück, sondern sehen unseren Auftrag immer vor uns. Möge es den Mitbrüdern hier gelingen, in das Licht des Sees einzutauchen und Frieden aufscheinen zu lassen, einen Frieden, der nicht auf dem Gleichgewicht von Waffen beruht, sondern aus dem demütigen Dienst für Gott und die Menschen erwächst.

Abtprimas Notker Wolf OSB

Grußwort

Gregory Collins OSB
Abt der Benediktinerabtei Dormitio B.M.V.

Die Einweihung des neuen Klosters in Tabgha gibt ein kraftvolles Zeugnis von der Bindung der Mönche der Dormitio an diese alte und ehrwürdige frühchristliche Stätte, wo nach der Tradition der Herr Jesus Christus die Schar seiner hungrigen Nachfolger nährte. Eines der wichtigsten Merkmale des benediktinischen Mönchtums ist das Gelübde der *stabilitas loci*, das Versprechen, für das ganze Leben in dem Kloster zu bleiben, in dem der Mönch seine feierlichen Gelübde ablegt. Das bedeutet, dass wir als Benediktiner auf besondere Weise mit der Erde eines bestimmten Ortes verbunden sind. Auch wenn ein Mönch – wo auch immer – unterwegs sein mag, um zu studieren, oder wenn er von seinem Kloster ausgesandt wurde, um eine spezielle Aufgabe zu erfüllen – er bleibt doch immer Mönch eines ganz bestimmten Klosters. Hier im Heiligen Land ist das zunächst natürlich die Dormitio-Abtei, doch die Dormitio umfasst ebenso Tabgha als abhängiges Priorat.

Stabilitas loci, Stabilität des Ortes, bedeutet auch, dass die Mönche an diesem Ort alt werden – zusammen. Sie entwickeln eine einmalige Beziehung zu ihrem Kloster mit seinen Gebäuden und seinem Grundstück und vor allem mit seiner Kirche oder seinem Oratorium. Hier singen sie täglich ihr Stundengebet, lesen und beten die Heilige Schrift in der *lectio divina* und erfahren – zusammen – die Barmherzigkeit des Herrn in guten und in schlechten Zeiten. Es ist nicht wirklich ein

Wunder, dass man die Benediktinermönche „Liebhaber des Ortes" genannt hat. Wie der große irische Dichter William B. Yeats erkennen auch sie, dass das Leben am besten gedeiht an „einem, lieben, ewigen Ort". Mit den frühen Mönchsvätern wissen sie, dass Bäume, die zu oft verpflanzt werden, niemals eine Chance bekommen, echte Wurzeln zu treiben. Beim Gelübde der Stabilitas geht es darum, sich an einem Ort zu verwurzeln, um im Herrn das geistliche Leben wachsen zu lassen.

Die großartigen neuen Klostergebäude an diesem wunderbaren Ort sind ein so starkes Zeichen, denn sie zeigen an, dass die Mönche wirklich hier sind, um zu bleiben. Hier, in dieser herrlichen Landschaft, an den Ufern des Sees Gennesaret, an einem Ort beeindruckender Schönheit, gesegnet von Gottes Schöpfergnade, an einem Ort, der auf immer durch die gnadenvollen Fußspuren des fleischgewordenen Wortes, unseres Herrn Jesus Christus geheiligt wurde – hier kündet dieses neue Kloster beredt vom großen Ziel des monastischen Lebens: Das Verlangen nach Gott, das Er selbst in unseren Herzen erweckt, die endlose Sehnsucht, Sein Angesicht zu schauen und zu leben.

Diese Sehnsucht bringt die Mönche hierher und hält sie auch hier, auch wenn das Klima für uns als Europäer nicht immer einfach ist oder wenn die große Schar der Pilger uns wie eine menschliche Flutwelle zu überwältigen droht. Es ist genau diese Sehnsucht, die auch die Pilger zu Tausenden an diesen Ort bringt, an dem Jesus der hungrigen Menge zu essen gab. Für alle, die mit Tabgha verbunden sind – die immer noch lebendigen christlichen Ortsgemeinden, die zahlreichen Pilger, jene, die geistlich auf der Suche sind, und sogar die Touristen und einfach Neugierigen – für sie alle ist die Gegenwart einer monastischen Gemeinschaft, die ihr tägliches Zeugnis lebt in der Feier der Liturgie in diesen einfachen und doch edlen Gebäuden, eine starke Erinnerung daran, dass es im Leben mehr gibt als nur Haben, Kaufen und Verkaufen. – Es gibt den Einen, wahren Gott, die ewige Quelle des Glücks, von der aus wir fließen und zu der wir auch eines Tages wieder zurückkehren werden.

Das neue Oratorium und das neue Refektorium (die beiden traditionellen Pfeiler des monastischen Lebens, Orte der Nahrung für Leib und Seele) werden zusammen mit der geschützten Abgeschiedenheit des Kreuzgangs und der Mönchszellen helfen, darauf konzentriert zu bleiben, warum wir Mönche sind. Sie werden wie ein Hafen sein, in dem die Mönche neue geistliche Kraft sammeln können, um den vielen Pilgern und Gästen dienen zu können, die auf ihrer langen Suche nach der Schönheit, dem Guten und der Wahrheit hierher kommen.

Anm.d.Red.: Als Gast war Abt Gregory auch am 27. Februar 2007 bei der Grundsteinsegnung schon bei uns – und half beim Abwasch nach dem Mittagessen mit den Bischöfen...

Das neue Kloster ist die Frucht vieler Mühen: seitens der Mönche und seitens der Architekten, die es geplant haben, und seitens der Arbeiter, die es auf so hervorragende Weise und mit so viel Aufmerksamkeit fürs Detail ausgeführt haben. – Aber vor allem ist es eine Gnade, ein Geschenk Gottes an die benediktinische Gemeinschaft, an die Christen der Ortskirche und an die Pilger, die hierher kommen, Deutsche wie Nicht-Deutsche. Hier, wo Jesus so vielen zu essen gab, wird das neue Kloster es den Mönchen ermöglichen, das Evangelium des Friedens, der Liebe und der Barmherzigkeit mit den Vielen zu teilen, die auch heute noch kommen.

Das neue Kloster hätte jedoch niemals Wirklichkeit werden können ohne die Großzügigkeit der deutschen Bischöfe und Diözesen, die den Bau mitgetragen haben, und vor allem ohne die Unterstützung des Deutschen Vereines vom Heiligen Lande, dem die Benediktiner nun seit der Gründung der Dormitio im Jahr 1906 und der Übernahme von Tabgha im Jahr 1939 in Partnerschaft verbunden sind. Wir werden ihnen stets dankbar sein!

Da wir nun am Hochfest Christi Himmelfahrt das neue Kloster einweihen, gibt es so vieles, wofür wir dankbar sein können. – Und doch hoffen wir, dass die Gebete all derer, die diesen Bau ermöglicht haben, uns auch weiterhin begleiten mögen: Gebet für uns Mönche, Gebet um Berufungen für das monastische Leben in Tabgha und in der Dormitio Abtei, Gebet für unsere Gäste, Pilger und Besucher – und besonders Gebet um den Frieden in diesem schönen, aber geplagten Land, ein Land, das geheiligt ist durch den Tod und die Auferstehung des menschgewordenen Gottessohnes.

Ut in omnibus glorificetur Deus.
Damit Gott in allem verherrlicht werde.

Abt Gregory Collins OSB

Da-Sein und Dienst.
Ein heiliges Privileg in Tabgha (1994-2012)

Grußwort von

Mother Ma. Araceli Escurzon OSB

Generalpriorin der Benediktinerinnen vom Eucharistischen König

Auf die Einladung des Herrn Abtprimas Notker Wolf OSB, damals Erzabt von St. Ottilien, hat Mutter Waldetrudis Cartalla OSB, die damalige Generalpriorin der Kongregation der Benediktinerinnen vom Eucharistischen König / Congregation of Benedictine Sisters of the Eucharistic King (abgekürzt: BSEK), den Auftrag und die Sendung für Tabgha angenommen. Die herzliche Aufnahme durch Seine Seligkeit Michel Sabbah, den Lateinischen Patriarchen von Jerusalem, und Seine Exzellenz Weihbischof Giacinto-Boulos Marcuzzo von Nazaret waren den Schwestern, die zum ersten Mal das Heilige Land betraten, eine Ermutigung.

Unser Dienst begann 1994, als fünf Mitglieder der BSEK aus den Philippinen im Heiligen Land ankamen. Ich bin eine der Schwestern dieser „Pionier-Gruppe", und ich erinnere mich dankbar daran, wie wir nach Deutschland in die Erzabtei St. Ottilien geschickt wurden, um die Sprache zu erlernen, und wie wir eine Zeitlang in der Dormitio-Abtei in Jerusalem geblieben sind, um uns einzugewöhnen und einige der Heiligen Stätten zu sehen.

Nach diesen Jahren haben etliche Schwestern die Herausforderung, in Tabgha zu sein, angenommen, und sie erachten sie trotz verschiedener Schwierigkeiten hinsichtlich der Sprache, des Klimas und der Kultur, als ein heiliges Privileg. In der Tat ist es ein Privileg, dort zu sein, wo

Jesus war, auf den Pfaden unterwegs zu sein, auf denen auch Jesus ging, und uns selbst dafür zu öffnen, täglich das Geheimnis von Gottes Liebe und Gegenwart zu entdecken: in den alltäglichen Begegnungen und besonders auf der Reise mit Menschen aus verschiedenen Kulturen.

Es gibt keinen Mangel an Begegnungen und Ereignissen in den vergangenen 18 Jahren. Wir haben allen Grund, Gott dafür zu danken und uns über unser Da-Sein und unseren Dienst in Tabgha zu freuen. Unsere Gründung in Tabgha ist nun gewissermaßen volljährig, und so ist es ein guter Zeitpunkt, allen zu danken, die diese Gründung der Benediktinerinnen vom Eucharistischen König ermöglicht haben, und dass wir so an der Brotvermehrungskirche und im Pilgerhaus unseren Dienst wahrnehmen können.

Die Präsenz und der Dienst unserer Gemeinschaft sind geprägt durch unsere Zusammenarbeit mit den Benediktinermönchen der Dormitio und von Tabgha unter den Äbten Nikolaus Egender, Benedikt M. Lindemann und Gregory Collins sowie mit dem Deutschen Verein vom Heiligen Land, um so ein lebendiges Zeugnis benediktinischer Spiritualität im Heiligen Land zu geben. Was dabei wirklich zählt, ist ein Leben aus dem Gebet und aus der Arbeit, das Gottes Spuren in der Vergangenheit, aber auch mitten in unserer Gegenwart erkennt, und das offen ist für das, wohin uns die Zukunft führen wird. Das ist wahrhaft ein heiliges Privileg, über das man sich freuen sollte.

Im Namen aller Schwestern in Tabgha und hier auf den Philippinen danke ich Ihnen allen sehr herzlich für Ihren Unterstützung unserer Gemeinschaft. Es ist für uns eine Quelle der Freude und der Kraft, weiterhin mit unseren Mitbrüdern, den Mönchen, und dem Deutschen Verein vom Heiligen Lande zusammenzuarbeiten. Ich möchte an den Refrain eines englischen Liedes erinnern, der übersetzt lautet: „Zeichen und Wunder haben wir geschaut in längst vergangenen Tagen, Gott wird auch weiter mit uns auf unseren Wegen gehen und uns durchs Leben tragen." Es ist mein innigster Wunsch und ich bete dafür, dass die Segnung des neuen Klosters ein Segen für die Gemeinschaft sein möge, vereint, damit wir in Dankbarkeit zurückblicken und mit Vertrauen nach vorne schauen!

Ut in omnibus glorificetur Deus!
Damit Gott in allem verherrlicht werde!

„Tabgha 2012" - Als Geleitwort

Basilius Schiel OSB
Abtei Dormitio B.M.V.

Zwei Wahrheiten, die vielleicht trivial klingen, aber deshalb noch lange nicht falsch sind: Mönche denken in Jahrhunderten. Und: Das Leben kann wie ein Mosaik sein. – Natürlich ergeben erst viele kleine Steinchen ein Bild, erst viele Momente und Erfahrungen lassen ein Leben als Ganzes erkennen. Und in der Tat ist es uns Mönchen zu eigen, dass wir bei aller Verwurzelung doch auch andere Zeit-Rhythmen unser Leben bestimmen lassen.

Diese Festschrift trägt den kurzen Titel „Tabgha 2012". – Damit trifft sie genau diese beiden Sätze, die auf ihre Weise das ganz Normale und doch auch so Außerordentliche dieses Jahres 2012 in Tabgha beschreiben. Tabgha 2012, das ist kein politisches oder soziales Programm, das ist vielmehr ein bemerkenswerter, ein sehr bemerkenswerter Zeitpunkt im Laufe der Jahrhunderte. Hier lohnt es sich, zurückzuschauen, kurz inne zu halten, um dann umso entschlossener und dankbarer auch nach vorne zu blicken und weiter voranzuschreiten.

Tabgha. – „Jeder nimmt seine individuellen Eindrücke, seine persönlichen Erfahrungen und Erinnerungen mit, jeder hat seine Vorstellungen, sein Bild", lauten einige der Sätze, die wir diesem Buch vorangestellt haben. Mit anderen Worten: Tabgha, dessen Kirche so wunderbare Mosaiken birgt, über die Tag um Tag hunderte und tausende Menschen gehen, Tabgha ist selbst ein Mosaik: Mönche und Schwestern, Gäste und Pilger, Volontäre und Mitarbeiter. Dieses Jahr, vor hundert Jahren, ja, schon seit fast zweitausend Jahren.

Mit diesem Buch haben wir versucht, wenigstens ein paar solcher Mosaiksteinchen in Bild und Text zusammenzubringen. Allen, die hierzu beigetragen haben, sei an dieser Stelle ein ganz herzliches Dankeschön gesagt – und zwar besonders im Namen all derer, die diese Steinchen nun lesen und anschauen und, um ihre eigenen Tabgha-Steinchen ergänzt, an dem großen Tabgha-Mosaik weiter werken, von dem wir alle ein Teil sind.

Der rote Faden (oder, um im Bild zu bleiben: der Kitt) sollen die Erinnerungen unseres Seniors Pater Hieronymus sein. Er hat sie vor mehr als einem Jahrzehnt vor allem unter der Mithilfe von Frau Erna Seidel aufgeschrieben und damit einen dicken Ordner gefüllt: Texte, Fotos, Landkarten – ein ganzes Leben in Tabgha. Wir nutzen gerne die Gelegenheit dieser Festschrift, wenigstens einige Passagen dieser Erinnerungen mit einem weiteren Kreis von Interessierten zu teilen. Auch wenn Pater Hieronymus noch keine Jahrhunderte (im Plural) überblicken kann, so hat er doch so verschiedene Zeiten im Kloster und im Heiligen Land erlebt, dass zumindest für uns Jüngere seine Erinnerungen eine wahre Zeitreise sind.

Ein größerer Abschnitt ist natürlich dem neuen Kloster gewidmet: Die Architekten Alois Peitz und Hubertus Hillinger stellen mit Text- und Bildmaterial aus ihrer Perspektive die Entstehung des neuen Klosters dar und lassen uns Anteil haben, was wir zu Christi Himmelfahrt 2012 einweihen dürfen. – Tabgha 2012. – Ziemlich genau 30 Jahre vor der Einweihung des neuen Klosters wurde auch die neue Brotvermehrungskirche eingeweiht. Mit Pater Hieronymus und seinen Erinnerungen wird auch dieses Jubiläum lebendig.

Darüber hinaus haben sich sehr verschiedene Mosaiksteinchen in diesem Buch eingefunden: akademische und geistliche, poetische und auch nüchterne Zahlen und Namen, alte Fotos und solche neueren Datums. – In der Tat können wir damit Jahrhunderte und Jahrtausende überblicken. Und eine der Leitfragen, die immer wieder durchscheint ist die nach dem Mönch-Sein. Und zwar an genau diesem Ort und zu dieser Zeit: Tabgha 2012.

Das Wunder der Brotvermehrung

Aus dem Evangelium nach Johannes (6,1-15)

Danach ging Jesus an das andere Ufer des Sees von Galiläa, der auch See von Tiberias heißt. Eine große Menschenmenge folgte ihm, weil sie die Zeichen sahen, die er an den Kranken tat. Jesus stieg auf den Berg und setzte sich dort mit seinen Jüngern nieder. Das Pascha, das Fest der Juden, war nahe.

Als Jesus aufblickte und sah, dass so viele Menschen zu ihm kamen, fragte er Philippus: Wo sollen wir Brot kaufen, damit diese Leute zu essen haben? Das sagte er aber nur, um ihn auf die Probe zu stellen; denn er selbst wusste, was er tun wollte. Philippus antwortete ihm: Brot für zweihundert Denare reicht nicht aus, wenn jeder von ihnen auch nur ein kleines Stück bekommen soll.

Einer seiner Jünger, Andreas, der Bruder des Simon Petrus, sagte zu ihm: Hier ist ein kleiner Junge, der hat fünf Gerstenbrote und zwei Fische; doch was ist das für so viele! Jesus sagte: Lasst die Leute sich setzen! Es gab dort nämlich viel Gras. Da setzten sie sich; es waren etwa fünftausend Männer.

Dann nahm Jesus die Brote, sprach das Dankgebet und teilte an die Leute aus, so viel sie wollten; ebenso machte er es mit den Fischen. Als die Menge satt war, sagte er zu seinen Jüngern: Sammelt die übrig gebliebenen Brotstücke, damit nichts verdirbt. Sie sammelten und füllten zwölf Körbe mit den Stücken, die von den fünf Gerstenbroten nach dem Essen übrig waren.

Als die Menschen das Zeichen sahen, das er getan hatte, sagten sie: Das ist wirklich der Prophet, der in die Welt kommen soll. Da erkannte Jesus, dass sie kommen würden, um ihn in ihre Gewalt zu bringen und zum König zu machen. Daher zog er sich wieder auf den Berg zurück, er allein.

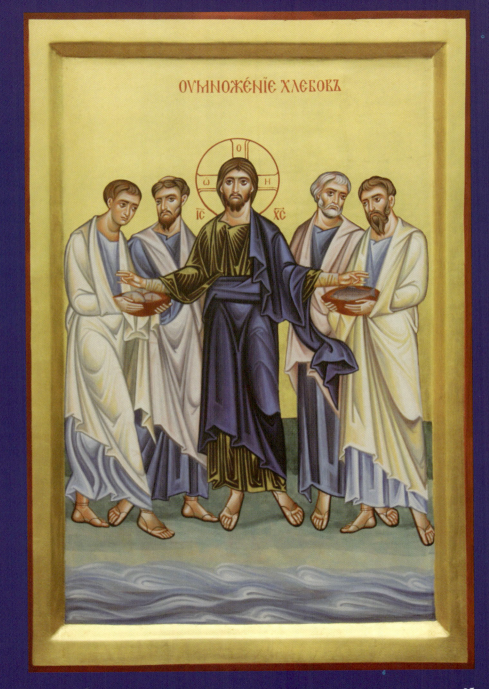

Dalmanuta – Gottesdienstplatz am Seeufer.

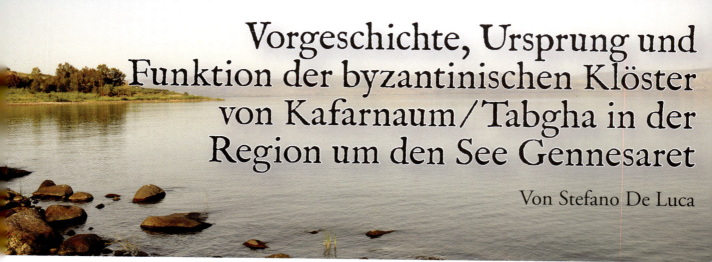

Vorgeschichte, Ursprung und Funktion der byzantinischen Klöster von Kafarnaum/Tabgha in der Region um den See Gennesaret

Von Stefano De Luca

Neuere archäologische Erhebungen haben deutlich gemacht, dass in Untergaliläa und im Golan in spätrömischer und byzantinischer Zeit Synagogengebäude und jüdische Siedlungen überwiegen,[1] während sich in Obergaliläa eine größere Dichte öffentlicher christlicher Gebäude feststellen lässt. Eine Ausnahme bilden dabei die Orte um den See Gennesaret, vor allem der Bereich Kafarnaum/Tabgha mit seinen vier christlichen Heiligtümern, aber auch Bethsaida, Kursi, Hippos, es-Samra, Beth Yerach, Tiberias und Magdala.

Die biblischen, archäologischen und architektonischen Gesichtspunkte dieser christlichen Siedlungen sind in der Forschung ausführlich behandelt worden. Es fehlen dagegen weiterhin überzeugende Studien der sozio-ökonomischen Aspekte[2] dieser Orte der Christenheit,[3] v.a. was das Phänomen des Mönchtums[4] in der spätrömischen und byzantinischen Epoche betrifft, welches damit untrennbar verbunden ist. Et-Tabgha, historischer Fischer-Vorort von Kafarnaum, bildet dafür eine ideale Fallstudie für dessen Ursprung und Funktion.

---

1   Frankel et al. 2001, 114–117, fig. 4.4; TIR, Map "Synagogue in Eretz Israel in the Roman and Byzantine Period"; Map «Churches in Byzantine Palestine»; Lapin 2001, 44–63; Leibner 2009, 376–389; Aviam 2004b, 181–204; Aviam 2007, Maps 5–6.

2   Vorbildlich ist Heisa 2003.

3   Vgl. Schick 1995; Walmsley 1996; Tsafrir 1996.

4   Die allgemeinen Begriffe Kloster/Mönchtum bezeichnen hier als ganzes die verschiedenen Lebensformen (Asketen, Anachoreten, Eremiten, Hesychasten, Koinobiten usw.), in verschiedenen Charismen oder Regeln (Antonius, Pachomius, Sabas, Basilius usw.) und in verschiedenen Institutionen oder Organisationen von Einzel- oder Gemeinschaftsleben (Lauren, Einsiedeleien, anachoretische Zellen, Koinobiten, Konvente, Klöster usw.). Vgl. Danielou – Marrou 1989, 432–441; Morrison 2007, 252–272, v.a. 263–268; Binns 1996; Maraval 2000; Figueras 2000; Patrich 2002; Flusin 2004; Hirschfeld 2006. Weitere, aktuelle Bibliographie findet sich auf der Web-Seite des Centre for the Study of Christianity der Hebräischen Universität, Jerusalem, unter den Stichworten monasteries, monastery, monastery of Martyrius, Monastery of the Cross, monastic, monastic archaeology, monastic community, monastic literature, monasticism, monks. Vgl. <http://www.csc.org.il/>.

Das erste Jahrhundert nach Christus: die Zeit Jesu und seiner Bewegung

Aufgrund der gegenwärtigen Forschungslage kann man annehmen, dass es vor der hasmonäischen Expansionspolitik keine bedeutende jüdische Präsenz in Galiläa gab. Vor dieser „Judaisierung" war das westliche Galiläa hauptsächlich auf die phönizischen Küstenstädte, v.a. Sidon, Tyrus und Ptolemais/Akko, hin ausgerichtet und bildete deren Hinterland, hauptsächlich zur Versorgung mit landwirtschaftlichen Gütern.[5]

Fast alle jüdischen Dörfer der ersten römischen Zeit dürften erst am Ende des 2./Beginn des 1. Jh. v.Chr. „kolonisiert" worden sein, also gleichzeitig mit dem Erstarken des Hasmonäerstaates. Sehr wahrscheinlich wurde diese erste Kolonisierungswelle direkt von den hasmonäischen Herrschern unterstützt, auch durch die Umsiedlung von Massen von Einwanderern aus Judäa. Aufschlussreich sind in dieser Hinsicht die archäologischen Funde aus den Ausgrabungen von Magdala/Tarichäa.[6]

Daher ist *opinio communis*, dass Galiläa ab dem 1.Jh. n.Chr. fast ganz von Juden bewohnt war. Archäologische Hinweise,[7] die sich beispielsweise in Magdala finden, sind steinerne Gefäße, die geringe Anzahl von Schweineknochen, herodianische Tonlämpchen, hasmonäische Münzen und besonders die Entdeckung eines Synagogengebäudes aus dem 1.Jh. n.Chr.[8] Diese ethnischen Hinweise legen Zeugnis für eine stolze jüdische Gemeinde ab, so dass die Stadt im Kampf gegen die römische Oberherrschaft eine zentrale Rolle spielte, worüber Flavius Josephus, Hauptfigur des ersten jüdischen Aufstands im Jahr 67 n.Chr., berichtet.

Bis zur Entdeckung dieser Synagoge schienen die Informationen, die die Evangelien[9] über die Predigt Jesu in den Synagogen der Städte und Dörfer in ganz Galiläa[10] bieten, ohne eine konkrete Bestätigung, sieht man von den Gebäuden in Gamla (Golan) und in Masada und Herodion (Judäa)[11] ab, die freilich umgebaute, schon zuvor existierende Gebäude (Triklinien) sind.[12]

Nach Mk 1,21; Lk 4,33; 7,5 und Joh 6,59 war Jesus es in Kafarnaum gewohnt, vor allem am Sabbat die örtliche Synagoge zu besuchen. Eine ihrer prominenten Persönlichkeiten, der Synagogenvorsteher Jaïrus,[13] ist namentlich bekannt. Diese Synagoge wurde mit der

---

5 Moreland 2007; Leibner 2006, Leibner 2009, 315–331; Leibner 2012; Horsley 1996; Horsley 2006, 265–291.313–333; Edward 1992; Freyne 2007; Freyne 1999.

6 De Luca 2009; De Luca 2010; De Luca 2011; De Luca 2012; De Luca – Lena 2012; Zangenberg 2010, 475–477.

7 Aviam 2004a.

8 Avshalom 2009.

9 Mt 13,54, Mk 6,2 und Lk 4,16 für Nazaret. Vgl. auch Apg 6,9 für Jerusalem; Fl. Jos. *Bell. Iud.* 2,285 für Cäsaräa; *Bell. Iud.* 4,1 für Gamla; *Ant. Iud*, 19,305 für Dora.

10 Mk 1,39; Mt 4,23; 9,35; Lk 8,1.

11 Lk 4,44.

12 Foerster 1981; Gutman 1981; Levine 1993; Levine 2005, 183–218; Runesson 2001; Magness 2001.

13 Mt 9,18.23 nennt ihn allgemein *archōn, Vorsteher*, während Mk 5,22.38 ihn genauer als *archisynagōgos, Synagogenvorsteher*, bezeichnet und seinen Namen, Jaïrus (5,22), angibt. Ähnlich spricht Lk 8,41 von einem Mann namens Jaïrus, der *Vorsteher der Synagoge* war; 8,49 wird er *archisynagōgos* genannt. Dieser Titel bezeichnete den Verantwortlichen für den Kult in der Synagoge, aber manchmal wurde er auch für andere herausragende Persönlichkeiten in der Stadt verwendet. Vgl. Mk 5,21–24.35–43 (// Mt 9,18–19.23–26 // Lk 8,40–42.49–56).

Unterstützung eines „Zenturions", eines heidnischen Hauptmanns, errichtet.[14] Das Interesse eines Heiden[15] für die örtliche jüdische Bevölkerung darf nicht verwundern. Immer öfter deuten archäologische Hinweise darauf hin, dass Galiläa, im Widerspruch zu den Heiligkeits- und Reinheitsforderungen der jüdischen Religion, ein ökonomisch-kultureller Kreuzungspunkt mit der griechisch-römischen Welt war, vor allem ab dem 2./3. Jh. n.Chr. Im Übrigen stand Kafarnaum[16] in Beziehungen mit der Hauptstadt Tiberias,[17] aber auch mit den anderen Städten der Dekapolis, v.a. Hippos und Gadara, mit denen es über den See verbunden war, sowie mit den phönizischen Städten, die über die Via Maris[18] erreichbar waren. Diese Aussage gilt mehr oder

---

14 Mt 8,5–13 // Lk 7,1–10.

15 Vgl. Mt 8,10 // Lk 7,9.

16 Vgl. TIR 97; Loffreda – Tzaferis 1993; Orfali 1922; Testa 1972; Loffreda 1974; Spijkerman 1975; Corbo 1975; Corbo 1993; Loffreda 1993a; Loffreda 1993b; Loffreda 1997; De Luca 2002; De Luca 2003; Loffreda 2005; Loffreda 2008a; Loffreda 2008b; Loffreda 2008c; Callegher 2007; Tzaferis et al. 1989; Reed 2002, 80–97; Laughlin 1993.

17 Aus Mk 3,6 (anders in den synoptischen Parallelen) geht hervor, dass in Kafarnaum die Pharisäer „zusammen mit den Anhängern des Herodes den Beschluss [fassten], Jesus umzubringen." Mit den „Anhängern des Herodes" sind hier Freunde oder Untergrundkämpfer des Herodes Antipas gemeint, des Gründers der neuen Hauptstadt Tiberias, ohne deren Unterstützung ein Vorgehen gegen Jesus nicht möglich gewesen wäre, der als Galiläer unter dessen Jurisdiktion stand. In Mk 12,13 finden sich die Pharisäer mit den Herodianern verbündet (// Mt 22,15). In diesem Zusammenhang ist die Bemerkung von Lk 23,6–12 bedeutungsvoll „Herodes [Antipas] freute sich sehr, als er Jesus sah; schon lange hatte er sich gewünscht, mit ihm zusammenzutreffen, denn er hatte von ihm gehört." (Lk 23,8). Mk 6,14–16 bestätigt: „Der König Herodes [Antipas] hörte von Jesus; denn sein Name war bekannt geworden" (6,14), die Parallele Lk 9,7–9 fügt hinzu: „Und er hatte den Wunsch, ihn einmal zu sehen."

18 Mt 4,15. In römischer und später in byzantinischer Epoche

LEGEND:
1 - Church and Monastery of the Beatitudes
2 - Church and Monastery of the Multiplication
3 - Church of the Primacy of St. Peter
4 - Octogonal Water Tower Birket 'Ali Daher
5 - Circular Water Tower Tannur Ayyub
6 - Circular Water Tower Hamam Ayyub
7 - Tabgha Hale Anchorage (St. Peter Harbour)
8 - Anchorage or Fishponds
9 - Village of Capharnaum
10 - Sea-wall
11 - Modern Church of the Beatitudes

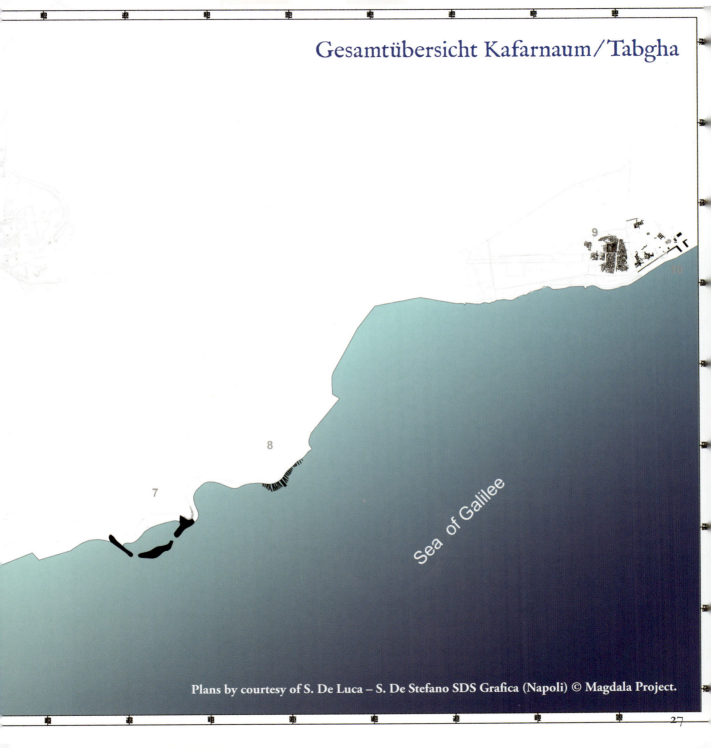

Kafarnaum
(Legende: siehe Seite 26/27)

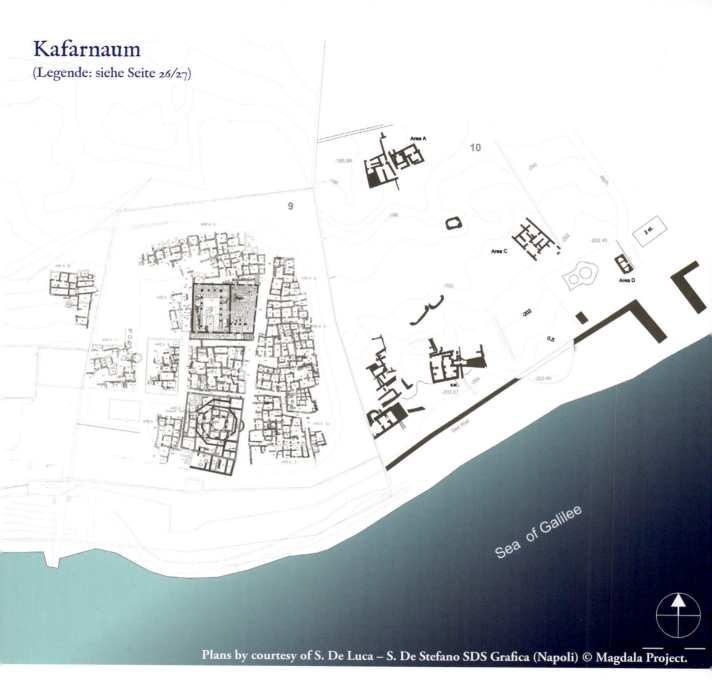

weniger für alle Orte in Galiläa und zeigt, wie in dieser Region kulturelle Einflüsse der hellenistisch griechischen Welt neben einer grundsätzlichen Judaisierung existierten. Auch in diesem Fall dienen Magdala/Tarichäa und Tiberias als klare Vergleichspunkte.[19]

Man kann auf alle Fälle annehmen, dass die Einwohner der Siedlung, bei einer Ausdehnung von ca. 2-3 km² und ca. 1500 Einwohnern,[20] ethnisch Juden waren. Als Gesprächspartner Jesu und der Jünger tauchen immer wieder Pharisäer auf, welche die örtliche Synagoge unterhielten und die daher aufgrund der Funktion der antiken Synagogen-Institution auch in den öffentlichen Angelegenheiten des Dorfes tonangebend waren.[21]

Als Gast bei Simon und Andreas, zwei der fünf Jünger aus dem Dorf, wohnt der Wanderrabbi in deren Haus und verwandelt so die Wohnung der Fischer in einen „öffentlichen" Ort,[22] wo sich die Volksmenge versammelt, wo er begegnet, heilt, lehrt, diskutiert und die Jünger privat unterweist.[23] Auch wenn man für Mk eine wenig entwickelte Ekklesiologie annimmt, finden sich in Mk 3, 20–35, in der Erzählung über die neue Familie Jesu, angesiedelt im Haus Simons und Andreas', einige Elemente, die für einen Kreis von Gläubigen typisch sind. Dieser ist, im Gegensatz zu denen draußen, um den Meister versammelt, der in ihrer Mitte spricht: „Wer den Willen Gottes erfüllt, der ist für mich Bruder und Schwester und Mutter."

Tatsache ist, dass, neben Jerusalem, Kafarnaum[24] und hier v.a. das Haus des Simon Petrus und Andreas, die Orte sind, die in den Evangelien am häufigsten erwähnt werden, da sie den Schauplatz für zahlreiche Begebenheiten bilden. Ein großer Teil von ihnen spielt „am See", wo auch der Ruf zur Nachfolge an die ersten Jünger erging: Petrus und Andreas und die Söhne des Zebedäus, Jakobus und Johannes.[25] Von Beruf Fischer, begegnen sie dem Messias am Seeufer um Kafarnaum, welches sich über ca. 6–7 km in Richtung et-Tabgha/Heptapegon/'Ein Sheva erstreckte.

„Am See" ist der Ort, wo sich die Menge versam-

---

wurden die Straßen, die die Region um den See betrafen, durch Nord-Süd- und Ost-West-Achsen ausgebaut (z.B. Ptolemais/Akko – Bethsaida Julias; Legio – Diocäsaräa –Tiberias usw.), auch wenn es im einzelnen schwierig ist, genaue Bauzeiten festzulegen. Aufgrund bisher gefundener Meilensteine (z.B. zwei zwischen Bethsaida und Paneas; einer zwischen Kafarnaum und Bethsaida; einer zwischen Magdala und Gennesaret; zwei zwischen Tiberias und Sepphoris; neun zwischen Philotheria und Bet Schean, usw.) ist es möglich, mit einer gewissen Wahrscheinlichkeit das römische Straßennetz zu rekonstruieren. Vgl. Roll 1999; TIR, Map Iudaea-Palaestina North (mit Angabe der Meilensteine). Auf dem Meilenstein, der bei Kafarnaum gefunden wurde, ermöglicht die Inschrift eine Datierung in die 1. Hälfte des 2. Jh. n.Chr: „Imperator Caesar, divi Traiani Parthici filius, divi Nervae nepos, Traianus Adrianus Augustus".

19 De Luca 2012; Zangenberg 2010.
20 Vgl. Reed 2002, 139–169. Der Autor schätzt die Anzahl der Einwohner auf ca. 600–1500. Für andere Schätzungen vgl. Meyers – Strange 1981, 58; Horsley 2006, 252.
21 Mk 2,23.27–28; 3,1–6 // Mt 12,9–14; Lk 6,6–11.

22 Mk 1,29–31 // Mt 8,14-15 // Lk 4,38–39; Mk 1,32–34 // Mt 8,16–17 // Lk 4,40–41; Mk 1,35–39 // Lk 4,42-43; Mk 2,1-2; Mk 2,3–12 // Mt 9,1–18 // Lk 5,17–26; Mk 3,20–35 // Mt 12,46–50; // Lk 8,19–21; Mk 4,10–11 // Mt 13,36–43 // Lk 8,9–10; Mk 7,17–23 (vgl. Mt 15,1–20); Mk 9,33–37 // Mt 18,1-5 // Lk 9,46-48. Vgl. Ravanotto 1967; Niccacci 1983, 20-25; Niccacci 1985; Lancellotti 1983, Manns 1992.
23 Vgl. Loffreda 1993a, 38.
24 Mk 1,21; 2,1; Mt 4,13; 8,5; 11,23; 17,24; Lk 7,1–10; 10,15; Joh 4,46; 6,17.
25 Mt 4,18–22 // Mk 1,1 6–20. Vgl. Lk 5,1–11; Joh 21,1–11.

melt, auch aus entfernteren Gegenden, um den Messias zu treffen.²⁶ Dort beruft Jesus die vier Fischer,²⁷ unterweist²⁸ und lehrt er vom Boot aus.²⁹ Dort heilt er auf einem Berg³⁰ und zieht sich mit den Jüngern zurück.³¹ Ebenfalls am See, an einem nicht näher bezeichneten Ort, der vielleicht mit dem Hafen³² oder mit der *Via Maris*³³ identisch ist, beruft er Levi/Matthäus, Sohn des Alphäus,³⁴ von Beruf Steuereinnehmer, ³⁵also zur sozialen Gruppe der Zöllner gehörig.

Es handelt sich also um einen weiten Platz, wenig außerhalb von Kafarnaum, in der Nähe der Straße, der Via Maris, einsam, wenig landwirtschaftlich genutzt, von einem Berg überragt. Fügt man diese Tatsachen mit den Erkenntnissen der archäologischen Untersuchungen³⁶ zusammen, scheinen die Angaben – wenigstens die nach Mk – auf einen konkreten Ort hinzudeuten, den man im Quellgebiet, dem heutigen Tabgha, südwestlich von Kafarnaum, lokalisieren kann. Die Gegend um die Quellen war womöglich aufgrund des felsigen Untergrunds – seit alter Zeit wurden dort Felshöhlen im Kalkgestein genutzt³⁷ – nicht für Landwirtschaft geeignet.

Dank Flavius Josephus können wir „die Quelle Kafarnaum" sicher im Bereich von Heptapegon ansiedeln. Er rühmt sie, da sie „zur Fruchtbarkeit dieser Gegend" beitrage. „Diese Quelle hielten manche für eine Ader des Nils, da es dort eine Fischart gibt, die dem Rabenfisch in dem See von Alexandrien ähnlich ist. Die Landschaft erstreckt sich am Ufer des gleichnamigen Sees in einer Länge von 30 und in einer Breite von 20 Stadien."³⁸

Der Fischfang dürfte mehr noch als die Landwirtschaft die Haupteinnahmequelle der Gegend gewesen sein. Er stand in direktem Zusammenhang mit dem Markt von Tarichäa mit seinen Betrieben für die Verarbeitung und den Export von Fischen und Fischprodukten, wie das *garum*.³⁹

---

26 Mk 3,7–11; 5,21.
27 Mk 1,16.19.
28 Mk 2,13.
29 Mk 3,9; 4,1; Mt 13,1–34.
30 Mt 15,29–30.
31 Mk 3,7.
32 Mk 2,13-14: „Jesus ging wieder hinaus an den See (parà tēn thalassan) [...]. Als er weiterging, sah er Levi, den Sohn des Alphäus, am Zoll sitzen und sagte zu ihm: Folge mir nach! Zu einer Hypothese über die Hafenstrukturen vgl. Nun 1988, 24-26.
33 Mt 9,9 // Lk 5,27. Man kann nicht ausschließen, daß die Straße oder einer ihrer Zweige an der Küste entlangführte, also die Gegend von Tabgha durchquert hätte, worauf Mk 2,13–14 topographisch hinweist (s.u.).
34 Mt 9,9–13 // Mk 2,13 // Lk 5,17–31.
35 Das Wegerecht und die Abgaben der Fischer auf den Fischfang wurden von Herodes Antipas erhoben. Dieser blieb freilich als Vasall von Rom abhängig. Vgl. Wuellner 1967, 23-24; 43-44.
36 TIR 142; Avi Yonah – Negev 1993; Loffreda 1970a; Loffreda 1970b; Schneider 1934; Mader 1934; Schneider 1937a; Schneider 1937b; Gauer 1938; Pixner 1985; Bagatti 1937; Bagatti 2001, 72-75; De Luca – Ilardi 2010.
37 Vgl. dazu Loffreda 1970a, 19–21. 48–54. 175–176. 179–180; Niccacci 1983, 21–22; Niccacci 1985.
38 Fl. Jos., *Bell. Iud*, 3,10,8. Diese Fischart im See, aus der Familie der Pygmy, ist unter der Bezeichnung Haplochromis Flavii Josephi bekannt. Bekannter ist der Fisch aus der Familie Tilapia Galilaeae, umgangssprachlich auch „St.-Peters-Fisch" genannt. Vgl. Sapir – Ne'eman 1967, 6–7. Die Bäume und Pflanzen, die Flavius Josephus nennt, sind Walnuss, Olive, Feige und Weinstock.
39 Vgl. De Luca 2010, 446–449; Hanson 1997; Freyne 2006, 73–76; Hanson – Oakman 2003, 141–146; Edwards 1992,

Häfen
(Legende: siehe Seite 26/27)

Plans by courtesy of S. De Luca – S. De Stefano SDS Grafica (Napoli) © Magdala Project.

Einige jüngere archäologische Untersuchungen liefern nützliche Hinweise über Hafenstrukturen entlang des Ufers zwischen Kafarnaum und Tabgha, bekanntermaßen sehr fischreich aufgrund von warmen Quellen – vier davon sind heute noch aktiv – die in Tabgha in den See münden und dort vor allem nachts Fische anziehen.[40]

Mehrere Anlege- und Ankerplätze aus Basaltblöcken konnten am Ufer identifiziert werden, freilich bleibt ohne systematische Grabungen deren Datierung unsicher. Reste von Strukturen, die eine künstliche Lagune bildeten, mit Fundamenten auf dem Seegrund auf einer Höhe von ca. -213 m u.d.M., schützen die beiden natürlichen Buchten von Hale/Tabgha. Die größere der beiden wird von der örtlichen Bevölkerung „Hafen des hl. Petrus" genannt.[41]

60–62; Horsley 1989; Sawicki 2002, 27–29.

40   Der plötzliche Temperatursturz am Abend kühlt den See ab, so dass die Fische vom wärmeren Wasser am Ufer von Tabgha angezogen werden. Vgl. Lk 5,5.

41   Vgl. Nun 1989b 22–23; Galili et al. 1991; Galili et al. 1993; Stepansky 1991; Stepansky 1992; Stepansky 1993; Stepansky 2000; Stepansky 2003. Vgl. auch Nun 1999, 27–28; von Wahlde 2006, 544–555.

Etwas weiter nordöstlich, in der Nähe der Bucht von Kafarnaum, hat Y. Stepansky[42] Reste einer ungewöhnlichen Struktur beschrieben: eine ca. 600m lange Trockenmauer, von der rechtwinklig zum Ufer 44 unregelmäßige Arme abzweigen, mit einem Abstand von ca. 3 m. Diese können als Ankerplätze interpretiert werden, wahrscheinlicher aber als die *vivaria* (Fischweiher oder -fallen), die in der rabbinischen Literatur als „bibarim" bezeichnet werden.[43] Aufgrund der spärlichen Funde im Zusammenhang mit diesen Strukturen kann eine Datierung ab der mittleren Römerzeit vorgeschlagen werden.

Man hat außerdem darauf hingewiesen, dass die kleine Bucht zwischen Kafarnaum und Tabgha, deren Ufer eine Art natürliches Amphitheater, d.h. halbmondförmig, bildet, eine gute Akustik hat, welches als *Auditorium* hat dienen können.[44]

Ebenso sollte man die hohe Wahrscheinlichkeit im Auge behalten, dass Gruppen von Kranken aus der Umgebung die Schwefelquellen von et-Tabgha als improvisiertes, also wenig organisiertes Kurzentrum nutzten, zwar ohne die Infrastruktur, die sich in Hammat Tiberias oder Hammat Gader entwickelt hatte, aber nicht unbedingt weniger beliebt. Aufgrund dieser Beobachtung kann man den Sammelberichten von Mk – sie werden als redaktionell betrachtet[45] – über die Massen von Kranken, die Jesus, dessen Ruf sich ausbreitete[46], treffen wollten, eine gewisse historische Wahrscheinlichkeit zubilligen.

Wenn Mk, der sich als jener Evangelist zeigt, der die Topographie der Gegend am besten kennt, einen typischen Tag Jesu in Kafarnaum beschreibt,[47] berichtet er von seiner Gewohnheit, sich am Morgen an einem „abgelegenen Ort" zurückzuziehen, „um zu beten". Dieser Hinweis dürfte die allererste Inspirationsquelle der Mönchsbewegung gewesen sein, welches, wie im Folgenden gezeigt wird, gerade an diesem Ort eine außerordentliche Blüte erleben wird.

Das zweite und das dritte Jahrhundert nach Christus: Zeit des Christentums jüdischen Ursprungs

Nach der Auferstehung bemühten sich die ersten Generationen einheimischer Anhänger Christi,[48] die Erinnerung an den Meister und an die Orte, die mit seinem Gedächtnis in Verbindung standen, weiterzugeben. Daher wurde schon am Ende des 1. oder spätestens am Beginn des 2. Jh. n.Chr. das Haus des Petrus zum Ort regelmäßiger Versammlungen der ersten

---

42 Stepansky 1991, 89–90; Stepansky 1993.
43 Mischna, Betza 3,1
44 Vgl. dazu Crisler, 1976; vgl. Mk 3,9; 4,1.
45 Mk 1,32–34.
46 Mk 1,28.

47 Neutestamentler sind der Meinung, dieser Textblock stamme aus eigenständigem Material (die Quelle Q), die der markinischen Redaktion vorausgehe und vom Evangelisten in seine Erzählung eingebaut worden sei.
48 Zum Christentum jüdischen Ursprungs, auch Juden-Christentum genannt, vgl. Flusser 1988; Pritz 1992; Manns 1993; Manns 2000, Pastor – Mor 2005; Nodet – Taylor 1998; Willis 2006; Skarsaune 2007; Jackson-McCabe 2007; Jackson-McCabe 2007; Becker – Yoshiko Reed 2007. Zu materiellen Hinweisen auf die Anwesenheit von Juden, die an Christus glauben, auf dem benachbarten Golan, vgl. Dauphin 1993b. Die kritischen Positionen von Taylor 1990; Taylor 1993, über die Interpretation der archäologischen Funde von Kafarnaum konnten zum großen Teil von Loffreda 1993b, 63–65 widerlegt werden.

Gemeinden von jüdischen Christus-Gläubigen.⁴⁹ Literarische Quellen berichten, dass bis ins 4. Jh. n.Chr. Kafarnaum als jüdischer Ort angesehen wurde, wo, wie in Tiberias, Sepphoris und Nazaret, ein besonderes Verbot für Juden bestand, mit Heiden, Samaritanern und (Heiden-)Christen zusammenzuleben.⁵⁰

Einige rabbinische Texte aus dem 2. Jh. n.Chr. (und spätere, die sich darauf beziehen) lassen einen wachsenden Proselytismus vermuten, mit dem die Minderheitengruppe aus Kafarnaum versuchte, selbst höhere Kreise des orthodoxen Judentums zu durchdringen.⁵¹ Als Reaktion darauf wurden die Angehörigen dieser Gruppe von Juden, die der christlichen Lehre folgten, als „minim", Häretiker, angesehen. Die Tatsache, dass der Bereich des Petrushauses in dieser Zeit mit einer mächtigen Mauer mit nur zwei Eingängen – abseits der Hauptstraße – umgeben wurde, kann gleichzeitig auf einen heiligen Bezirk hindeuten, aber auch und vor allem auf eine Minderheitensituation, derzufolge die „minim" von Kafarnaum sich genötigt sahen, den Ort zu schützen. Hier versammelten sie sich, um Eucharistie zu feiern und der Heilungen und der Unterweisungen Jesu im Dorf zu gedenken, hielten aber gleichzeitig daran fest, die Tora zu beobachten und am Sabbat die örtliche Synagoge zu besuchen.

Über dieses als „juden-christlich" definierte Gebäude ist das wertvolle Zeugnis des Diakons Petrus von Montecassino (1137 n.Chr.) aufschlussreich. Dieser Text, historisch eine der ältesten Bezeugungen, kann „mit aller Wahrscheinlichkeit"⁵² dem verlorenen Teil des Reiseberichts von Egeria (Ende 4. oder Anfang 5. Jh. n.Chr.)⁵³ zugewiesen werden: Es handelt sich um eine „Haus-Kirche",⁵⁴ d.h. um ein Privathaus – in diesem

---

49 Loffreda 1993b; Strange – Shanks 1982; Crossan – Reed 2001, 2–3. 80–97.

50 Epiphanius von Salamis (315–404), *Panarion*, XXX,11,9–10; 12,1–2. 9 (ELS 433 = Migne, PG 41, 424–425). Zum kompletten Text des *Panarion* den Josef von Tiberias betreffend, vgl. Manns 1998, 235–255. Zu einer Beurteilung dieser Person und seiner Aktivitäten, vgl. Manns 1990; Pixner 1991; Goranson 1999. Zum *Panarion* vgl. Pritz 1992.

51 *Midrash Qohelet Rabba*, über Koh 1,8 (vor 135 n.Chr.). Vgl. ELS 451, n. 1; Testa 1972, 98–99. 148; Strack et al. 1982, 1, 50–51; Rabbi Issi von Cäsaräa (3–4. Jh. n.Chr.), *Midrash Qohelet Rabba*, über Koh 7,26; vgl. Strack et al. 1982, 153–154; Loffreda 1980, 40; Taylor 1990, 12–13.

52 «Fortasse ex partibus hodie deperditis Itinerario nostri [d.h. von Egeria] fluxuerunt» (CCSL 175, 30).

53 Auch wenn allgemeine eine Datierung des Reiseberichts zwischen 381 und 385 angenommen wird, verlegen ihn neuere Forschungen, auch aufgrund sprachlicher und interner Kriterien, auf den Beginn des 5. Jh. n.Chr. Vgl. Serianni – Antonelli 2011, 7; Löfstedt – Pieroni 2007, 23. 395. Die Autoren von CCSL 175 geben eine sehr allgemeine Datierung an (365–540). Allerdings kann man aufgrund der Erwähnung der ersten Basilika der Brotvermehrung in Tabgha (zwischen dem Ende des 4. und dem ersten Jahrzehnt des 5. Jh.) und der Kirche des Bischofs Johannes (397–412) auf dem Zion sowie aufgrund des Fehlens einer Erwähnung des Bischofs von Lyvias, wo ein Priester erwähnt wird, die Datierung auf den Zeitraum zwischen dem ersten Jahrzehnt des 5. Jh. und dem Jahr 431, dem Jahr, in dem der Bischof von Lyvias die Konzilsakten von Ephesus unterzeichnet hat, einengen. Vgl. auch Bagatti 1968.

54 Petrus diaconus (1137) [= Egeria (5. Jh. n.Chr.)], *Liber de locis sanctis* 5,8–23: «In Capharnaum autem ex domo apostolorum principis ecclesia facta est, qui parietes usque hodie ita stant, sicut fuerunt. Ibi paraliticum Dominus curavit. Illuc est et synagoga, in qua Dominus demoniacum curavit, ad quam per gradus multos ascenditur; que sinagoga ex lapidibus quadratis est facta. Non longe autem inde cernuntur gradus lapidei, super quos Dominus stetit. Ibidem vero super mare est campus erbosus, habens fenum satis et arbores palmarum multas et iusta eas Septem Fontes, qui singuli infinitam aquam emittunt, in quo campo Dominus de quinque panibus et duobus piscibus populum saciavit. Sane lapis, super quem Dominus panem posuit, nunc est factum altarium, de quo lapide nunc frusta tollunt venientes pro salute sibi et prodest omnibus. Iusta cui-

Fall das von Petrus und Andreas –, das in eine Kirche umgewandelt wurde. Was Egeria sah, war nur der letzte einer Reihe von Umbauten, die vor allem den „verehrten Raum" betrafen. Dieser war offenbar das Zentrum des Heiligtums. Seine Fußböden wurden beispielsweise ganz mit Kalkestrich bedeckt (später auch bemalt) – außergewöhnlich für die privaten Bereiche im Dorf –, und zwar mindestens sieben Mal, ab dem Ende des 1. oder Beginn des 2. Jh. n.Chr., was zwischen den einzelnen Schichten gefundene Tonscherben zeigen.

Das Verdienst, die Erinnerung an dieses Haus, wahrscheinlich auch an andere benachbarte Stätten wie die Grotten und Felsen von Kursi und von Tabgha bewahrt zu haben, gebührt der rührigen Minderheit der judaisierenden christlichen Gruppe dieses Ortes.

In der 2. Hälfte des 3. Jh. n.Chr. war Kafarnaum wahrscheinlich ein Ort militärischer Präsenz römischer Soldaten, die sich entlang des *limes Arabicus/Palestinensis* ansiedelten.[55]

Das vierte Jahrhundert nach Christus: Juden, Christen, Pilger und das Aufblühen des Mönchtums

Die Beschreibung des Hauses des Petrus vom Ende des 4. oder eher Beginn des 5. Jh. n.Chr. von Egeria, in welchem Jesus den Gelähmten geheilt hatte, und das schon in alter Zeit unter Beibehaltung seiner erhöhten Originalmauern in eine Kirche umgeformt wurde, hat in den Ergebnissen der archäologischen Ausgrabungen eine genaue Entsprechung gefunden. Dadurch ist es möglich geworden, sich eine Vorstellung dieses Kultortes zu machen, der von der örtlichen christlichen Gemeinde betreut und von Pilgern verschiedener Herkunft eifrig besucht wurde. Graffiti von Symbolen und Inschriften in Griechisch,[56] Ostsyrisch, Aramäisch und (etwas zweifelhaft) Lateinisch[57] deuten darauf hin. Der Inhalt der Inschriften, zum großen Teil liturgische Formeln, Gebete oder Anrufungen lassen keinen Zweifel am christlichen Hintergrund der Besucher. Während die Verwendung des Aramäischen als Hinweis auf Besuche von jüdischen einheimischen Christusgläubigen verstanden werden kann, deutet die große Mehrheit griechischer Texte auf eine zunehmende Häufigkeit christlich-byzantinischer, d.h. heidenchristlicher Besucher hin.[58]

---

us ecclesie parietes via publica transit, ubi Matheus apostolus theloneum habuit. Inde in montem qui iusta est, est spelunca, in qua ascendens beatitudines dixit Salvator» (ELS 412. 433 = CSEL 175, appendix 93–103).

55 Callegher 2007, 39.

56 Es sei bemerkt, dass der Raum wenigstens drei Mal verputzt (und dekoriert) wurde. Zum Zeitpunkt des ersten Verputzes gab es die Säulen des Mittelbogens noch nicht. Aufgrund der Paläographie können die Inschriften auf das 3–5. Jh. n.Chr. datiert werden. Vgl. Loffreda 1993b, bes. 61–63.

57 Die Inschriften, die bei Testa 1972 veröffentlicht sind, sind in folgenden Sprachen: 151 in Griechisch, 13 in Ostsyrisch (in Paläo-Estrangelo), 9 in Aramäisch und 2 in Latein. Unter anderen eine syrische Inschrift (Testa 1972, 126–138 nr. 110) soll ein Fragment der *Syrischen Baruch-Apokalypse* sein, aus spezifisch literarischer Sicht ein juden-christlicher Zusatz zu einem jüdischen apokryphen Text. Die lateinische Inschrift (n. 152, 174–178), die als „Petrus, Schutzpatron von Rom" gelesen wurde, ist in jüngerer Zeit von E. Alliata als verbreitete griechische Formel neu interpretiert worden: „Herr Christus, erinnere dich an... Amen", hier mehrfach belegt, wie Nr. 89 (Testa 1972, 72–76).

58 Vgl. Bagatti 1985, 134–135; Bagatti 1982, 36. 144; Bagatti 2001, 77; Loffreda 1993a, 31; Dauphin 1993a, 238–242; Ru-

Auf der Grundlage der gefundenen Fragmente kann die ikonographische Konzeption des quadratischen Raums hypothetisch als durch Flechtwerk eingegrenzte Gartenszene rekonstruiert werden. Der Raum war in der Mitte durch einen Bogen abgeteilt, der die Kalkmörteldecke abstützte. Die mehrfarbige Tempera-Malerei bestand aus geometrischen Motiven, aus Pflanzen- und Blütendarstellungen, aus Marmorimitationen und aus *velaria*.

Im Zentrum Kafarnaums wurde in jenem Jahrhundert die Synagoge des Zenturions und ihre späteren Umbauten durch ein neues Gebäude ersetzt, möglicherweise, um die Schäden des Erdbebens von 363 n.Chr. wiedergutzumachen, das in dieser Gegend schwere Schäden angerichtet hatte. Egeria beschreibt die Synagoge als den Ort, wo Jesus den Besessenen heilte und bewundert die Eingangstreppe und die Mauern aus Steinquadern. Es handelt sich natürlich nicht um die Ruinen des mächtigen Gebäudes, die bis heute sichtbar sind, sondern um eine Zwischenphase, zu der die Grundmauern des Gebetsraumes gehören können, die aus doppellagigem Basalt gemauert sind.[59] Die jüdische Gemeinde bildete die Mehrheit der Bevölkerung Kafarnaums. Als materielle Bezeugungen dafür finden sich zwei *Menorot* – abgesehen von den beiden, die zu den Synagogenskulpturen gehören – auf Basaltblöcken, die eine eingeritzt, die andere als Flachrelief gearbeitet. Während die erste der Türsturz eines Wohnhauses war, dürfte die zweite, monumentalere zu einem öffentlichen Gebäude gehört haben.[60] Bemerkenswert ist außerdem ein bronzenes Amulett, ein ovales Blättchen mit einer Öse zum Aufhängen, das aus dem Öllämpchen-Geschäft nordöstlich vom Hof der Synagoge (Area 5, Locus 119) stammt. Die griechischen Inschriften auf beiden Seiten bestehen aus dem Symbol Ypsilon und der magischen jüdischen (oder juden-christlichen) Formel „Heilig/ heilig/ heilig/ Iaō/ Heil" und „ich trinke/ Y/ Heil".[61]

Gegen Ende dieses 4. Jh. erscheinen auch im Vorort Tabgha die ersten religiösen Gebäude mit christlichem Charakter: eine halb in den Felsen gehauene Kapelle am Südhang des Berges der Seligpreisungen[62] sowie am Strand das erste Heiligtum der Erscheinung des Auferstandenen.[63] In kurzer zeitlicher wie räumlicher Entfernung, aber nach der Herrschaft von Kaiser Honorius (395–408 n.Chr.) – von ihm wurde in den Grundmauern der Apsis[64] eine Münze gefunden – wurde auch das erste Heiligtum der Brot- und Fischvermehrung errichtet.[65]

Der Bericht der Egeria[66] bezeugt diese Gebäude, die Erinnerungen an das Evangelium, die sie hüten, und auch einige Frömmigkeitsformen, die dort üblich waren. Die interessantesten davon betrifft das Hauptheiligtum, das der Brotvermehrung, von wo die Pilger vom Stein, „auf den Jesus die Brote gelegt hatte" und der „in einen Altar umgewandelt war", „für ihr Wohlergehen, zur

---

nesson 2007, 245–248. 250–251.
59 Vgl. dazu De Luca 2003; De Luca 2012.
60 Vgl. Loffreda 2005, 155, DF 236; 217, DF 391.

61 Vgl. Loffreda 2005, 120, DF 863, 31.
62 Bagatti 1937; Loffreda 1981, 57.
63 Loffreda 1970a, 96–98; Loffreda 1981, 45.
64 Loffreda 1970b; Loffreda 1981, 24.
65 Gauber 1938; Schneider 1937b.
66 Vgl. Anm. 54.

Tabgha
(Legende: siehe Seite 26/27)

Plans by courtesy of S. De Luca – S. De Stefano SDS Grafica (Napoli) © Magdala Project.

Freude aller" „wegzutragen" pflegten. Es ist nicht klar, ob die Besucher Splitter vom heiligen Stein mitnahmen oder etwas anderes, möglicherweise Brot,[67] welches innerhalb einer liturgischen Handlung dort niedergelegt und so zu einer Berührungsreliquie wurde.

Wahrscheinlich war der Kalksteinblock, der heute in der Apsis der byzantinischen Basilika, die später die ursprüngliche Kapelle verdeckte, hervortritt, ursprünglich im Zentrum des Apsisrunds. Abgesehen vom Grundriss der ursprünglichen einschiffigen Kirche mit einer vorspringenden Apsis und, wie es scheint, mit einem ummauerten Atrium vor der Fassade ist von diesem Gebäude nichts bekannt.

In ähnlicher Weise kann man über die ursprüngliche Architektur der ursprünglichen Kapelle der Erscheinung des Auferstandenen wenig sagen. Dort trat ebenfalls eine natürliche Felsplatte aus Kalkstein, die Behauungsspuren zeigt, im Osten des Gebäudes hervor.[68] Während der Ausgrabungen konnten auf den Mauern Spuren des originalen Kalkverputzes nachgewiesen werden. Spätere Erwähnungen nennen die Felsplatte *Mensa Domini*, eine Bezeichnung, die sich dann auf das ganze Heiligtum, das sie bewahrte, ausdehnte. Bald, Ende des 4./Anfang des 5. Jh. n.Chr., baute man an derselben Stelle eine neue Kapelle, auch diese einschiffig mit einem Bogen beim Apsis-Bereich. Auch in dieser war die *Mensa* im Mittelpunkt. Neben dem Haupteingang nach Westen gab es eine kleine Tür, die die Kirche mit dem südlichen Teil des Felssporns verband, der sich in Richtung Ufer erstreckt. Dort finden sich die fünf ausgemeißelten Stufen, von denen Egeria spricht, „auf denen der Herr stand."[69]

Etwas mehr wissen wir über das dritte Heiligtum von Tabgha, die Kapelle der Seligpreisungen, wo Egeria eine „spelunca" – Höhle – (oder „specula") erwähnt, „in die der Herr hinaufstieg und die [Predigt von den] Seligpreisungen verkündete."[70] Ähnlich wie bei den beiden anderen Heiligtümern bildet auch hier der Fels das Element, an dem die Tradition die biblische Erinnerung festmacht. Zu Recht wurde festgestellt, dass der Bau des Heiligtums am steilen Abhang des „Berges" erhebliche technische Schwierigkeiten mit sich brachte, da es nötig war, eine ganze Felswand abzutragen, um dort die Kapelle einzufügen. Auch diese war einschiffig, mit einem Nartex in der Fassade. Auch aufgrund eines kürzlich auf dem Verputz der Nordwand identifizierten Graffiti-Palimpsests – es erinnert an jene, die in die dritte Verputzschicht der Hauskirche in Kafarnaum eingeritzt sind – habe ich vorgeschlagen, die verehrte Grotte mit dem viereckigen Felsraum zu identifizieren, der mit der Mitte des Kirchenschiffs durch eine Tür verbunden war.[71] In dessen Nähe kommen nämlich Inschriften und eingeritzte Kreuze gehäuft vor. Mehr als die mit wasserdichtem Verputz verkleidete Zisterne unter dem

---

67 Vgl. Mk 6,41, wo es die Aufgabe der Jünger ist, die Brote und die Fische zu verteilen. Über die Verwendung und die Produktion von Brot in monastischen Kontexten, vgl. Bryer 2002, 112; Morrison – Sodini 2002, 196. Es ist nicht selten, dass in Ausgrabungen von Klosterkomplexen Brotbackformen gefunden werden. Der größere Teil von ihnen wurde für die Produktion von eucharistischem Brot benutzt, aber es ist nicht auszuschließen, dass einige auch als *Eulogien* (nicht-konsekriertes, gesegnetes Brot) verwendet wurden.

68 Loffreda 1970, 48–50.

69 Vgl. Joh 21,1–4.

70 Vgl. Anm. 54.

71 De Luca – Ilardi 2010.

Kirchenschiff bot diese nämlich die nötigen Voraussetzungen dafür, dass Pilger sie bequem besuchen und Liturgie feiern konnten. Jenseits der Nordwand ragte ein Felswürfel aus dem Boden der kleinen Stufenapsis, welche keine Inschriften aufweist. Was freilich hier mehr interessiert, ist die Tatsache, dass das Kirchengebäude nicht isoliert stand, sondern einen wichtigen Bestandteil eines umfassenderen und gegliederten architektonischen Komplexes bildet, den Bagatti mit Recht als Kloster identifiziert hat.[72] Auch wenn sie spärlich sind, deuten die architektonischen Reste auf zwei Ebenen auf einen weiten Gemeinschaftsplatz (D) hin. Mauerrümpfe sowohl an der Südost- als auch der Nordwest-Ecke lassen außerdem noch auf weitere Anbauten schließen, von denen nichts erhalten ist. Für das Ende des 4./ Anfang des 5. Jh. existieren also bereits materielle Zeugnisse für die Anwesenheit einer monastischen Gemeinschaft, welche in direkter Verbindung mit den von den Pilgern besuchten Heiligtümern stand.

Neben der Sprache und der Tatsache, dass der Mönch Petrus von Montecassino nie im Hl. Land war, bildet ein Brief des Mönches Valerius von Bierzo (7. Jh. n.Chr.) das Hauptargument, um den berühmten, oben zitierten Abschnitt der Pilgerin Egeria zuzuweisen. Valerius beschreibt in der *Epistola 3* – aus dieser geht übrigens auch die Identität der erwähnten Pilgerin hervor – die „Aufstiege" Egerias in ihrem Tagebuch, die Bibel in der Hand, auf heilige Berge, darunter der Sinai, der Nebo, der Tabor und „der Berg Eremos".[73] Dieser letz-

Die Eremos-Höhle

tere Hinweis – auch Hieronymus erwähnt ihn[74] – ist in doppelter Hinsicht wichtig: Zum einen enthält er einen topographischen Hinweis auf den antiken Namen des Berges der Seligpreisungen, zum anderen spiegelt er die örtliche Tradition wieder, die die Pilgerin erfahren hatte, von der Valerius den gesamten Text zur Verfügung hatte. Diesen Berg westlich von Tabgha Eremus zu nen-

---

72 Bagatti 1937. Zu einem allgemeinen Plan der Kapelle und des Klosters vgl. Bagatti 1937, tav. 1; De Luca – Ilardi 2010, fig. 8.

73 Valerius von Bierzo (7. Jh. n.Chr.) zählt in der *Epist.* 3,13–14 mit Bewunderung die Aufstiege auf Berge auf, die Egeria unternommen hatte, und die er betont als „ingentissimae"

(enorm) bezeichnet. Vgl. Maraval 1982, 342–344.

74 Vgl. auch Hieronymus, *Ep.* 108,13,5–89: «Solitudinem in qua multas populum milia paucis saturata sunt panibus, et de reliquiis vescentium repleti sunt cophini duodecim» (ELS 400 = CSEL 55, 323).

nen, ist gleichbedeutend mit seiner direkten Anerkennung als *heremos topos*, wo nach dem Evangelium Jesus sich zum Gebet zurückgezogen hatte und wo seine Jünger ihn auf seinen Spuren und auf der Suche nach ihm finden konnten.[75] Die gleiche Beschreibung als „einsamer" oder „wüster Ort" wird auch in der Erzählung der Brotvermehrung gegeben.[76]

Es ist deutlich, dass solche Hinweise einen enormen symbolischen Wert und eine spirituelle Kraft haben, so dass sie über eine Mahnung und eine Quelle der Inspiration für die Mönchsbewegung hinaus ein echtes Lebensprogramm darstellen können.

Das fünfte und sechste Jahrhundert nach Christus: das Goldene Zeitalter des Heidenchristentums und die Festigung der Mönchsbewegung

Das 5. Jh., vor allem seine zweite Hälfte und der Beginn des folgenden, waren eine Zeit großer Veränderungen für das ganze Hl. Land und auch für Kafarnaum/Tabgha.

Das bescheidene Heiligtum der christusgläubigen Juden wurde teilweise zerstört und ersetzt durch den modernen Bau einer achteckigen „Basilika" mit einem äußeren Umgang und einem erhöhten Zentralbereich, in den man durch acht Bögen gelangen konnte. Das in die Apsis eingefügte Taufbecken kann darauf hinweisen, dass der Ort einer einheimischen christlichen Gemeinde diente, aber vor allem, dass er ein Heiligtum für Pilger war. Da Kafarnaum nicht Bischofssitz war, dürfte das Taufbecken wohl mit dem Phänomen der *Peregrinatio ad loca sancta* in Verbindung gebracht werden, wie an den berühmten Stätten Berg Nebo in Jordanien, St. Menas in Ägypten und St Johannes in Ephesus.[77] Der außergewöhnliche Grundriss einer „Basilika" als Zentralraum erinnert daneben an die *Martyria*, die in byzantinischer Zeit an den christlichen Erinnerungsstätten im Hl. Land errichtet wurden,[78] wie das erste Achteck über einem verehrten Felsen zur Erinnerung an die Himmelfahrt Christi auf dem Ölberg (Imbomon), die Anastasis (Grabeskirche) in Jerusalem oder das Apsisachteck in Betlehem über der Geburtsgrotte,[79] außerdem zwei bekannte Fälle eines achteckigen Grundrisses der Theotokos (Gottesmutter) auf dem Berg Garizim[80] und des Kathisma (Mariä Rast) bei Betlehem (auch dieses über einem verehrten Felsen in der Mitte des Gebäudes).

---

75 Mk 1,35–39 // Lk 4,42–43.
76 Vgl. Mk 6,32; Mt 14,13. Über den Berg Eremos als Ortsnamen vgl. Pixner 1997, 34.37–39; Wilkinson 2002, 345–346; De Luca – Ilardi 2010, 303 n. 47.
77 Morrison – Sodini 2002, 188.
78 Meyers – Strange 1981, 59–60. Sulle dimensioni e le caratteristiche del pellegrinaggio alla Terra Sancta e le sue evoluzioni, vgl. Maraval 1995; Walker 1990; Morrison – Sodini 2002, 187–189.
79 Vgl. Strange 1977, 67.
80 Foester 1971, 207–211, hält die Kirche der Gottesgebärerin auf dem Berg Garizim für das Modell des Heiligtums von Kafarnaum, das er in die letzten Jahrzehnte des 5. Jh. n.Chr. datiert. Strange 1977, 65–73, schlägt eine Datierung auf Ende 4./Anfang 5. Jh. n.Chr. vor. Crossan – Reed, 91–97, schlagen für das byzantinische Heiligtum wir für die benachbarte Synagoge eine Datierung ins 5. Jh. vor. Der *terminus ante quem* ist sicher das Zeugnis des Anonymus Placentinus, der den Ort 570 n.Chr. besuchte. Vgl. ELS 436.

Manchmal, besonders außerhalb der Kathedralkomplexe, finden sich Taufbecken im Zusammenhang mit Klosteranlagen, vor allem wenn diese in schwer zugänglichen oder einsamen Gegenden lagen. Man kann nicht mit völliger Sicherheit sagen, dass sich bei der achteckigen Basilika über dem Haus des Petrus eine Klosteranlage befunden hat. Es sei aber auf die Reste einer großen Olivenpresse[81] im südlichen Bereich sowie eine Reihe von quadratischen Räumen an der ältesten Umfassungsmauer hingewiesen. Diese sind zeitgleich mit der Basilika entstanden. Ihr westlicher Teil ist nicht bekannt, während dank der Ausgrabungen von Orfali[82] der Grundriss des großen viereckigen Gebäudes bekannt ist, das die byzantinischen Strukturen bedeckte. Dieser spätere Gebäudekomplex dürfte wenigstens auf zwei Außenseiten den vorausgehenden Bau respektiert haben, während er nach Osten und Süden erweitert wurde. Die Funde aus dem „Niveau Orfali" sind nicht bekannt, daher ist es schwierig, Aussagen über die Chronologie und die Funktion dieses Gebäudeteils zu machen. Nichtsdestotrotz legen die Ausmaße des Komplex eine Funktion als öffentliches Gebäude nahe.

Soziologisch sollte man im Auge behalten, dass die Ersetzung und teilweise Zerstörung des alten örtlichen Heiligtums mit seiner ausgesuchten Architektur, der „Haus-Kirche" der christusgläubigen Juden, durch eine byzantinische Basilika gleichzeitig einen demographischen Wandel beschreibt. Die christliche Gruppe jüdischen Ursprungs wird durch die neue Strömung der Christen heidnischen Ursprungs ersetzt, die inzwischen die Mehrheit bildeten und letztlich die judenchristliche Gemeinde aufsog oder ersetzte. Ein Blick auf die archäologischen Funde aus dieser Zeit, z.B. auf die große Menge importierter Tonteller (aus *Terra Sigillata*) mit kreuzförmigen Stempelabdrücken, welche praktisch überall gefunden wurden, kann ebenfalls auf diese neue Gemeinde hindeuten.[83]

Gleichzeitig brach ein ethnischer Konflikt mit der Gruppe, die bis dahin in der Mehrheit war, aus: Die orthodoxe jüdische Gemeinde, die zahlenmäßig in die Minderheit geraten war, hatte auch die rechtliche Kontrolle über das Dorf eingebüßt. Hatte bis zum Ende des 4. Jh. die Synagoge die Verwaltung der Siedlung inne, ging diese mit der Entstehung des byzantinischen Reichs über an die Kirche, die zu einem Ausdruck der Staatsmacht geworden war.

Wie ist also in diesem Zusammenhang, nur kurz nach dem Bau der Basilika, der Neubau einer neuen – der dritten – stattlichen Synagoge zu erklären? Runesson[84] hat jüngst überzeugend dargelegt, dass dieses Gebäude Ausdruck der „Verteidigung", der Identitätsbildung der jüdischen Minderheit sein könnte, gewiss mit Hilfe von Beiträgen von außerhalb.[85] So wurde das

---

81 Vgl. Morrison – Sodini 2002, 196–198. 210; Lefort 2002, 248.

82 Vgl. Orfali 1922, tav. 1.

83 Loffreda 2008a, 65-69. Vgl. Morrison – Sodini 2002, 202.

84 Eine interessante religiöse und politische Analyse – mit einem Blick auf den weitesten Kontext Palästinas und des römischen Reiches – über die jüdische und christliche Identitätsbildung in Kafarnaum findet sich bei: Runesson 2007, 245–257. Vgl. auch Strange 2001, Leyerle 1999, 353–357.

85 Runesson schlägt vor, dass der Auftraggeber in der mächtigen jüdischen Gemeinde von Tiberias zu suchen sein, aber nicht im jüdischen Patriarchat, da diese Institution zwischen dem 3. und 4. Jh. an Einfluss verloren hatte, bis es 425 n.Chr. aufgelöst wurde.

bestehende Synagogengebäude tiefgreifend restauriert, die einzige den Juden nach den bestehenden Gesetzen erlaubte Art zu bauen.[86]

Das Pilgerwesen hat in dieser Zeit wichtige Ausmaße angenommen. So wurden auch die Hafenstrukturen des Dorfes durch den Bau einer 200m langen Mole mit zwei rechtwinkligen, ca. 20m langen Dämmen erweitert.[87] Offenbar im gleichen Zusammenhang steht eine ähnliche gemauerte 300m lange Struktur, die östlich vom griechisch-orthodoxen Gelände während der Bauarbeiten zum modernen Hafen identifiziert wurden. M. Nun beschreibt mehrere dreieckige oder verlängerte Kais, die an diese Mole anschlossen.[88] An deren östlichem Ende beschreibt eine Mauer aus groben Basaltblöcken einen Bogen in Richtung des Sees und bildet so ein geschütztes Becken.[89]

Auch an der südwestlichen Küste, in Richtung des Siebenquells, lassen sich größere Baumaßnahmen ausmachen. Eine weiträumige, elegante byzantinische Basilika mit drei Schiffen, einem breiten Querschiff und zwei *Pastophorien* (Seitenkapellen, *prothesis* und *diaconicon*) ersetzte den bescheideneren Vorgängerbau der Kapelle der Brot- und Fischvermehrung.[90] Eine durchdachte Serie von liturgischen Räumen und handwerklichen Anbauten umgeben das Gotteshaus im Osten und Westen. Eine Olivenpresse mit zwei Lagerräumen hatte einen Zugang vom Nartex der Fassade aus.

Die bildlichen Darstellungen, die die Zwischenräume zwischen den Säulen und den Querschiffen schmücken, inspirieren sich an der ägyptischen Fauna und Flora am Nil, es finden sich aber auch Darstellungen der lokalen Flora und Fauna (Kormorane, Reiher, Flamingos, Störche, Enten, Schreitvögel, Nattern, Klippdachse usw.). Dies deutet auf einen Auftraggeber hin, der bei der Planung und der künstlerischen Durchführung der Arbeiten sehr präsent und aktiv war. Im nördlichen Seitenschiff finden sich die Darstellungen dreier gemauerter Gebäude, die sehr wahrscheinlich die Wassereinrichtungen[91] darstellen, die unter den Namen Tannûr Ayyūb[92], Hammām Ayyub[93] und Birket 'Ali Daher[94] bekannt sind.

Ihre Darstellungen im Mosaik bedeutet, dass diese Werke von Bewässerungsingenieuren – mit dem Ziel,

---

86 Eine Mosaikinschrift der Synagoge von Hammat Gader (6. Jh. n.Chr.) bildet die jüngste Erwähnung des Dorfes im Zusammenhang mit der jüdischen Gemeinde. Vgl. Naveh 1978, nr. 30.

87 Vgl. Tzaferis et al. 1989, 2–3, pl. 4; Loffreda – Tzaferis 1993, 295 map; Nun 1991, 5–7. Laughlin 1993, 58 schlägt eine Datierung des "sea-wall" auf das 2–3. Jh. n.Chr. vor; Murphy-O'Connor 1998, 221 vertritt, dass dieser Anlegeplatz bis zum 7. Jh. n.Chr. in Gebrauch war, im Zusammenhang mit der Siedlung, die sich in der Nachbarschaft entwickelte. Es ist jedoch wahrscheinlicher, dass er während der byzantinischen Entwicklung des Ortes als wichtige christliche Pilgerstation (5–6. Jh. n.Chr.) errichtet wurde, auch wenn er noch für einige Jahrhunderte in Gebrauch war.

88 Vgl. Nun 1989b, 24–26; Nun 1991, 6; Nun 1999, 23–27.

89 Vgl. Stepansky 2003, 9, pl. 15; Galili – Sharvit 2002, pl. 16.

90 Vgl. Avi-Yonah – Negev 1993, 614.

91 Loffreda hat gezeigt, dass diese Wassertürme nicht ursprünglich mit den Mühlen von Tabgha in Verbindung standen, da diese nur in die ottomanische oder moderne Zeit zurückreichen. Vgl. Loffreda 1970a, 165–171. Zu einem Blick auf Wassermühlen im byzantinischen und mittelalterlichen Mönchswesen vgl. Bryer 2002, 111-112.

92 Bagatti 1937, 49–50; Loffreda 1970a, 137–152.

93 Bagatti 1937, 50–51; Loffreda 1970a, 125–137.

94 Bagatti 1937, 49; Loffreda 1970a, 153–164.

die Quellen zu fassen und das Wasser durch ein Kanalsystem bis an ferne Plätze zu verteilen – von den Auftraggebern der Basilika selbst in Auftrag gegeben waren, die sie ausdrücklich und stolz in diesem Mosaik zur Schau stellen wollten. Übrigens, auch das klassische ikonographische Thema des Nilometers, das umgeben ist von Feuchtgebietsvegetation und -vogelwelt soll auf andere Weise die Ingenieurskunst der Auftraggeber zur Schau stellen, die im Stande waren, das Wasser zu messen und zu kanalisieren, in erster Linie für die Landwirtschaft.[95] Es ist sehr wahrscheinlich, dass es in der Gegend tatsächlich eine Art Nilometer gab, um die Wasserhöhe der Quellen zu messen. Darauf deuten griechische Buchstaben hin, die in Basaltringe – Teile von Wasserleitungen – eingeritzt waren.[96]

Die Inschriften in griechischer Schrift in den Mosaikfeldern des nördlichen Querschiffs und des Presbyteriums sowie das umrahmte Motiv am östlichen Ende des nördlichen Querschiffs[97] sind als Hinzufügungen oder Restaurierungen (aus dem 6. Jh.) der früheren Mosaikdekoration anzusehen. Vor diesen deutet die Erwähnung des Bischofs Martyrius, Patriarch von Jerusalem (6. Jh.), auf eine Verbindung mit dem Metropolitansitz hin, die Anrufung des Sauros verweist auf den sakralen Charakter des Raums. Über das dort gefeierte Gedächtnis lässt das berühmte Mosaik mit den beiden Fischen zu beiden Seiten eines mit einem Kreuz bezeichneten Korb mit Broten – es wurde während einer Restaurierung an die im Vergleich zur ursprünglichen herausragende Stellung zu Füßen des *Synthronons* gebracht – keinen Zweifel. Ikonographisch ist dieses Motivs, welches zur Ausschmückung des 5. Jh. gehört, bis heute von außerordentlicher Kraft und Unmittelbarkeit, vergleichbar einem modernen Logo. Zu Füßen des byzantinischen Altars auf vier kleinen Säulen, an dem Platz, der gewöhnlich Reliquiaren vorbehalten war, ragte der obere Teil eines Felswürfels aus, ziemlich sicher in der Anordnung, die Egeria für die Vorgängerkapelle beschrieb.

Die elegant ausgeschmückte Basilika war von einer soliden Mauer in Trapezform eingefasst. Drei Seiten verliefen rechtwinklig, die nördliche dagegen schräg. Analysiert man die Grundrisse beider Gebäude im

---

95 Vgl. Heisa 2003, 37–44.

96 Drei sind beim Tannûr Ayyûb ausgestellt, in der Nähe des Primats-Heiligtums, vier sind im achteckigen Wasserbecken Birket 'Ali Daher, auf dem Grundstück der A.N.S.M.I., eingemauert

97 Dieses Motiv mit Rebenschösslingen, Rebzweigen und Efeublättern hat eine exakte Entsprechung im Mosaik des Mittelschiffs der Basilika auf dem Bert Nebo (Mitte 6. Jh. n.Chr.). Vgl. Piccirillo – Alliata 1998, 289–293, fig. 44–46.

Vergleich, stellt man fest, dass die nördliche Mauer der byzantinischen Basilika die Ost-West-Ausrichtung der älteren Kapelle beibehält. Diese Nordmauer dürfte durch ein schon existierendes Gebäude an dieser Stelle festgelegt gewesen sein. Andernfalls wäre der dreieckige Raum nicht zu erklären, der zwischen dem unteren Teil der Nordmauer des nördlichen Querschiffs und dem inneren der zwei mit der Ölpresse verbundenen Lagerräume entstanden war. Mit großer Wahrscheinlichkeit wurde vorgeschlagen, dass die schon vorher bestehende Mauer, die den gesamten Grundriss der Anlage mitbestimmte, eine Straße gewesen sein könnte. Schon Egeria erwähnt in ihrer Beschreibung der vorherigen Kapelle, dass „neben der Mauer der Kirche eine öffentliche Straße verlief, wo der Apostel Matthäus seine Zollstation hatte".[98] Über die biblische Erinnerung hinaus ist die Bemerkung Egerias sehr wichtig, da sie ermöglicht, den Kirchenkomplex – wie auch die Umgebung – in eine direkte Verbindung mit dem Straßennetz zu stellen.

Leider weiß man nicht viel über die verschiedenen Straßenverläufe im Altertum. Man kann aber annehmen, dass die Straße in Richtung Kafarnaum unmittelbar nach dem Heiligtum etwas am Fuß des Berges emporstieg. Somit konnte sowohl der Eingang des Heiligtums/Klosters der Seligpreisungen erreicht als auch das unvermeidlich feuchte Gebiet um die Quellen herum vermieden werden. In der Gegenrichtung wird die öffentliche Straße mit einer Hafenstruktur verbunden gewesen sein, die in der geschützten Bucht zu Füßen vom Tel Kinnerot zu suchen ist, ungefähr im Bereich des heutigen Pilgerhauses. Übrigens kennt man auf derselben Seite des biblischen Tells, auf halber Höhe des Südost-Abhangs, ein längeres Stück einer Straße. Diese ist zwar aus späterer, islamischer Epoche und führt zur Karawanserei Khan Minye, es ist aber leicht möglich, dass sie dem älteren Straßenverlauf folgte. Der Verlauf der Verkehrswege, sowohl zu Wasser als auch zu Land, ist ein wichtiger Gesichtspunkt, um die Funktion und den Zweck der Heiligtümer in Tabgha und im besonderen das der Brotvermehrung zu verstehen.

In dieser Hinsicht ist der Bau selbst aufschlussreich, zumindest der Bereich, den wir kennen. Westlich und südlich des dem Nartex vorgelagerten Atriums (mit einer Zisterne) findet sich eine Reihe von ca. 10 kleinen, regelmäßigen, quadratischen Räumen, die man als Mönchszellen interpretieren kann. Es handelt sich dabei um ein Kloster mittlerer Größe, mit privaten und gemeinschaftlichen Bereichen,[99] mit handwerklicher, an Landwirtschaft gebundener Tätigkeit.[100] Der zum Kloster gehörige Grundbesitz dürfte erheblich gewesen sein, geht man davon aus, dass das *Dividiculum* (Wasserspeicher) Hammām Ayyūb aufgrund seiner Höhenlage für die Bewässerung des nordöstlichen Felder mindestens bis zum „Hafen des hl. Petrus" dienen konnte.[101] Die Menge und die Güte des mineralhaltigen Wassers, in Verbindung mit dem fruchtbaren Basaltboden, erlaubten den Anbau von allem; dies bemerkt schon Josephus

---

98 Vgl. Anm. 54.

99 Vgl. die Räume südlich der Basilika.

100 Vgl. die Ölpresse an der Nordseite des Kirchengebäudes und die wichtigen Bewässerungsinstallationen: die beiden Runden Türme Tannūr und Hammām Ayyūb und das große achteckige Wasserbecken Birket 'Ali Daher, welches heute noch in Betrieb ist.

101 Zum Verhältnis Klöster – landwirtschaftlicher Besitz vom 6–10. Jh. n.Chr., vgl. Morrison – Sodini 2002, 181–184; Mayerson 1994, 21–39; Lefort 2002, 283; Heisa 2003, 60–62.

Flavius, nach ihm Egeria („foenum satis et arbores palmarum multas")[102], und der anonyme Pilger von Piacenza 570 n.Chr. („extensa campania, palmeta et uliveta")[103]. Trauben, Oliven, Feigen und Datteln spielten eine wichtige Rolle auf dem Speiseplan der Klöster im syro-palästinischen Raum.[104]

Es ist freilich sehr wahrscheinlich, dass die Haupttätigkeit, der sich die Mönche widmeten, das christliche Pilgerwesen war.[105] Neben der Feier der Liturgie kennen wir aus den Quellen die Führung, die Begleitung, die Beherbergung und die Pflege der Pilger.[106]

Diese Annahme darf nicht als überzogen betrachtet werden, vor allem nicht, wenn man den Blick auf die zeitgenössischen Klöster/Heiligtümer am Ufer des Sees Gennesaret erweitert.

Das Kloster/Heiligtum von Kursi (6. Jh. n.Chr.), am Nordost-Ufer, besteht aus zwei Einheiten: Das halb in den Felsen gehauene Heiligtum, das das Gedächtnis an das biblische Ereignis bewahrt, und ein großer befestigter Klosterkomplex, der mit einer Mauer umgeben ist. Er umfasst die zentrale Basilika mit der Krypta und einem vorgelagerten weiten gepflasterten Hof, auf den hin sich die unterirdischen Zisternen öffnen, Diensträume in der Nähe des Eingangs und sogar Thermen und eine Herberge.[107] Der Eingang zum Klosterkomplex von der Seeseite her führte von dort über eine gepflasterte Straße, die direkt vom Hafen emporkam. Der ursprüngliche Hafen ist viel älter, er geht bis in die hellenistische oder frühe römische Zeit zurück. Aufgrund von Veränderungen der Wasserhöhe, die in der byzantinisch-islamischen Zeit viel tiefer war, wurde der ursprüngliche Wellenbrecher zur byzantinischen Anlegestelle.[108]

Der architektonisch vergleichbare Klosterkomplex von Magdala (5./6.–8. Jh.) war ebenfalls von einer mächtigen Umfassungsmauer umgeben, die eine zentrale Kapelle,[109] mehrere Diensträume und Mönchszellen (z.T. mit Mosaiken), Bewässerungseinrichtungen für einen Bäderkomplex, sowie mit ziemlicher Sicherheit auch Räume, die als Herberge dienten, umschloss. Der Haupteingang war von der Ostseite her, von wo eine Pflasterstraße den Komplex direkt mit den Hafenstrukturen verband. Diese umfassten zu jener Zeit ein Hafenbecken, eine Mole und mindestens einen Ankerplatz.[110]

Die günstige geographische Lage von Magdala/Tarichäa war schon in hasmonäischer und römischer Zeit

---

102 ELS 412.

103 ELS 403.

104 Vgl. Morrison – Sodini 2002, 197–198; Heisa 2003, 36–47.

105 Heisa 2003, 50–58.

106 Heisa 2003, 42. 52–53. 59. 74–75. 82.

107 Tzaferis 1983; Tzaferis 1993.

108 Raban 1993, 964–965; Raban 1988, 323–327, pl. 11. 14–18. Zu den Hafenstrukturen von Kursi, vgl. auch Nun 1989b, 16-18; Nun 1999, 31. 64; Nun 1987b; Nun 1991, 7; Galili et al. 2002, 954. Zur Datierung der Hafenstrukturen aus byzantinischer Zeit nach der C14-Methode, vgl. Galili et al. 2007.

109 Zu den Thermen und der Kapelle, vgl. Abou 'Uqsa 1981, *15–*17. 321. tav. 2. Zur Umfassungsmauer und den teilweise untersuchten mit Mosaiken ausgeschmückten Bereichen des Klosters, vgl. Corbo 1974, 7–18. Zur Geschichte des Klosters und einem allgemeinen Lageplan, vgl. De Luca 2010, 430–435. 439–440, tavv. 3–4. 33. Zur Datierung der Hafenstrukturen von Magdala, vgl. De Luca – Lena 2012.

110 Raban 1988, 318, tav. 7; De Luca 2010, 430–435, tav. 33. De Luca – Lena 2012.

Ursache von Wohlstand gewesen, lag sie doch am Treffpunkt der wichtigsten Straßen jener Gegend: nach Norden in Richtung Kafarnaum/Tabgha der östliche Zweig der Via Maris; in Richtung Mittelmeerhäfen (Akko und Cäsaräa) die Verbindung durch das Wadi Hammam (Taubental), später über Tiberias, zwischen dem See und dem westlichen Galiläa in Richtung Sepphoris. Auch in späterer Zeit konnte Magdala noch auf ein funktionstüchtiges Straßennetz bauen, dass seit dem 2. Jh. n.Chr. immer mehr verstärkt und ausgebaut wurde.

In Wegbeschreibungen christlicher Reisender fehlt Magdala nie als Etappe auf ihrer Reise.[111]

Beide Klöster/Heiligtümer, Kursi und Magdala, besaßen als Ziel internationaler Pilgerfahrten zu den Hl. Stätten am See Gennesaret die nötige Infrastruktur, um Reisende, in erster Linie christliche, zu empfangen. Es handelt sich allerdings bei diesen beiden Orten nicht um Einzelfälle.

Auch der kirchliche Komplex (Heiligtum?) auf dem Gipfel des Berges Berenike in Tiberias enthielt zahlreiche Gebäude, die als Kloster interpretiert werden können.[112] Interessanterweise fand sich unter dem Altar, an Stelle des Reliquiars, ein großer Stein mit einer Öffnung zur Vertäuung – daher der Name „Ankerkirche" – der für die Erbauer wie für die Besucher eine wichtige sakrale Bedeutung hatte, die mit dem See und wahrscheinlich mit dem Wirken Jesu in seiner Nähe zusammenhing. Über eine weitere Kirche mit prächtigen Mosaiken, die jüngst im Zentrum der antiken Hauptstadt entdeckt wurde, und zwar in der Nähe der zivilen Basilika, lässt sich noch nicht viel sagen.[113] Eine Fortführung der Ausgrabungen wird zeigen, ob das auf das 4. Jh. datierbare Gebäude auch eine Herberge enthielt. Im Übrigen wäre der Platz in der Nähe der wenigen noch erkennbaren Reste des Hafens der Stadt, in Verbindung mit dem byzantinischen Cardo, auf den hin sich auch der Markt öffnete, eine herausragende Position.[114]

An der Westküste des Sees können eine, vielleicht auch zwei der zahlreichen byzantinischen Kirchen, die in letzter Zeit in der Dekapolisstadt Hippos ausgegraben wurden, städtische Klöster sein.[115] Die Größe und die Gestaltung der Dienst- und Arbeitsräume, die mit ihnen verbunden sind, weisen darauf hin.

Wie es scheint, gab es auch Klöster bei der byzantinischen Kirche von es-Samra, der antiken Anbindung der Stadt Gadara an den See,[116] sowie bei der Kapelle, die am nördlichen Hang von Bet Yerach entdeckt wurde, auch wenn es im letzten Fall keine ausreichenden Tatsachen für sichere Aussagen gibt.[117]

---

111 Beispielsweise Theodosius (530 n.Chr.): „Von Magdala bis zu den Sieben Quellen, wo der Herr Christus die Apostel taufte, zwei Meilen, wo er das Volk mit fünf Broten und zwei Fischen sättigte" (ELS 402).

112 Hirschfeld 1993.

113 Vgl. "Surprising Finds were Discovered in the IAA Excavations in Tiberias (7/8/2007)", <http://www.antiquities.org.il/article_Item_eng.asp?sec_id=25&subj_id=240&id=1270&module_id=>.

114 Zum Christentum in Tiberias vgl. Bagatti 2001, 47–56; De Luca 2012.

115 Vgl. Segal et al. 2002, 35; Segal et al. 2003, 47; Segal et al. 2007, 81–82; Segal et al. 2006, 67–80.

116 Vgl. TIR 221; Ovadiah – Ovadiah 1987, 168, nr. 90; Ovadiah – De Silva, 1981, 224, nr. 43.

117 Delougaz – Haines 1960.

Das Bild, das sich daraus ergibt, ist überraschend. Im Gegensatz zum westlichen Galiläa bilden diese Klöster die einzigen christlichen Komplexe in mehrheitlich jüdischer Umgebung, und zwar im gesamten Bereich des Sees Gennesaret in der byzantinischen Zeit. Es handelt sich obendrein um monastische Strukturen an den wichtigen Häfen und den Hauptverkehrsverbindungen, d.h. in direktem Kontakt, und in gewisser Weise im Dienst des Pilgerwesens in der Gegend: von/nach Süden (Tiberias), von/nach Osten (Gadara, Hippos und Kursi) und von/nach Westen (Magdala, Kafarnaum/Tabgha).

In diesem Zusammenhang bräuchte es eine eingehendere Untersuchung der Pilgerwege zu den Heiligtümern um den See, die nicht nur auf dem Landweg, sondern auch, und zwar bequemer und schneller, über den See erreicht werden konnten.[118] Einige Einzelheiten können aus den Reiseberichten geschlossen werden, wenn sie Entfernungen und Dimensionen des Sees überliefern, die sich zu einer Art nautischer Karte zusammenfügen lassen. Als Beispiele seien der anonyme Pilger von Piacenza,[119] Arkulf,[120] Beda,[121] Sanudo, oder Fedançola[122] genannt.

Erwähnenswert ist auch das Heiligtum von Nazaret, wo südlich der Verkündigungsgrotte ein Kloster bestand, von welchem wenigstens acht Räume mit Mosaikboden bekannt sind, die an die Südwand der Kirche angebaut waren.[123] Außerdem finden sich in Galiläa die Heiligtümer/Klöster auf dem Berg Tabor.[124]

Des weiteren sind mönchische Ansiedlungen auch bei vielen anderen hl. Stätten Palästinas verbreitet, in direkter oder indirekter Verbindung mit diesen:[125] Betlehem[126] mit dem Frauen-Kloster von Paula und Eustochium und dem Männer-Kloster von Hieronymus, sowie in der Umgebung die Klöster von Keniset er-Ra'wat, Ramat Rahel, Bir el-Qut, der Hügel von St. Paula (Har Choma) und das Kathisma; Jerusalem, auf dem Gipfel des Ölbergs das Frauen-Kloster der Melania d.Ä. und das Männerkloster des Rufinus, das Frauenkloster der Melania d.J. und das Männerkloster Petrus des Iberers (der später die Klöster auf dem Zion und von Maiumas in Gaza gründete), das von Dominus Flevit[127] und das der Viri Galilei. In der Hl. Stadt ließen sich zahlreiche „Mönche und Jungfrauen"[128] nieder: das Kloster an der „Neuen Marienkirche" (Nea) und, in der Umgebung westlich des Toten Meers, die eigentliche Mönchsregion, mit einem Dutzend von Klöstern in der judäischen Wüste (Duka, Faran, Gerasimus, Theoktistus, Euthymius, Martyrius, Teodosius, Sabas/Große Laura, die Neue Laura, Chariton/Suka).[129] Viele

---

118 Vgl. z.B. Avramea 2002, 86–87.
119 Wilkinson 2002, 133.
120 Wilkinson 2002, 192.
121 *De Loci Sanctis*, 2, 20, 4 (= CSL 175, 216).
122 *Descriptio Terra Sanctae* 18, 4. Vgl. Nicolini et al. 2003, 38–39. 140 n. 172.

---

123 Bagatti 1967, 90–91, fig. 49.
124 Zu den Quellen: ELS 490–529; jünger: Manns 2006. Zu den archäologischen Resten, vgl. Petrozzi 1975; Battista – Bagatti 1976; Alliata 1992; Aviam 1993, 456.
125 Maraval 2000, 684.
126 Vgl. Corbo 1955.
127 Bagatti 1956.
128 Egeria, *Diario di viaggio*, 24, 1. Man sieht daraus, dass der große Teil der Jerusalemer Liturgie in Händen von Mönchen lag.
129 Vgl. Hirschfeld 1992, Patrich 1995; Binns 1996; Patrich 2002,

Klostergründer und Mönche stammten nicht aus Palästina, sondern sie sind auf einer Pilgerreise hierhergekommen, angezogen von den hl. Stätten, um sich dann hier niederzulassen.

Um noch zwei berühmte Beispiele in Verbindung mit Pilgerreisen zu nennen: Egeria berichtet, dass sie auf dem Berg Sinai und dem Berg Nebo[130] Kleriker und Mönche als Führer hatte, die in einem der Klöster der Umgebung wohnten.[131]

Die Verpflichtung zur Gastfreundschaft gegenüber Pilgern ist eines der tragenden Elemente der monastischen Nächstenliebe, und zwar von Anfang an, wie aus den Regeln des Pachomius, der Vita des Antonius und des Athanasius und der Historia Lausiaca hervorgeht.[132]

Aufgrund der vielen Pilger in den Heiligtümern am See dürften Führung, geistliche Begleitung, Gebet und das Aushändigen von Eulogien sicher eine alltägliche Tätigkeit gewesen sein, welche die Mönche von Tabgha für die zahlreichen dort ankommenden Pilger verrichteten, um sich so auch am Unterhalt des Klosters zu beteiligen.

Im Jahr 808 n.Chr. wurde für Verwaltungszwecke auf Geheiß Karls des Großen das bedeutende *Memorandum* für Kirchen und Klerus Palästinas erstellt, bekannt unter dem Namen *Commemoratorium de casis Dei*.[133] „Am See Gennesaret", schreibt der Text, „befindet sich ein Kloster mit Namen Heptapegon, wo der Herr sein Volk [mit fünf Broten und zwei] Fischen sättigte; dort sind 10 Mönche. Beim See ist eine Kirche mit Namen ‚von den zwö[lf Thronen', dort war der Herr mit seinen Jü]ngern. Dort ist ein Tisch (*Mensa*), wo er mit ihnen saß; dort sind ein Priester und zwei Kleriker."[134]

Dieses Dokument bestätigt das Fortbestehen des Hauptklosters von Tabgha am Anfang des 9. Jh. n.Chr. und gibt uns statistische Angaben über die Anzahl der Mönche, die dort lebten. Überdies ermöglicht es eine allgemeine Vorstellung über die Größe der klösterlichen Siedlung, vergleicht man die Zahl der Personen im Dienst von Tabgha (13) mit der anderer im Dokument aufgezählter Klöster. Demzufolge handelt es sich zwar nicht um eines der großen Zentren, wie St. Sabas, St. Theodosius, St. Johannes am Jordan oder St. Eutymius, welche 150, 70, 35 bzw. 30 Mönche zählten, aber es war auch kein ganz kleines: In ganz Tiberias mit

---

Hirschfeld 2002; Flusin 2004, 264–268.
130 Vgl. Saller 1941, 117–131; Alliata – Bianchi 1998, 159–161.
131 Zum Sinai vgl. Egeria, 3,1: „Wir kamen zu Einsiedeleien, wo die Mönche, die dort wohnen, uns sehr herzlich empfingen und uns jede Gastfreundschaft gewährten... Dort blieben wir für eine Nacht... Mit dem Priester und den Mönchen, die dort wohnen, begannen wir, auf den Berg zu steigen." Zum Nebo vgl. Egeria, 10,8–11,1–3: „Ein Priester jenes Ortes, also aus Livias, den wir baten, mit uns zu kommen, als wir uns für diese Wegstrecke auf den Weg machten, da er die Orte besser kannte... Von der Straße abgebogen, folgten wir dem Priester, der uns führte... Dort wohnen mehrere Mönche, wahrhaft heilige, die man hier Asketen nennt. Diese heiligen Mönche beehrten sich, uns in jeder Hinsicht sehr gastfreundlich zu empfangen und erlaubten uns, einzutreten, um sie zu begrüßen. Nachdem wir bei ihnen eingetreten waren und mit ihnen ein Gebet verrichtet hatten, beehrten sie sich und gaben uns Eulogien, wie sie sie üblicherweise denen geben, die sie beherbergen... So zogen wir zusammen mit den heiligen Klerikern und Mönchen, die mit uns gekommen waren, weiter in Richtung des Gebirges... Die, welche die Orte kannten, Priester und heilige Mönche, sagten uns..."
132 Giannarelli 1992, 132 n. 1

133 Wilkinson 2002, 253–258; ELS, XX.
134 ELS 405.

seinen fünf Kirchen waren 30 Personen im Dienst – Bischof, Priester, Kleriker und Mönche, „in der ganzen heiligen Stadt Nazaret" zählte man 12 Mönche. Leider ist der Teil des Manuskripts, der die vier Kirchen und die Klöster vom Berg Tabor beschreibt, unvollständig, aber man kann den Namen des Bischofs Theophanes und die Zahl von 18 Mönchen erkennen.

Was Tabgha betrifft, stellt das *Commemoratorium* vor ein chronologisches Problem über den Bestand der Klöster, denn nach Theodosius (530 n.Chr.)[135] und dem Pilger von Piacenza (ca. 570 n.Chr.)[136] scheint es, dass in der zweiten Hälfte des 7. Jh. sowohl das Heiligtum der Seligpreisungen als auch das der Brotvermehrung in Ruinen lagen,[137] sofern man der Beschreibung von Arkulf (670 n.Chr.) „dort gibt es keine Spuren von Gebäuden, außer einigen Säulen" bei der Quelle) Glauben schenkt.[138]

Es bleibt die Tatsache, dass das Bodenmosaik der Kapelle der Seligpreisungen im 7.,[139] möglicherweise auch erst in der zweiten Hälfte des 8. Jh. restauriert wurde, vergleicht man das Motiv des hinzugefügten Feldes mit anderen, datierbaren Gebäuden aus omaijadischer oder abbasidischer Zeit in Arabien oder Palästina[140] oder in den Kirchen Jordaniens.[141]

Auch die achteckige Basilika, vielleicht auch die weiße Synagoge von Kafarnaum zerfielen in dieser Zeit.[142]

Zieht man in Betracht, dass auch das Mosaik der Kapelle des Klosters von Magdala in dieser Zeit restauriert wurde (Ende 8./Anfang 9. Jh. n.Chr.),[143] und beachtet man die archäologische Evidenz der Zerstörung[144] sowie geologische Gegebenheiten – Siedlungsschichten um den See, die durch den steigenden Wasserspiegel (bis -208m u.d.M.) von Konglomerat bedeckt wurden[145] –, so legt sich als Grund der Zerstörungen das Erdbeben von 749 n.Chr. nahe.

Freilich wird Heptapegon in einem Text mit dem Namen Vita Sancti Helenae et Constantini (9.-10. Jh. n.Chr.), der aus einer unbekannten Quelle zusammengestellt wurde, die auch der Mönch Epiphanius (9. Jh. n.Chr.) benutzt haben dürfte, als „große Quelle" bezeichnet, anstelle der „großen Kirche", wie bei Epiphanius zu lesen war.[146] In einem arabischen Text aus dem 10. Jh. wird dagegen „die Kirche von Gennesaret, die

---

135 ELS 402.

136 ELS 403.

137 Bagatti 1937, 83–91; Loffreda 1970a, 30–36. 40–42; Loffreda 1981, 9–10; Avi-Jonah – Negev 1993, 614.

138 ELS 404 (= Adamnanus, De Loci Sanctis 2, 24, CCSL 175, 218).

139 Bagatti 1937, 56–57. 78. 80. Figs. 7. 10; Loffreda 1970a, 180; Loffreda 1981, 57.

140 Zum Beispiel der Fußboden von Qastal (Piccirillo 1993, 352, figs. 778–779) und von Qasr al-Hallabat (Piccirillo 1993, 343, fig. 759. 350–351, fig. 768–770).

141 Zum Beispiel die Kirche der Jungfrau in Madaba (Piccirillo 1993, 46. 50, fig. 2) oder das Presbyterium der Kirche St. Stephanus in Umm er-Rasas (Piccirillo 1993, 220, fig. 346. 238–239, fig. 380).

142 Wohl eher als im Zusammenhang mit der persischen Invasion im Jahr 614 n.Chr.

143 Abou 'Uqsa 2001, 321; Leibner 2009, 228. 234; De Luca 2010, 438–440; De Luca 2012; De Luca – Lena 2012.

144 Zum Beispiel in Bet Schean, Hippos, es-Samra, Tiberias, Magdala, Wadi Hamam, usw.

145 Vgl. De Luca – Lena 2012.

146 ELS 407 (= PG 146, 113–114). Vgl. Bagatti 1937, 85–88.

das Wunder der fünf Brote und zwei Fische bezeugt", noch erwähnt.[147]

In gleicher Weise scheinen spätere Pilger Schwierigkeiten gehabt zu haben, den Ort Kafarnaum zu erreichen. Arkulf (670 n.Chr.)[148] beschränkt sich darauf, den Ort vom Berg her zu betrachten. Willibald (723 n.Chr.)[149] hat den Ort selbst nicht besucht. Die weiteren Pilger beschränkten sich meistens darauf, ihn im Vorbeifahren vom See aus anzuschauen. Daher wandern die Erinnerungsorte an Petrus allmählich nach Tiberias, oder andere Episoden oder biblische Gestalten treten mehr in den Mittelpunkt.[150] Die Gründe dafür sind wohl jene, die Ricoldo di Monte Crucis (1294) und Giacomo da Verona (1335) berichten. Ricoldo beschreibt Kafarnaum als „einst glorreich"; es sei inzwischen in einen erbarmungswürdigen Zustand heruntergekommen, mit nur noch sieben Hütten armer Fischer.[151] Giacomo erklärt, der Ort sei von „pessimi saracenorum" (den übelsten der Sarazenen) bewohnt; wer es schaffte, dorthin zu kommen, sei genötigt gewesen, Belästigungen über sich ergehen zu lassen.[152]

Es bleibt den Historikern überlassen, das Thema der Mönchsbewegung in dieser Gegend zu vertiefen, welches bei der allmählichen Christianisierung der Region wohl nicht nur eine sekundäre Rolle spielte und welches vor allem das Fortbestehen und die Zugänglichkeit der christlichen Erinnerungen der Region garantierte.

Wahrscheinlich bestand also ab dem 9./10. Jh. nur noch die Kapelle der Erscheinung am Seeufer fort,[153] die von den mittelalterlichen Pilgern unter verschiedenen Bezeichnungen erwähnt wird, wie *Mensa-Tabula*[154], Mensa Domini, Kirche der „zwölf Throne". Der Magister Thetmarus (1217) bemerkt, die Kirche beim Ort, der *Mensa Domini* hieß, sei von den Sarazenen zerstört worden, und kennt beim nahen Berg die Erinnerung an die Brotvermehrung.[155] Ricoldo di Monte Croce (1294) feiert das Gedächtnis der Brotvermehrung, indem er das Evangelium singt, auf dem nahen Berg Brot und Fisch isst und dann zum „locum

---

147 ELS 408.
148 ELS 437.
149 ELS 438.
150 Fretello (1147), Johannes von Würzburg (1165), Theoderich (1172), Ernoul (1231). Vgl. ELS 444–446. 448.
151 ELS 450.
152 ELS 452.

153 Nach Loffreda ist dieser Umstand auf den einfachen und armen Charakter dieses Heiligtums zurückzuführen, wo es aufgrund der Funde vieler Scherben von gewöhnlichem Essgeschirr auf sich überlagernden Lehmböden (Ende 4. und 5. Jh.) möglich ist, dass sich „die Christen versammelten... um tatsächlich an einem Mahl teilzunehmen, welches nach Joh 21,1–14 Jesus, der Auferstandene, den Aposteln bereitet hatte" (Loffreda 1981, 47). Von diesem Brauch könnte der Name „Kohlenort" stammen, mit dem er einige Male bezeichnet wird. Vgl. den Mönch Epiphanius (9. Jh. n.Chr.): „beim Ufer des Sees gibt es eine Kirche, wo Christus stand, wo er Feuer und Fisch (bereitete)" (ELS 406). Theoderich (1172) verbindet das Gedächtnis der Brotvermehrung mit der Mensa Domini, in der Nähe des Orts der Erscheinung des Auferstandenen (ELS 413). Die Verbindung dieser Gedächtnisse findet sich auch bei Johannes Phocas (1177, vgl. ELS 414) und Ernoul (1231, vgl. ELS 416).

154 Johannes Fedançola, *Descriptio Terrae Sanctae*, 12, 1–4 (Nicolini et al. 2003, 14–15. 131). Vgl. auch Saewulfus (ELS 409), Abt Daniel (ELS 410), De situ urbis Jerusalem (ELS 411), und die anderen Reiseberichte aus der Kreuzfahrerzeit und danach – 12.-14. Jh. (ELS 416–424).

155 ELS 417. In einem Brief von Ludwig IX., König von Frankreich an Papst Urbano VI. die „Ecclesia de Tabula" die von Baibars 1263 zerstört wurde. Vgl. ELS 418, 284 n. 2.

Tabulae" hinabsteigt.[156] Im selben Jahrhundert taucht dieser Name auch auf Landkarten auf, wie der Carta Fiorentina (13. Jh.)[157]. Auch für Giacomo da Verona (1335) steht der Berg in Verbindung mit dem Andenken an die Seligpreisungen und an das einsame Gebet Jesu, sowie an andere Episoden, die eigentlich nach Kafarnaum gehörten. Er erwähnt auch, an einem anderen Ort den Stein mit Namen „Tabula sive Mensa" der Brotvermehrung gesehen und berührt zu haben sowie die Quelle, die Josephus Flavius Kafarnaum nennt (wo er allerdings übelste Sarazenen vorfindet) und in der Nähe der Quelle, am Ufer, den Ort der Erscheinung des Auferstandenen.[158]

Im 15. Jh. sind die Klosterstrukturen ganz aufgegeben, ihre Erinnerung erlischt, und das Gedächtnis an die biblischen Episoden von Tabgha wandert zu den Hörnern von Hittin.[159] Es dauerte bis zum 19. Jh., bis die historischen Orte wiederentdeckt und von der *Kustodie des Hl. Landes*, von der *Associazione Nazionale di Soccorso ai Missionari Italiani* (E. Schiapparelli) und vom *Deutschen Verein von Heiligen Lande* erworben wurden und so die modernen Untersuchungen und Entdeckungen von Kafarnaum und Tabgha möglich machten.

Die Zeiten ändern sich, doch nach Jahrhunderten führen Franziskaner, Missionsfranziskanerinnen vom unbefleckten Herzen Mariens und Benediktiner mit ihren klösterlichen Lebensformen im Gebiet von Tabgha, Kafarnaum und dem Berg der Seligpreisungen denselben Dienst fort. Das neue Benediktinerkloster bei der Brotvermehrungskirche setzt eine monastische Präsenz am selben Ort fort und erhält auch 1500 Jahre nach der ersten klösterlichen Ansiedlung deren Ziele und deren Geist.

Stefano De Luca
Direktor des Magdala Project

Deutsche Übersetzung:
Gregor Geiger
Studium Biblicum Franciscanum, Jerusalem

---

156 ELS 420.
157 Vgl. Bagatti 2001, fig. 2.
158 ELS 421.
159 Vgl. ELS 443. 417–425.

Bibliographie

Abu-'Uqsa 2001
H. Abu-'Uqsa, "The Findings from Two Excavations at Migdal", 'Atiqot 42, 2001, 9*–25* [Hebrew]; 321–322 [English].

Alliata 1992
E. Alliata, "Elementi del culto pagano sul monte della Trasfigurazione", in: Memoriam Sanctorum venerante. Miscellanea in onore di Mons. Victor Saxer (Città del Vaticano 1992) 1–10.

Alliata – Bianchi 1998
E. Alliata – S. Bianchi, "The Architectural Phasing of the Memorial of Moses", in: Piccirillo – Alliata 1998, 151–192.

Aviam 1993
M. Aviam, "Galilee: The Hellenistic and Byzantine Periods", NEAEHL 2, 453–457.

Aviam 2004a
M. Aviam, "First Century Jewish Galilee. An Archaeological Perspective, in: Edwards 2004, 7–27.

Aviam 2004b
M. Aviam, Jews, Pagans and Christians in the Galilee (Rochester – New York 2004).

Aviam 2007
M. Aviam, „Distribution Maps of Archaeological Data from the Galilee: an attempt to Establish Zones Indicative of Ethnicity and Religion Affiliation", In: Zangenberg et al. 2007, 115–132.

Avi-Jonah – A. Negev 1993
M. Avi-Jonah – A. Negev, s. v. "Heptapegon ('En Sheva'; eṭ-Ṭabgha)", NEAEHL 2, 614–616.

Avramea 2002
A. Avramea, "Land and Sea Communications, Fourth–Fifteenth Centuries" in: Laiou 2002, 57–90.

Avshalom 2009
D. Avshalom-Gorni, "One of the Oldest Synagogues in the World was Exposed in the IAA Excavation at Magdala", <http://www.antiquities.org.il/ article_Item_eng.asp?sec_id=25&subj_id=240&id=1601&module_id=#as> .

Bagatti 1937
B. Bagatti, „La Cappella sul Monte delle Beatitudini: Scavo della Custodia di Terra Santa", Rivista di Archeologia Cristiana 14, 1937, 44–91.

Bagatti 1952-1953
B. Bagatti, „Espressioni bibliche nelle antiche iscrizioni cristiane della Palestina", Liber Annus 3, 1952-1953, 111–148.

Bagatti 1956
B. Bagatti, „Scavo di un monastero al 'Dominus Flevit' (Monte Oliveto – Gerusalemme)", Liber Annus 6, 1956, 240–270.

Bagatti 1967
B. Bagatti, Gli scavi di Nazaret, 1. Dalle origini al secolo XII, SBF Collectio Maior 17 (Gerusalemme 1967).

Bagatti 1968
B. Bagatti, "Ancora sulla data di Eteria", Bibbia e Oriente 10, 1968, 73–75.

Bagatti 1995
B. Bagatti, Alle origini della Chiesa 1, Le comunità giudeo-cristiane (Città del Vaticano ²1985).

Bagatti 1982
B. Bagatti, Alle origini della Chiesa 2, Le comunità gentil-cristiane (Città del Vaticano 1982).

Bagatti 2001
B. Bagatti, Ancient Christian Villages of Galilee, SBF Collectio Minor 37 (Jerusalem 2001).

Battista – Bagatti 1976
A. Battista – B. Bagatti, La fortezza saracena del Monte Tabor (A.H. 609-15; A.D. 1212–18), SBF Collectio Minor 18 (Jerusalem 1976).

Becker – Yoshiko Reed 2007
A. H. Becker – A. Yoshiko Reed (eds.), The Ways that Never Parted: Jews and Christians in Late Antiquity and the Early Middle Ages (Minneapolis 2007).

Binns 1996
J. Binns, Ascetics and Ambassadors of Christ: the Monaste-

ries of Palestine 314-631 (Oxford 1996).

Bryer 2002
A. Bryer, The Means of Agricultural Production: Muscle and Tools", in: Laiou 2002, 101–113.

Callegher 2007
B. Callegher, Cafarnao IX: Monete dall'area urbana di Cafarnao (1968-2003), SBF Collectio Maior 47 (Jerusalem 2007).

Cardaropoli 1993
G. Cardaropoli (ed.) La Terra Santa Studi di Archeologia. Atti del Simposio «Trent'anni di archeologia in Terra Santa» (Roma 27–30 aprile 1982), Bibliotheca Pontificii Athenaei Antonianum, 23 (Roma 1983).

Charlesworth 2006
J. H. Charlesworth (ed.), Jesus and Archaeology (Grand Rapids 2006) 544–555.

Crisler 1976
B. Cobbey Crisler, „The Acoustics and Crowd Capacity of Natural Theaters in Palestine", Biblical Archaeologist 39, 1976, 128-41.

Corbo 1955
V. C. Corbo, Gli scavi di Khirbat Siyar el-Ghanam (Campo dei Pastori) e i Monasteri dei dintorni. SBF Collectio Maior 11 (Jerusalem 1955).

Corbo 1974
V. C. Corbo, "Scavi archeologici a Magdala (1971-1973)", StBiFranc 24, 1974, 5–37.

Corbo 1975
V. C. Corbo, Cafarnao. I: Gli edifici della città, SBF Collectio Maior 19 (Jerusalem 1975).

Corbo 1993
V. C. Corbo, "The Church of the House of St. Peter at Capernaum", in: Y. Tsafrir (ed.) Ancient Churces Revealed (Jerusalem 1993) 71–76.

Crossan – Reed 2001
J. D. Crossan – J. Reed, Excavating Jesus. Beneath the Stone, Behind the Text (New York 2001).

Danielou – Marrou 1989
J. Danielou – H. Marrou, Nuova storia della Chiesa 1: dalle origini a S. Gregorio Magno, I-IV secolo ²(Torino 1989).

Dauphin 1993a
C. Dauphin, "De l'Église de la Circoncision à l'Église de la Gentilité. Sur une nouvelle voie hors de l'impasse", Liber Annus 43, 1993, 223–242.

Dauphin 1993b
C. Dauphin, "Encore des judeo-chretiens au Golan?", in: Manns – Alliata 1993, 69–84.

De Luca 2005
„Restauri a Tabgha", <http://www.appuntisugerusalemme.it/Dati/Restauri%20a%20Tabgha.htm>.

De Luca 2009
S. De Luca, "Urban development of the city of Magdala / Tarichaeae in the light of the New Excavations: remains, problems and perspectives", Paper given to the Symposium Greco-Roman Galilee (21st – 23rd June 2009, Tel Hai Academic College - Kinneret College - Macalester College - Carthage College), forthcoming.

De Luca 2010
S. De Luca, „La città ellenistico-romana di Magdala / Tarichaee. Gli scavi del Magdala Project 2007 e 2008: relazione preliminare e prospettive di indagine", Liber Annus 49, 2009, 343–562.

De Luca – Ilardi 2010
S. De Luca – K. Ilardi, „ Su alcuni graffiti cristiani scoperti nella cappella bizantina delle Beatitudini a Tabgha", Liber Annus 50, 2010, 287–306.

De Luca 2011
S. De Luca, „Il contesto storico-archeologico della missione di Gesù attorno al Lago di Galilea", in: J. M. Garcia – D. Massana (ed.), Con gli occhi degli apostoli. Una presenza che travolge la vita (Milano 2011) 14–16.

De Luca 2012
S. De Luca, „Scoperte archeologiche recenti attorno al Lago di Galilea: contributo allo studio dell'ambiente del Nuovo Testamento e del Gesù storico", in: G. Paximadi – M. Fidanzio (eds.), Terra Sancta: archeologia ed esegesi. Atti dei

convegni 2008-2010, ISCAB Serie Archeologica 1 (Lugano 2012), fothcoming.

De Luca – Lena 2012
S. De Luca – A. Lena, "The Harbour of the City of Magdala/Tarichaee on the Shores of the Sea of Galilee, from the Hellenistic to the Byzantine. New Discoveries and Preliminary Results", Proceedings of the International Symposium "Harbors and Harbor Cities – In the Eastern Mediterranean from Antiquity to Byzantium", Istanbul 30.5.2011 – 1.6.2011, Koc University RCAC Istanbul, DAI Istanbul, Archaeological Museum Istanbul, serie Byzas (Istanbul), forthcoming

Delougaz – Haines 1960
P. Delougaz – R. C. Haines, A Byzantine Church at Khirbet al-Karak, (Chicago 1960).

Edwards 1992
D. Edwards, „The Socio-Economic and Cultural Ethos of the Lower Galilee in the First Century: Implications for the Nascent Jesus Movement", in: Levine 1992, 53–73.

Edwards 2004
D. E. Edwards, Religion and Society in Roman Palestine: Old Questions, New Approaches (New York - London 2004).

ELS
D. Baldi, Enchiridion Locorum Sanctorum. Documenta S. Evangelii Loca Respicentia ²(Jerusalem 1982).

Figueras 2000
P. Figueras, ‚Palestinian Monasticism in the Early Muslim Period", Proche-Orient Chrétien 50, 2000, 267–278.

Flusin 2004
B. Flusin, "La vita religiosa. I cristiani nel mondo, il monachesimo", in: Morrison 2004, 238–272.

Flusser 1988
D. Flusser, Judaism and the Origins of Christianity (Jerusalem 1988).

Foerster 1971
G. Foerster, "Recent Excavations at Capernaum", Israel Exploration Journal 21, 1971, 207–2016.

Foerster 1981
G. Foerster, "The Synagogues at Masada and Herodium", in: Levine 1981, 24–29.

Frankel et al. 2001
R. Frankel – N. Getzov – M. Aviam – A. Degani, Settlement Dynamics and Regional Diversity in Ancient Upper Galilee, IAA Reports 14 (Jerusalem 2001)

Freyne 1999
S. Freyne, „Behind the Names: Galileans, Samaritans, Ioudaioi", in: Meyers 1999, 39–55.

Freyne 2006
S. Freyne, Gesù ebreo di Galilea. Una rilettura del Gesù storico (Cinisello Balsamo 2006).

Freyne 2007
S. Freyne, „Galilean Studies: Old Issues and New Questions", in: Zangenberg et al. 2007, 13–29.

Galili et al. 1991
E. Galili – U. Dahari – J. Sharvit, „Underwater Survey", ExcIsr 10, 1991, 160–166.

Galili et al.1993
E. Galili – U. Dahari – J. Sharvit, „Underwater Surveys and Rescue Excavations Along the Israeli Coast", Internationa Journal of Nautical Archaeology 22/1, 1993, 61–77.

Galili et al. 2002
E. Galili – A. Raban – J. Sharvit, 2002. "Forty Years of Marine Archaeology in Israel", in: H. Tzalas (ed.), Tropis VII, Proceedings of 7th International Symposium on Ship Construction in Antiquity. Greece, Pylos 1999 (Athens 2002) 927–961.

Galili et al. 2007
E. Galili – B. Rosen – E. Boaretto – S. Tzatzkin , "Kursi Beach Final Report", HA-ExcIsr 119, 2007, <http://www.hadashot-esi.org.il/report_detail_eng.asp?id=508&mag_id=112> (31.12.2011).

Galili – Sharvit 2002
E. Galili – J. Sharvit, "The Sea of Galilee, Coastal Underwater Survey", HA-ExcIsr 114, 2002, 18–19 [Hebrew]; 17*–18*[English].

Gauer 1938
B. Gauer, "Werkbericht über die Instandsetzung der Boden-Mosaiken von Heptapegon", Journal of Palestine Oriental Society 18, 1938, 233–253.

Giannarelli 1992
E. Giannarelli (ed., trad. cur.), Egeria, Diario di viaggio (Milano 1992).

Gutman 1981
S. Gutman, „The Synagogue at Gamla", in: Levine 1981, 30–34.

Goranson 1999
S. Goranson, „Joseph of Tiberias Revisited. Orthodoxies and Heresies in Fouth-Century Galilee", in: Meyer 1999, 335–343.

Jackson-McCabe 2007
M. A. Jackson-McCabe, Jewish Christianity Reconsidered: Rethinking Ancient Groups and Texts (Minneapolis 2007).

Hanson 1997
K. C. Hanson, „The Galilean Fishing Economy and the Jesus Tradition", Biblical Theology Bulletin 27, 1997, 99–111.

Hanson – Oakman 2003
K. C. Hanson – D. E. Oakman, La Palestina ai tempi di Gesù. La società, le sue istituzioni, i suoi conflitti (Cinisello Balsamo 2003).

Heisa 2003
N. Heisa, The Economy and Livelihoods of the Early Monasteries in Palestine (M.A. diss. Helsinki 2003) <http://ethesis.helsinki.fi/julkaisut/hum/kultt/pg/heiska/theecono.pdf>.

Hirschfeld 1992
Y. Hirschfeld, The Judean Desert Monasteries in the Byzantine Period (New Haven 1992).

Hirschfeld 1993
Y. Hirschfeld, ‚The 'Anchor Church' at the Summit of Mount Berenice near Tiberias", Qadmoniot 26, 1993, 120–127.

Hirschfeld 1994
Y. Hirschfeld, "The Anchor Church at the Summit of Mt. Berenice, Tiberias", Biblical Archeologist 57, 1994, 122–133. 47.

Hirschfeld 2002
Y. Hirschfeld, The Desert of the Holy City: The Judean Desert Monasteries in the Byzantine Period (Jerusalem 2002).

Hirschfeld 2006
Y. Hirschfeld, „The Monasteries of Palestine in the Byzantine Period", in: O. Limor – G. G. Stroumsa (eds.), Christians and Christianity in the Holy Land: from the origins to the Latin Kingdoms (Turnhout 2006) 401–420.

Horsley 1989
G. Horsley, „A Fishing Cartel in the First-Century Ephesos", in: G. Horsley (ed.), New Documents Illustrating Early Christianity (Sydney 1989) 95–114.

Horsley 1996
R. Horsley, Archaeology, History, and Society in Galilee. The Social Context of Jesus and the Rabbis (Valley Forge 1996).

Horsley 2006
R. A. Horsley, Galilea. Storia, politica, popolazione, Introduzione allo studio della Bibbia. Supplementi 27 (Brescia 2006) = R. A. Horsley, Galilee. History, Politics, People (Valley Forge 1995).

Lancellotti 1983
A. Lancellotti, "La casa di Pietro a Cafarnao nei Vangeli Sinottici. Redazione e tradizione", in: Cardaropoli 1983, 48-69

Laiou 2002
A. E. Laiou (ed.), The Economic History of Byzantium: From the Seventh through the Fifteenth Century (Dumbarton Oaks 2002).

Lapin 2001
H. Lapin, Economy, Geography, and Provincial History il Later Roman Palestine (Tübimgen 2001).

Laughlin 1993
J. C. H. Laughlin, „Capernaum: From Jesus' Time and After", Biblical Archaeology Review 19/5, 1993, 54–61, 90.

Leibner 2006
U. Leibner, „Settlement and Demography in Late Roman and Byzantine Eastern Galilee", in: A. S. Lewin – P. Pellegrini, Settlements and demography in the Near East in late an-

tiquity. Proceedings of the colloquium. Matera, 27-29 October 2005 (Pisa - Roma 2006) 105–129.

Leibner 2009
U. Leibner, Settlement and History in Hellenistic, Roman, and Byzantine Galilee. An Archaeological Survey of the Eastern Galilee, Text and Studies in Ancient Judaism 127 (Tübingen 2009).

Leibner 2010
U. Leibner, „Excavations at Khirbet Wadi Hamam (Lower Galilee): the Synagogue and the Settlement (With an Appendix by U. Leibner and S. Miller)", Journal of Roman Archeology 23, 2010, 220–264.

Leibner 2012
U. Leibner,"The beginning of Jewish settlement in the Galilee in Second Temple Period: Historical Sources and Archaeological Finds" [Hebrew], forthcoming.

Lefort 2002
J. Lefort, "The Rural Economy, Seventh–Twelfth Centuries", in: Laiou 2002, 231–314.

Levine 1981
L. I. Levine, Ancient Synagogues Revealed (Jerusalem 1981).

Levine 1993
L. I. Levine, s. v. "Synagogues", in NEAEHL 4, 1421–1424,

Levine 1992
L. I. Levine (ed.), The Galilee in Late Antiquity (New York 1992).

Levine 2005
L. I. Levine, La sinagoga antica, Introduzione allo studio della Bibbia. Supplementi 21–22 (Brescia 2005) = L. I. Levine, The Ancient Synagogue. The First Thousand Year (New Haven - London 2000).

Leyerle 1999
B. Leyerle, „Pilgrims to the Land. Early Christian Perceptions of the Galilee", in: Meyers 1999, 345–357.

Loffreda 1970a
S. Loffreda, Scavi di et-Tabgha. Relazione finale della campagna di scavi, 25 marzo-20 giugno 1968, SBF Collectio Minor 7 (Jerusalem 1970).

Loffreda 1970b
S. Loffreda, „Sondaggio nella chiesa della Moltiplicazione dei pani a Tabgha", Liber Annus 20, 1970, 370–380.

Loffreda 1974
S. Loffreda, Cafarnao. II: La ceramica, SBF Collectio Maior 19 (Jerusalem 1974).

Loffreda 1981
S. Loffreda, I Santuari di Tabgha [edizioni in varie lingue] ²(Jerusalem 1981).

Loffreda 1993a
S. Loffreda, Recovering Capharnaum ²(Jerusalem 1993).

Loffreda 1993b
S. Loffreda, "La tradizionale casa di Simon Pietro a Cafarnao a 25 anni dalla sua scoperta", in: Manns – Alliata 1993, 37–67.

Loffreda 1997
S. Loffreda,, s. v. „Capernaum", OEANE 1, 416-419.

Loffreda 2005
S. Loffreda, Cafarnao V: Documentazione fotografica degli scavi di Cafarnao (1968-2003), SBF Collectio Maior 44 (Jerusalem 2005).

Loffreda 2008a
S. Loffreda, Cafarnao VI: Tipologie e contesti stratigrafici della ceramica (1968-2003), SBF Collectio Maior 48 (Jerusalem 2008).

Loffreda 2008b
S. Loffreda, Cafarnao VII: Documentazione grafica della ceramica (1968-2003), SBF Collectio Maior 49 (Jerusalem 2008).

Loffreda 2008c
S. Loffreda, Cafarnao VIII: Documentazione fotografica degli oggetti, SBF Collectio Maior 50 (Jerusalem 2008).

Loffreda – Tzaferis 1993
S. Loffreda – V. Tzaferis, s. v. „Capernaum", NEAEHL 2, 291–296.

Löfstedt – Pieroni 2007
E. Löfstedt – P. Pieroni, Commento filologico alla Peregrinatio Aetheriae: Ricerche sulla storia della lingua Latina (Bologna 2007).

Mader 1934
A. E. Mater, "Die Ausgrabung der Brotvermehrungskirche auf dem deutschen Besitz et-Tabgha am See Gennesaret", Das Heilige Land, 1934, 1–15. 41–61; 89–103; 129–149.

Manns 1998
F. Manns, L'Israele di Dio. Sinagoga e Chiesa alle origini cristiane, Studi Biblici 32 (Bologna 1998).

Manns 1990
F. Manns, "Joseph de Tibériade, un judéo-chrétien du quatrième siècle", in G. C. Bottini – L. Di Segni – E. Alliata (eds.), Christian Archaeology in the Holy Land. New Discoveries, Essays in Honour of Virgilio C. Corbo OFM, SBF Collectio Maior 36 (Jerusalem 1990) 553–560

Manns 1992
F. Manns, "Le thème de la maison dans l'évangile de Marc", Revue des Sciences Religieuses 66, 1992, 1–17.

Manns 1993
F. Manns, "A Survey of Recent Studies on Early Christianity", in: Manns – Alliata 1993, 17–25.

Manns 2000
F. Manns, Le Judéo-christianisme: mémoire ou prophétie, Théologie historique 112 (Paris 2000).

Manns 2006
F. Manns, "Mount Tabor", in: Charlesworth 2006, 167–177.

Manns – Alliata 1993
F. Manns – E. Alliata (eds.), Early Christianity in Context. Monuments and Documents. Essays in Honour of E. Testa, SBF Collectio Maior 38 (Jerusalem 1993).

Maraval 1982
P. Maraval (ed.), Égérie. Journal de voyage (Itinéraire), Sources Chrétiennes 296 (Paris 1982).

Maraval 1995
P. Maraval, Lieux saints et pèlerinages d'Orient — Histoire et géographie: Des origines à la conquête arabe (Paris 1985).

Mayerson 1994
P. Mayerson, Monks, Martyrs, Soldiers and Saracens: Papers on the Near East in Late Antiquity, 1962–1993 (Jerusalem 1994).

Meyer 1999
E. M. Meyers (ed.) Galilee through the Centuries. Confluence of Cultures, Duke Judaic Studies 1 (Winona Lake 1999).

Meyers – Strange 1981
E. M. Meyers – J. F. Strange, Archaeology. The Rabbis and Early Christianity (London 1981)

Moreland 2007
M. Moreland, „The Inhabitants of Galilee in the Hellenistic and Early Roman Period", in: Zangenberg et al. 2007, 133–159.

Morrison 2004
C. Morrison (ed.), Il mondo bizantino 1. L'Impero romano d'Oriente 330–641 (Torino 2004).

Morrison – Sodini 2002
C. Morrisson – J.-P. Sodini, "The Sixth-Century Economy", in: Laiou 2002, 171–220.

Murphy-O'Connor 1998
J. Murphy-O'Connor, The Holy Land. An Oxford Archaeological Guide from Earliest Times to 1700 (Oxford - New York 1998).

Naveh 1978
J. Naveh, On Stone and Mosaic. The Aramaic and Hebrew Inscriptions from Ancient Synagogues (Jerusalem 1978).

NEAEHL
E. Stern – A. Lewinson-Gilboa (eds.), The New Encyclopedia of Archaeological Excavations in the Holy Land, voll. 1–4, (Jerusalem 1993).

Niccacci 1983
A. Niccacci, "L'ambiente del Nuovo Testamento e della Chiesa primitiva alla luce degli scavi dello Studium Biblicum Franciscanum", in: Cardaropoli 1983, 6–47.

Niccacci 1985
A. Niccacci, "Archéologie et Nouveau Testament: Capharnaüm et Tabgha", Studia Orientalia Christiana Collectanea 18, 1985, 231–255.

Nodet – Taylor 1998
E. Nodet – J. Taylor, Essai sur les origines du christianisme, une secte éclatée (Paris 1998).

Nun 1987b
M. Nun, Kursi: Christian Monastery next to a Jewish Fisherman Village, Sefer Vilnai II, (Jerusalem 1987) [Hebrew].

Nun 1989b
M. Nun, Sea of Galilee: Newly Discovered Harbours from New Testament Days (Ein Gev 1989).

Nun 1991
M. Nun, The sea of Galilee: Water Levels, Past and Present (Ein Gev 1991).

Nun 1999
M. Nun, "Ports of Galilee", Biblical Archaeology Review 25/4, 1999, 18–31. 64.

Orfali 1922
G. Orfali, Capharnaüm et ses ruines. D'après les fouilles accompiles à Tell-Houm par la Custodie Franciscaine de Terre Sainte (1905-1921) (Paris 1922).

Ovadiah – De Silva 1981
R. Ovadiah – C. Gomez De Silva, "Supplementum to the Corpus of Byzantine Churches in the Holy Land", Levant 13, 1981, 200–261.

Ovadiah – Ovadiah 1987
R. Ovadiah – A. Ovadiah, Mosaic Pavement in Israel. Hellenistic, Roman and Early Byzantine (Rome 1987).

Pastor – Mor 2005
J. Pastor – M. Mor (eds.) The Beginnings of Christianity: A Collection of Articles (Jerusalem 2005).

Patrich 1995
J. Patrich, Sabas, Leader of Palestinian Monasticism, Fourth to Seventh Centuries (Washington 1995).

Patrich 2002
J. Patrich, s. v. "Monasteries", in: L. H. Schiffman – J. C. VanderKam (eds.), Encyclopedia of the Dead Sea Scrolls (New York 2000) 574–575.

Piccirillo 1993
M. Piccirillo, The Mosaics of Jordan (Amman 1993).

Piccirillo – Alliata 1998
M. Piccirillo, E. Alliata, Mt. Nebo. New Archaeological Excavations 1967-1997, SBF Collectio Maior 27 (Jerusalem 1998).

Petrozzi 1975
M. T. Petrozzi, Il Monte Tabor e dintorni (Jerusalem 1975).

Pixner 1985
B. Pixner, "The Miracle Church at Tabgha on the Sea of Galilee", Biblical Archaeologist 48/4, 1985, 196–206.

Pixner 1991
B. Pixner, "Die Kirchen der Brotvermehrung: Die Kirche des Joseph von Tiberias", in: R. Riesner (ed.), Wege des Messias und Stätten der Urkirche: Jesus und das Judenchristentum im Licht neuer archäologischer Erkenntnisse (Gießen 1991) 102-113.

Pixner 1997
B. Pixner, Con Gesù attraverso la Galilea secondo il quinto vangelo (Rosh Pina 1997).

Pritz 1992
R. Pritz, Nazarene Jewish Christianity (Jerusalem 1992).

Raban 1993
A. Raban, s. v. "Marine Archaeology", NEAEHL 3, 957–965.

Raban 1988
A. Raban, "The boat from Migdal Nunia and the anchorages of the Sea of Galilee from the time of Jesus", International Journal of Nautical Archaeology 17/4, 1988, 311–329.

Ravanotto 1967
E. Ravanotto, "La casa del Vangelo di Marco è la casa di Simone Pietro?", in Antonianum 42, 1967, 399-419.

Reed 2002
J. L. Reed, Archaeology and the Galilean Jesus. A Re-examination of the Evidence (Harrisburg 2002).

Roll 1999
I. Roll, "The Roads in Roman-Byzantine Palaestina and Arabia" in: M. Piccirillo – E. Alliata (eds.), The Madaba Map Centenary 1897-1997. Travelling through the Byzantine Umayyad Period. Proceedings of the International Conference Held in Amman, 7-9 April 1997, SBF Collectio Maior 40 (Jerusalem 1999) 227–229.

Runesson 2007
A. Runesson, „Architecture, Conflict, and Identity Formation. Jews and Christians in Capernaum from the First to the Six Century", in: J. Zangenberg – H. W. Attridge – D. B. Martin (eds.), Religion, Ethnicity, and Identity in Ancient Galilee. A Region in Transition (Tübingen 2007) 231–257.

Saller 1941
S. J. Saller, The Memorial of Moses on Mount Nebo 1: The text, SBF Collectio Maior 1 (Jerusalem 1941).

Sapir – Ne'eman 1967
B. Sapir – D. Ne'eman, Capernaum (Kfar Nachum), History and Legacy, Art and Architecture (Tel Aviv 1967).

Sawicki 2002
M. Sawicki, Crossing Galilee. Architectures of Contact in the Occupied Land of Jesus (Harrisburg 2002).

Schick 1995
R. Schick, The Christian Communities of Palestine from Byzantine to Islamic Rule: A Historical and Archaeological Study (Princeton 1995).

Schneider 1934
A. M. Schneider, Die Brotvermehrungskirche von et-Tabgha am See Gennesaret und ihre Mosaiken, Collectana Hierosolymitana. Veröffentlichungen des Orientalischen Instituts der Görresgesellschaft 4 (Paderborn 1934).

Schneider 1937a
A. M. Schneider, The Church of the Multiplying of the Loaves and Fishes (London 1937).

Schneider 1937b
A. M. Schneider, "Neu Funde in et-Tabgha", Oriens Christianus, 1937, 59–62.

Segal et al. 2002
A. Segal – J. Młynarczyk – M. Burdajewicz – M. Schuler – M. Eisenberg, Hippos-Sussita, Third Season Excavation Report (2002) (Haifa 2002).

Segal et al. 2003
A. Segal – J. Młynarczyk – M. Burdajewicz – M. Schuler – M. Eisenberg, Hippos-Sussita, Fourth Season Excavation Report (2003) (Haifa 2003).

Segal et al. 2006
A. Segal – J. Młynarczyk – M. Burdajewicz – M. Schuler – M. Eisenberg, Hippos-Sussita, Seventh Season of Excavations (July 2006) (Haifa 2006).

Segal et al. 2007
A. Segal – J. Młynarczyk – M. Burdajewicz – M. Schuler – M. Eisenberg, Hippos-Sussita, Eighth Season of Excavations (July 2007) (Haifa 2007).

Serianni – Antonelli 2011
L. Serianni – G. Antonelli, Manuale di linguistica italiana. Storia, attualità, grammatica (Milano-Torino 201).

Skarsaune 2007
O. Skarsaune, Jewish Believers in Jesus. The Early Centuries (Peabody 2007).

Spijkerman 1975
A. Spijkerman, Cafarnao. III: Catalogo delle monete della città, SBF Collectio Maior 19 (Jerusalem 1975).

Stepansky 1991
Y. Stepansky, "Kefar Nahum Map Survey", ExcIsr 10, 1991, 87–90.

Stepansky 1992
Y. Stepanski, "Stone Ramps on the Northern Shore of Lake Kinneret near Capernaum", Qadmoniot 25, 1992, 48–52.

Stepansky 1993
Y. Stepansky, "Kefar Nahum Bay", ExcIsr 12, 1993, 10–11.

Stepansky 2000
Y. Stepansky, "Map of Kefarnahum, Survey", HA-ExcIsr 112, 2000, 13–16 [Hebrew]; 9*–11* [English].

Stepansky 2003
Y. Stepansky, "Map of Kefarnahum, Survey", HA-ExcIsr 115, 2003, 8–11 [Hebrew]; 7*–9* [English].

Strack et al. 1982
H. Strack – P. Billerbeck – J. Jeremias – K. Adolph, Kommentar zum Neuen Testament aus Talmud und Midrasch. Rabbinischer Index 8 (München 1982).

Strange 1977
J. Strange, "The Capernaum and Herodium Publications (part 1)", Bulletin of the American Schools of Oriental Research 226, 1977, 65–73.

Strange 2001
J. F. Strange, "The archaeology of religion at Capernaum, synagogue and church", in J. Neusner – J. F. Strange (eds.), Religious Texts and Material Contexts (Lanham 2001) 43–62.

Strange – Shanks 1982
J. F. Strange – H. Shanks, „Has the House Where Jesus Stayed in Capernaum Been Found?, Biblical Archaeology Review 8/6, 1982, 26–37.

Taylor 1990
J. E. Taylor, "Capernaum and its 'Jewish-Christians': A Reexamination of the Franciscan Excavations", in Bullettin of Anglo-Israel Archaeological Society 9 (1989–1990), 7–28.

Taylor 1993
J. E. Taylor, Christians and the Holy Places: The Myth of Jewish-Christian Origins (Oxford 1993).

Testa 1972
E. Testa, Cafarnao IV: I graffiti della casa di San Pietro, SBF Collectio Maior 19 (Jerusalem 1972).

TIR
Y. Tsafrir – L. Di Segni – J. Green (with contributions by I. Roll and Ts. Tsuk), Tabula Imperii Romani: Iudaea-Palaestina, Eretz Israel in the Hellenistic, Roman, and Byzantine Periods (Jerusalem 1994).

Tsafrir 1996
Y. Tsafrir, "Some Notes on the Settlement and Demography of Palestine in the Byzantine Period: The Archaeological Evidence," in: J. D. Seger (ed.), Retrieving the Past: Essays on Archaeological Research and Methodology in Honor of Gus W. Van Beck (Winona Lake 1996) 269–283.

Tzaferis et al. 1989
V. Tzaferis – J. Blenkinsopp – J. C.H. Laughlin – J. F. Wilson – E. K. Berman – M. Peleg – A. Berman, Excavations at Capernaum, vol. I (1978-1982) (Winona Lake 1989).

Walmsley 1996
A. Walmsley, "Byzantine Palestine and Arabia: Urban Prosperity in Late Antiquity," in: N. Christie – S. T. Loseby, Towns in Transition: Urban Evolution in Late Antiquity and the Early Middle Ages (Aldershot 1996) 126–158.

Walker 1990
P. W. L. Walker, Holy City, Holy Places? Christian Attitudes to Jerusalem and the Holy Land in the Fourth Century (Oxford 1990).

Weber 1965
R. Weber (ed.), Appendix ad Itinerarium Egeriae. II. Petri Diaconi Liber de Locis Sanctis, Corpus Christianorum Series Latina [CCSL] 175 (Turnhout 1965).

Willis 2006
N. B. Willis, Nazarene Israel. The Original Faith of the Apostles (Anderson 2006).

Wilkinson 2002
J. Wilkinson, Jerusalem Pilgrims before the Crusades (Warminster 2002).

Wuellner 1967
W. H. Wuellner, The Meaning of "Fishers of Men" (Philadelphia 1967).

Von Wahlde 2006
U. C. von Wahlde, „Archaeology and John's Gospel", in: J. Charlesworth (ed.), Jesus and Archaeology (Grand Rapids 2006) 544–555.

Zangenberg et al. 2007
J. K. Zangenberg – H. W. Attridge – D. B. Martin, Religion, Ethnicity, and Identity in Ancient Galilee. A Region in Transition (Tübingen 2007).

Zangenberg 2010
J. K. Zangenberg, „Archaeological News from the Galilee: Tiberias, Magdala and Rural Galilee", in Early Christianity 3, 1 (2010), 471–484.

Die Brotvermehrungskirche

Am See.

Mit Pater Hieronymus durch die Geschichte von Tabgha

Teil 1: Prolog

Heute, am 8. Februar 1996, meinem 75. Geburtstag, will ich auf mein Leben zurückschauen, von dem ich 63 Jahre hier im Heiligen Land verbracht habe. Mit 12 Jahren bin ich nach Palästina gekommen. Das war 1933. Seit 50 Jahren lebe ich hier in Tabgha und bin gebeten worden, die Ereignisse meines Lebens, die Geschichte der Benediktiner von Tabgha und die des Deutschen Vereins vom Heiligen Lande, dem Tabgha gehört, aufzuschreiben. […]

Mit Pater Hieronymus durch die Geschichte von Tabgha

Mit 12 Jahren aus Dalmatien nach Palästina

Wenn ich durch Galiläa mit seinen karstigen, steinigen, aber auch bewaldeten Hügeln fahre, werde ich an die Landschaft in meiner Heimat in Dalmatien erinnert, die ich erst nach einem Vierteljahrhundert, im Jahre 1958, unter größten Schwierigkeiten wiedersehen sollte.

Geboren wurde ich am 8. Februar 1921 als ältestes von acht Kindern in Gor Humac, einem kleinen, armen Dorf auf der Insel Brac. Eines Tages kam ein Franziskaner, Br. Hieronymus Michaic aus dem Heiligen Land auf Heimatbesuch in sein Dorf Pucisce, das etwa acht Kilometer von meinem Geburtsort entfernt ist. Er kannte meine Eltern und fragte sie, ob er mich ins Heilige Land mitnehmen dürfe. Ich könnte ein Priesterseminar besuchen und später eventuell in den Orden der Franziskaner eintreten. Die Eltern haben eingewilligt und ich wollte auch.

Von Sizilien nach Palästina (1932)

Da die Franziskaner damals das Kleinseminar in Alcamo auf der Insel Sizilien hatten, kam ich 1932 mit elf Jahren in die damals berüchtigtste Stadt Siziliens, unweit des berühmten Segestatempels. Dort wurde ich im Seminar herzlich von den Patres aufgenommen. Ich konnte kein Wort Italienisch. Nach einem Jahr beherrschte ich jedoch die italienische Sprache besser als jene Mitschüler aus Süditalien, die nur schwer von ihrem Dialekt lassen konnten. Aus Gründen, an die ich mich nicht mehr erinnern kann, wurde das Seminar im Jahre 1933 von Alcamo nach Emmaus Qubeibe bei Jerusalem verlegt. So kam ich zwölfjährig zusammen mit weiteren 15 Schülern nach Palästina und die Sehnsucht nach meiner Heimat wurde zu meinem ständigen Begleiter ein Leben lang.

Nach einer 15tägigen Reise mit einem Frachtschiff kamen wir in Begleitung eines Franziskanerpaters in Jaffa an. Jaffa hatte keinen Hafen. So wurden wir in kleine Boote verladen und durch die Andromedafelsen an Land gebracht. In Qubeibe waren wir insgesamt 50 Schüler. Die Umgangssprache war Italienisch. Der Lehrplan des humanistischen Gymnasiums sah u.a. auch Arabisch als Hauptfach vor, was sich erst viele Jahre später für mich auszahlen sollte.

Eintritt in die Dormitio (1937)

1937 wurde ich mit 16 Jahren durch die Vermittlung eines kroatischen Franziskaners, der mit den Benediktinern gute Bekanntschaft pflegte, in die Abtei Dormitio auf dem Sion in Jerusalem aufgenommen. Ich wählte als Ordensnamen den Namen eines dalmatinischen Heiligen, Hieronymus.

Mein Studium der Theologie und Philosophie, sowie die Noviziatszeit, wurden durch den Ausbruch des Zweiten Weltkrieges und die Einberufung zur jugoslawischen Brigade in der britischen Armee unterbrochen. Ich kam nach einer Offiziersausbildung zuerst nach Ägypten und war dann an der libyschen Front einge-

Mit Pater Hieronymus durch die Geschichte von Tabgha

setzt. 1944 wurde die jugoslawische Einheit aufgelöst und ich konnte nach Jerusalem zurückkehren.

Nach dem Krieg beendete ich mein Studium und wurde am 9. Juni 1946 in der Dormitio zum Priester geweiht. – 1947 kam ich nach Tabgha, wo ich nunmehr ein halbes Jahrhundert lebe. [...]

Als Kroate in der englischen Armee während des Zweiten Weltkriegs (1941)

Die Dormitio war seit ihrer Gründung ein international zusammengesetzter Konvent. Mit dem Ausbruch des Zweiten Weltkrieges wurde jedoch unsere Kommunität auseinandergerissen und dezimiert. Zwei deutsche Mitbrüder hielten sich 1939 in Deutschland auf und konnten nicht mehr zurückkehren. Die Gruppe der Mitbrüder mit „reichsdeutschem Bürgerrecht" in der Dormitio wurde interniert. Der Rest verblieb auf dem Sion. Dort waren wir mit Abt Maurus Kaufmann etwa zehn Mönche verschiedener Nationalitäten. Unter ihnen ein Holländer, drei Schweizer, ein Araber und ich als Kroate.

1939 waren in Palästina zwei englische Divisionen stationiert, der auch französische, tschechische und palästinensische Einheiten

Abt Maurus Kaufmann OSB mit Mönchen der Dormitio (30er oder 40er Jahre). – Am rechten Bildrand der junge Pater Hieronymus.

der britischen Mandatsmacht angehörten. Diese Divisionen bildeten die „mittelöstliche Reserve" im Nahen Osten und sollten als Hilfskorps zur Unterstützung der englischen Garnisonen in Ägypten dienen. Als Deutschland am 6. April 1941 den Balkan überrollte, wurde ich als jugoslawischer Staatsbürger mobilisiert. Da es in Ägypten eine mit England alliierte jugoslawische Exilregierung gab, wurde eine eigene Brigade aufgestellt und in die englische Armee integriert.

Dieser Brigade wurde ich zunächst zur Offiziersausbildung in Ägypten zugeteilt. Unser Ausbildungslager befand sich am besten Badestrand von Agami, der 15 km von Alexandria entfernt war. Als wir ankamen, waren die Strandkörbe noch nicht weggeräumt. Für uns standen Zelte bereit. Die Umgangssprache der im Exil lebenden Jugoslawen, unter denen es viele Kroaten gab, war Französisch, die Unterrichtssprache in den Lehrgängen unserer Einheit jedoch Serbokroatisch, da die Offiziere sich in der Regel aus Serben rekrutierten. Spätestens zu diesem Zeitpunkt wurde mir bewusst, dass ich meine kroatische Muttersprache fast vergessen und verlernt hatte. So musste ich in einem Zeitraum von wenigen Monaten Französisch lernen und den Wortschatz meiner Muttersprache neu erwerben. Das Französisch fiel mir aufgrund meiner Italienischkenntnisse sehr leicht, so dass ich mitunter gefragt wurde, aus welcher Gegend Frankreichs ich stammen würde. Da wir aber auch an den allgemeinen Vorlesungen und Kursen der englischen Armee teilnehmen mussten, konnte ich außerdem meine englischen Schulkenntnisse erweitern und vervollkommnen. So sprach ich während meiner Kriegsteilnahme drei Sprachen gleichzeitig. […]

Der Krieg in Nordafrika war im November 1943 zu Ende. So hatten wir nach unserer Rückkehr nach Ägypten im Jahre 1944 eine verhältnismäßig ruhige Phase, während in Europa das „Inferno" begann. Das gab mir die Möglichkeit, an Wochenenden – anders als meine Kameraden, die es in bestimmte Häuser in den Großstädten zog – das Land zu erkunden.

1944 kam es in der jugoslawischen Einheit zu Unruhen, bedingt durch die Wirren auf dem Balkan. Deshalb wurde meine Brigade aufgelöst, und ich konnte schon vor Kriegsende in mein Kloster nach Jerusalem zurückkehren. Kurz vorher musste ich noch an einem Manöver am Jordan teilnehmen. So ergab sich die Gelegenheit, mit anderen Offizieren nach Jordanien zu reisen, um die historischen Stätten zu besichtigen. Damals konnte ich mir bereits ein umfangreiches Wissen und Ortskenntnisse aneignen, die mir erst Jahre später zugute kamen, wenn ich für die Studenten des Studienjahres der Dormitio alljährlich zum Abschluss des Semesters eine umfangreiche Jordanienreise organisieren sollte.

Nach Jerusalem zurückgekehrt, studierte ich Philosophie und Theologie und wurde 1946 zum Priester geweiht. Ich war 25 Jahre alt.

Der erste Bericht über das Mosaik mit dem Korb und den Fischen in Tabgha am See Gennesaret

Von Prof. Dr. Dr. Hubert Kaufhold
Leiter der Sektion für die Kunde des christlichen Orients der Görres-Gesellschaft
Mit-Herausgeber der Zeitschrift „Oriens Christianus"

Der Korb mit den Broten und den beiden Fischen in der Kirche in Tabgha am See Gennesaret ist vielleicht das bekannteste Mosaik im Heiligen Land. Es befindet sich auf einem Grundstück, das dem Deutschen Verein vom Heiligen Lande gehört, und erinnert an Jesu Brotvermehrung, die nach uralter Tradition an der betreffenden Stelle stattfand. Das wohl im 5./6. Jahrhundert entstandene Mosaik und die anderen, sehr schönen Mosaiken dort sind seit den Ausgrabungen im Jahre 1932 zu besichtigen. Sie waren aber schon vorher bekannt.

Die erste Entdeckung des Mosaiks

Der erste, freilich unveröffentlichte Bericht darüber stammt von dem Breslauer Priester Dr. Paul Karge. Er hielt sich von 1909 bis 1911 als Stipendiat der Görres-Gesellschaft in deren „Orientalischer wissenschaftlicher Station"[1] in Jerusalem auf und führte in Palästina eine Reihe von Grabungen durch. Darüber berichtete er mehrfach dem Vorsitzenden der die Station „leitenden Kommission" der Görres- Gesellschaft, Prälat Professor Dr. Peter Kirsch, der selber auch Archäologe war. Die Briefe sind im Archiv des Instituts der Görres-Gesellschaft in Rom (beim Campo Santo Teutonico) erhalten.[2] In einem achtseitigen Schreiben vom 12. April 1911 schildert Karge die Funde in Tabgha (der Ortsname geht auf das griechische Heptapegon „Siebenquell" zurück), die er bei Ausgrabungen im März des Jahres gemacht hatte. Darin heißt es:

> [S. 2] Doch nun zu den letzten Funden, die mir in der Tat sehr bemerkenswert scheinen. Wie im letzten Briefe schon mitgeteilt, konnte ich den Hauptteil der Basilika des Heptapegonklosters damals noch nicht in Angriff nehmen, weil dasselbe unter einem Gemüsegarten mit Bewässerungsgräben lag. Jetzt war das Gemüse zum größten Teil abgeerntet, so dass ich die Gräben ableiten und das Land trocken legen konnte. Dann fand ich zunächst einen Altarunterbau, welcher sich als der des rechten Seitenschiffes herausstellte; ich suchte und fand die Apsis des Mittelschiffes, die Wand, welche das höhergelegene Presbyterium des Mittelschiffes von dem tiefer gelegenen Katholikon abschloss, und den Unterbau des Hauptaltars mit seinen Stufen. Das Presbyterium muss durch eine Bilderwand von dem übrigen Kirchenraum getrennt gewesen sein; denn die Kalksteinquadern tragen oben eine fortlaufende Rinne mit viereckigen Ausschnitten, die nur zur Befestigung einer fortlaufenden Bilderwand gedient haben können; durch dieselbe führten drei Türen, eine natürlich vor dem Hauptaltar, die [S. 3] anderen seitwärts zu den beiden Seitenaltären. Die Seitenschiffe haben keine Apsiden, sondern sind durch eine glatte Mauer abgeschlossen, durch welche eine Tür in einen mit Mosaiken belegten Chorumgang führt. Das wichtigste sind nun aber die Mosaiken der 3 Schiffe der Basilika, welche zu den schönsten von ganz Palästina gerechnet werden müssen und an künstlerischem Wert den besten in Jerusalem und Madaba an die Seite gestellt werden können. Ich glaube, sie werden aus der Zeit Justinians stammen. Das ganze Mittelschiff schmückte ein Mosaik bestehend aus Rauten in verschiedenen roten und blauen Tönen auf weißem Grunde. Der Mittelpunkt der Rauten zeigt jedesmal ein 20 cm hohes altchristliches Kreuz i. Rot und Blau. Am Rande herum läuft ein ungefähr 80 cm breites Band mit zwei Spirallinien in den verschiedensten Schattierungen von Rot und Blau. Das Presbyterium des Mittelschiffes ist mit 2 verschiedenen Mosaiken geschmückt, ein schöneres vor dem Altar und ein später ausgebesser-

---

[1] Seit 1926: Orientalisches Institut.
[2] Für die Erlaubnis zur Benutzung des Archivs danke ich dem Direktor des römischen Instituts der Görres-Gesellschaft, Herrn Prälat Professor Dr. Erwin Gatz (+ 8. Mai 2011).

Zustand des Mosaiks im Jahr 1911.

tes hinter dem Altar bis zur Apsis. Wenn man sich nun erinnert, dass die Basilika an dem Orte steht, welcher der altchristlichen Tradition als der der ersten wunderbaren Brotvermehrung galt, dann ist folgendes von ganz besonderer Bedeutung: Ich fand nämlich genau in der Achse der Kirche hinter dem Hauptaltar die Darstellung eines ungefähr 30 cm hohen Korbes mit vier Hostien, welcher rechts und links von je einem Fisch flankiert wird. Das Ganze ist vielfarbig in Mosaik ausgeführt, jede Hostie trägt ein Kreuz. Ist das nicht höchst interessant?

Künstlerisch am bemerkenswertesten sind die Mosaiken beider Seitenschiffe; die des rechten sind bis auf Stücke, aus welchen ich den Charakter derselben feststellen konnte, durch den Garten, zwei Bewässerungsgruben und eine Brombeerhecke zerstört. Sie waren ganz ähnlich denen des linken Seitenschiffes. Letztere sind durch die fast 2 m hohe Schuttschicht geschützt gewesen und, soweit überhaupt vorhanden, ausgezeichnet erhalten. Hinter den beiden Seitenaltären findet sich ein ungefähr 80 cm breites herrlich ausgeführtes Weinrankenmuster, welchem man natürlich auch eucharistische Bedeutung zuschreiben kann. Dann folgt vor den Altären in der ganzen Ausdehnung der Seitenschiffe ein prächtiges Mosaik, herrliche Blumen und Vögel, wie Fischreiher, Gänse, Pfaue, darstellend, alles über Lebensgröße oder wenigstens in Lebensgröße. Mit geschmackvollen Farben ist nicht gespart. Unter diesen Tieren, welche offenbar Flora und Fauna des Sees darstellen sollen, findet sich das Bild eines Bauwerkes mit 2 Türmen und großem Bogentor, vielleicht die Darstellung des Heptapegonklosters.

Das ganze Mosaik war in beiden Seitenschiffen von einer herrlichen Lotusblütenkante [S. 5] eingefasst.

Im Hauptportal des Klosters fand ich auch eine längere griechische Inschrift auf einem riesigen Basaltblock, deren Lesung mir noch nicht ganz gelungen ist. Hoffentlich ist es etwas anderes als eine Grabinschrift.

[S. 6] Im Arbeiterkittel mit dem Spaten in der Hand habe ich mitgeschafft wie jeder andere, sonst [S. 7] wäre nichts daraus geworden. ... Wir hatten in Tabgha einen sehr schlechten Winter, vor Kälte und Futtermangel starben 2/3 aller Kühe, Schafe und Ziegen. Bei der Pantscherei im Wasser und dem scharfen Ostwind hatte ich mir auch noch die Hände ziemlich erfroren. Leben und Verpflegung war gelegentlich sehr primitiv."

Karge berichtet weiter, dass die Mosaiken aus Angst vor einer Zerstörung durch die dort wohnenden Beduinen „jede Nacht über und jeden Sonntag ... sorgfältig mit Erde zugedeckt" und bei Beginn seiner Arbeit wieder abgedeckt werden mussten. Er habe in ständiger Aufregung geschwebt, dass sie zerstört würden, und deshalb immer besonders bezahlte Wächter eingestellt. Bei seiner Abreise ließ er „alles wieder vollständig mit Erde zudecken, so dass jetzt nichts mehr zu sehen ist" (S. 5).

Karge hielt die Mosaikfunde geheim und veröffentlichte auch nichts darüber. In einem Vortrag auf der 33. Generalversammlung der Görres-Gesellschaft in Aschaffenburg berichtete er in der Sektion für Altertumswissenschaft über „Archäologische Arbeiten und Untersuchungen am See Gennesaret". In der Zusammenfassung des Vortrages im Jahresbericht 1913 der Görres-Gesellschaft findet sich kein Hinweis auf die Mosaiken.[3] Karge schwieg nicht allein aus Furcht vor einer Zerstörung der Mosaiken. Die damaligen Ausgrabungen stießen nämlich auf zwei weitere Schwierigkeiten. Zum einen gab es Meinungsverschiedenheiten über den Grenzverlauf zwischen dem Deutschen Verein vom Heiligen Lande und dem östlichen Nachbarn, den Franziskanern der Kustodie vom Heiligen Land, denen u. a. die in der Nähe gelegene Primatskapelle gehört. Der Verlauf der Grenzlinie war im Bereich der Ausgrabungen streitig. Karge befürchtete wohl, dass eine Bekanntmachung der bedeutenden Funde eine Einigung nicht gefördert hätte. Erst im August 1933 kamen die Nachbarn in einem Vergleich zu dem Ergebnis, dass die Brotvermehrungskirche ganz auf dem Grundstück des Deutschen Vereins vom Heiligen Lande lag.[4] Außerdem besaß Karge keine Grabungserlaubnis der osmanischen Behörden. Er schreibt: „die Regierung durfte ja auf keinen Fall darauf aufmerksam werden, und ich musste alle Tage eine Anzeige nach Safed befürchten". Safed war der Sitz des zuständigen türkischen Verwal-

---

[3] Jahresbericht der Görres-Gesellschaft für 1913, Köln 1914, S. 25-26. Auch Prälat Kirsch ließ in seinen Berichten nichts darüber verlauten (ebenda S. 45-47 und Oriens Christianus 9 [1911], S. 116-119; Band 10 [1912], S. 333-336).

[4] Noch 1932 war der Streit ein Problem gewesen. Mader, Die Ausgrabungen der Brotvermehrungskirche, S. 1 schreibt: „Wegen der Unsicherheit, ob und wie weit die Kirche auf deutschem oder italienischem Boden liege, wurde uns von der Inangriffnahme der Ausgrabung dringend abgeraten. Man befürchtete, daß dadurch der schwebende Grenzprozeß noch mit weiteren Konfliktstoffen kompliziert würde." Zum Zeitpunkt der Einigung s. Loffreda, Scavi di et-Tabgha, S. 38.

tungsbeamten, des Kaymakam („Landrats"), der dem Mütessarif („Regierungspräsidenten") in Akko unterstand. Karge konnte auch später die Ausgrabungen nicht fortsetzen.[5] 1917 wurde er auf die neugeschaffene Professur für Kunde des christlichen Orients an der Universität Münster berufen, und starb schon 1922.[6]

Dass es auf dem Gelände Mosaiken gab, war schon vor den Ausgrabungen Karges bekannt. In einer 1889 von dem deutschen Ingenieur G. Schumacher aus Haifa gezeichneten „Karte des deutschen Besitzthums am See Genezaret" ist an der betreffenden Stelle vermerkt: „Mosaik u. Ruinen".[7] Er hatte dort mehrere kleine Mosaikbrocken gefunden und vermutete den Mosaikfußboden einer Kirche.[8] Sicherlich waren auch dem Luxemburger Geistlichen Zephyrin Biever, der von 1891 bis 1908 den deutschen Besitz in Tabgha betreute,[9] bekannt, dass es dort Mosaiken gab. Diese Kunde soll er seinen Nachfolgern, den deutschen Lazaristenpatres, übermittelt haben.[10] Biever soll auch schon das Mosaik mit dem Korb und den Fischen entdeckt haben. Die Nachricht darüber beruht allerdings nur auf Hörensagen.[11] In einem späteren Aufsatz über das Gebiet um den See Gennesaret, in dem Biever auch auf Tabgha zu sprechen kommt, ist keine Rede von dortigen Ausgrabungen oder Mosaiken.[12] Es kann aber sein, dass auch er dies wegen der Streitigkeiten mit den Franziskanern nicht bekanntmachen wollte.[13]

---

5 Loffreda, Scavi di et-Tabgha, S. 38: „Un tentativo di scavo della Chiesa della Moltiplicazione da parte del P. Karge nel 1911 fu subito interdetto dal governo turcho."

6 Karge wurde am 3. Oktober 1881 in Lawitz (Kreis Guben) geboren. Von 1902 bis 1906 studierte er in Breslau katholische Theologie sowie orientalische Sprachen und promovierte dort 1909 zum Dr. theol. 1907 wurde er zum Priester geweiht. Nach seinem Aufenthalt in Palästina habilitierte er sich 1912 in Breslau für alttestamentliche Exegese. In Münster war er auch Direktor des Orientalischen Seminars. Er verstarb nach schwerer Krankheit am 28. Oktober 1922 in Lippspringe. Beerdigt wurde er in seiner Heimat (in Neuzelle).

7 In: Johannes Nepomuk Sepp, Neue hochwichtige Entdeckungen auf der zweiten Palästina-Fahrt. Erwerbung Kapharnaums für das katholische Deutschland und des Johanniterspitals für Preußen, München 1896, Beilage. Die Karte ist auch abgedruckt bei Mader, Die Ausgrabungen der Brotvermehrungskirche, S. 4.

8 Sepp wußte durch Schumacher von den Mosaikstücken, ebenda S. 146, 170 (zitiert bei Mader, Die Ausgrabungen der Brotvermehrungskirche, S. 7). Nach Goergen, Tabgha am See Gennesaret, S. 17, hat „der deutsche Landmesser G. Schumacher ... 1889 - und nochmals Prof. P. Karge 1911 -" entdeckt, „daß sich an der Nordgrenze des Grundstücks unter meterhohem Schutt Mosaiken befinden". Doch hätten erst Mader und Schneider die Mosaiken freigelegt. Das stimmt so nicht.

9 Vgl. den Nachruf in: Das Heilige Land 60 (1916), S. 49-50. Biever war zuletzt (seit 1913) Generalvikar des lateinischen Patriarchen von Jerusalem auf Zypern und starb am 23. Juli 1915. Seine Tätigkeit in Tabgha wird ausführlich beschrieben in: Das heilige Land. Nachrichten-Blatt für die Teilnehmer und Förderer des Deutschen Vereins vom heiligen Lande, 8. Jahrgang, Köln 1934, S. 76-82.

10 So Mader, Die Ausgrabungen der Brotvermehrungskirche, S. 10.

11 Schneider, Die Brotvermehrungskirche, S. 11, beruft sich auf eine „frdl. Mitt. d. Abbé Heidet"; vgl. auch ders., The Church of the Multiplying, S. 9. Der französische Geistliche Heidet war - wie Biever - eine Zeitlang Mitglied der Kongregation Notre-Dame de Sion in Jerusalem. Beide gehörten dann zum Klerus des lateinischen Patriarchats von Jerusalem. Shenhav, Loaves and Fishes 22, gibt dafür keine Quelle an; er erwähnt Karge nicht.

12 Au bord du Lac de Tibériade, in: Revue biblique, Neue Serie, Band 10, Paris 1913, S. 54-79 (hier: S. 63).

13 Das vermutet Mader, Die Ausgrabungen der Brotvermehrungskirche, S. 10.

Zustand des Mosaiks im Jahr 1932.

Die Wiederentdeckung des Mosaiks

Die Kirche in Tabgha mit ihren Mosaiken wurde erst im Frühjahr 1932 durch P. Andreas Evarist Mader SDS, den damaligen Direktor des Jerusalemer Instituts der Görres-Gesellschaft,[14] und seinen Assistenten Dr. Alfons Maria Schneider[15] endgültig freigelegt. Die britische Mandatsregierung hatte eine Grabungserlaubnis erteilt.[16] Nun verbreitete sich in Palästina die Kunde von den Funden „wie ein Lauffeuer".[17] Sie erregten bald auch weltweites Aufsehen.

Einige Veröffentlichungen über die Mosaiken in Tabgha erwecken den Eindruck, als ob sie überhaupt erst

---

14 Über ihn vgl. Vinzenz Hamp, Art. Mader, in: Lexikon für Theologie und Kirche, 2. Aufl., Band 6 (1961) Sp. 1263; Leonhard Berchtold, Ausgrabung der Brotvermehrungskirche 1932. Archäologe und Seelsorger aus Leidenschaft - Salvatorianer P. Evarist Mader zum 60. Todestag (13. März 2009), in: Das Heilige Land, 141 Jahrgang (2009), Heft 1, S. 10f.; Heft 2, S. 20f.

15 Seit 1938 Dozent für byzantinische und frühislamische Architektur und Kunstgeschichte und seit 1944 apl. Professor in Göttingen, vgl. Hans Reinhard Seeliger, Alfons Maria Schneider, 16. Juni 1896 -4. Oktober 1952, in: Alfons Maria Schneider, Reticulum. Ausgewählte Aufsätze und Katalog seiner Sammlungen, Münster i. Westfalen 1988 (= Jahrbuch für Antike und Christentum, Ergänzungsband 25), S. 3-53.

16 Mader, Die Ausgrabung der Brotvermehrungskirche, S. 1.

17 So Mader, ebenda.

1932 entdeckt worden seien.[18] Dass Paul Karge sie schon gesehen hatte, war aber immerhin einigen Personen bekannt, und sie haben das auch keineswegs verschwiegen.[19]

Besonders interessant ist, dass Karge am Rand der vierten Seite seines Briefes das Mosaik mit dem Korb und den Fischen abgezeichnet hat. Vergleicht man die Zeichnung mit den Photographien bei Schneider[20], erkennt man, dass das Mosaik 1911 noch wesentlich besser erhalten gewesen sein muss (s. die Abbildungen). 1932 war vom linken Fisch nur noch der Kopf und die oberste rechte Flosse vorhanden, der Boden des Korbes und der Schwanz des rechten Fisches fehlten, während auf Karges Zeichnung der rechte Fisch noch vollständig und der Korb fast ganz erhalten ist; vom linken Fisch fehlt nur der Schwanz. Es ist eigentlich nicht ersichtlich, warum Karge insoweit nicht den Zu-

---

18 So etwa Mock - Schäbitz, Das Heilige Land als Auftrag, S. 70: „Mader entdeckte bei seinen Grabungen ein Mosaik, das einen Korb mit vier Broten und zwei Fischen zeigte."

19 So etwa Mader in einem Brief, der auszugsweise im Jahresbericht 1931/2 der Görres-Gesellschaft (1933) auf S. 15 veröffentlicht wurde: „Am »Siebenquell«, dem traditionellen Ort der Brotvermehrung ist die schon von Prof. Karge 1910 entdeckte Basilika mit dem Fischmosaik ganz freizulegen und aufzunehmen." In seinem Bericht „Die Ausgrabungen der Brotvermehrungskirche" schreibt er auf S. 11: „... dass Brot- und Fischmosaik zwischen Altar und Apsisrunde hatte er bereits gefunden". Vgl. auch Dölger, Die Fisch-Denkmäler (= ICJUV, V. Band), S. 685: „Zwischen Altarstein und Apsisrunde kam das schon einmal von P. Karge aufgedeckte Mosaik zutage, das in der Mitte einen Korb darstellt, in dem deutlich vier Brote mit eingezeichneten gleichseitigen Kreuzen sichtbar werden..." Nicht ganz zutreffend - was Biever betrifft - ist die Angabe von Bernhard Gauer (Werkbericht S. 241): „Die Mosaiken wurden 1911 vom verstorbenen Professor Karge und Pater Biewer festgestellt und untersucht."

20 Die Brotvermehrungskirche, S. 17 und Tafel 1; The Church of the Multiplying, S. 15 und Table I.

Fotos von der Instandsetzung der Mosaiken in den 30er Jahren: Bernhard Gauer mit Beduinen.

stand wiedergegeben haben soll, den er 1911 vorfand, zumal er den zerstörten Teil unten eigens kennzeichnet. Zweifel ergeben sich allerdings aus seinen stenographischen Bleistiftnotizen über die Ausgrabung. Sie haben später Mader vorgelegen, der ihre „fast skrupulöse Genauigkeit" hervorhebt, mit der Karge „auch die kleinsten archäologischen und topographischen Einzelheiten beobachtet, vermessen, gezeichnet und beschrieben" habe. Mader zitiert daraus: „Der Korb ist, soweit erhalten, noch 32 cm hoch. Es kann nur ein Stückchen vom Boden fehlen. Seine Breite beträgt unten 19,5 cm, oben an der breitesten Stelle 30,5 cm, zwei ganze und zwei halbe Hostien von je 7 cm Durchmesser, die Höhe und Breite der Kreuze 3,5 cm. Selbst der Fisch rechts ist nicht mehr ganz erhalten, indem der Schwanz fehlt. Das vorhandene Stück ist 27,5 cm lang; der ganze Fisch mag 35 cm lang gewesen sein."[21] Nach Maders Entzifferung der Notizen würde darin merkwürdiger- weise nichts über den linken Fisch stehen. Die Angaben über den Fisch im Stenogramm würden zur Zeichnung Karges nur passen, wenn sie sich auf den linken, nicht den rechten bezögen. Der linke Fisch in Karges Zeichnung entspricht vom Erhaltungszustand ja ungefähr dem rechten Fisch auf dem Photo von 1932. Sollte Mader das vielleicht schwer lesbare Stenogramm[22] mit Blick auf den von ihm 1932 vorgefundenen Zustand umgedeutet haben? Leider finden sich weder bei Mader[23] noch bei Schneider[24] die Maße von Korb und Fischen für 1932, so dass wir die Angaben nicht vergleichen können.

Nun ist allerdings nicht zu bestreiten, dass Karges Zeichnung auf dem Briefrand – wie ein Vergleich mit den Photographien des Mosaiks nach der Ausgrabung 1932 zeigt – nicht ganz genau ist. So ist bei ihm der Abstand des linken Fisches vom Korb eindeutig zu groß. Auch die Krümmung des Korbes und dessen Verzierung sind nicht originalgetreu wiedergegeben.

Sicheres ließe sich sagen, wenn wir die weiteren Unterlagen Karges heranziehen könnten. Karge führt auf S. 5 seines oben zitierten Briefes aus: „Mehrere Wochen lang habe ich in der schon sehr starken Hitze Tabghas auf den Mosaiken gelegen, den Abklatsch zu machen, und denselben dann in den natürlichen Farben anzulegen. Auf diese Weise habe ich alle Mosaiken gesichert, nur bei der Fülle der Darstellungen des linken Seitenschiffs ging mir das Abklatschpapier aus, so dass ich mich doch z. T. mit der Beschreibung begnügen muss." Ob diese Abklatsche noch erhalten sind, ist mir nicht bekannt. Mader oder Schneider erwähnen sie nicht.

Es wäre durchaus möglich, dass das Mosaik in den zwanzig Jahren zwischen der Entdeckung Karges und der Ausgrabung durch Mader und Schneider gelitten

---

21 Die Ausgrabungen der Brotvermehrungskirche, S. 11. Alfons M. Schneider gibt an: „Über die damals gemachten Funde gibt es indessen gewissenhafte Notizen des Ausgräbers [d. h. Karges], die uns von der Schwester des leider zu früh Gestorbenen zur Verfügung gestellt waren" (Die Brotvermehrungskirche, S. 11; The Church of the Multiplying, S. 9.).

22 Die folgenden Abschriften von Mader enthalten mehrfach Fragezeichen, was darauf hindeutet, daß er nicht alles sicher lesen konnte. Auch die Formulierung, „selbst" der rechte Fisch sei nicht vollständig erhalten, erscheint nicht plausibel.

23 Die Ausgrabungen der Brotvermehrungskirche, S. 62f.

24 Die Brotvermehrungskirche, S. 57; The Church of the Multiplying, S. 56f.

hat. Mader entrüstete sich in einem „Memorandum" vom 22. August 1933 über die „Misshandlung der Altertümer" in Tabgha. Die dortigen Lazaristenpatres hätten erlaubt, dass die Beduinen auf dem Ausgrabungsgelände der Kirche ihre Zelte errichteten. Dabei hätten sie mit den Zeltpflöcken und für ihre Herdfeuer „in die vielfach nur dünne Schuttdecke Löcher" gegraben, „deren verheerende Wirkung heute noch festzustellen" sei.[25]

Die Mosaiken wurden von 1935 bis 1937 von dem Kölner Maler Bernhard Gauer restauriert, nachdem der Deutsche Verein vom Heiligen Lande einen Schutzbau, eine Notkirche, über dem Gelände hatte errichten lassen.[26] Dabei hat Gauer den unteren Teil des Mosaiks mit dem Korb und den Fischen ergänzt.[27] Wie auf den Abbildungen zu erkennen ist, unterscheiden sich die von ihm rekonstruierten Fischschwänze von der Zeichnung Karges aus dem Jahre 1911 deutlich. Gauer schreibt nichts davon, dass er bei seinen Arbeiten Unterlagen Karges herangezogen hätte. Welches Motiv er als Vorbild für die Fische genommen hat, gibt er nicht an. Eine ähnliche Darstellung scheint es sonst nicht zu geben. Die anderen Darstellungen der Brotvermehrung oder auch Darstellungen von Korb und Fischen weichen von derjenigen in Tabgha ab.[28]

Da die Zeichnung Karges offenbar nicht vollständig dem Original entspricht, können wir aber nicht sagen, ob seine Zeichnung oder die Rekonstruktion Gauers dem Original besser entspricht.

Bei der Restauration beließ Gauer das Mosaik mit dem Korb und den Fischen an seiner alten Stelle hinter dem Altar.[29] 1970 und in den folgenden Jahren wurden die gesamten Mosaiken unter Leitung von Dodo Joseph Shenhav vom Israel Museum erneut restauriert. Außerdem ergänzte man weitere fehlende Teile des Kirchenbodens.[30] 1980 bis 1982 ersetzte der Deutsche Verein vom Heiligen Lande den Schutzbau durch die heutige Kirche im byzantinischen Stil, die auf den Fundamenten der Kirche des 5. Jh. steht.[31] Das Mosaik mit dem Korb und den Fischen befindet sich nun nicht mehr hinter, sondern vor dem Altar.

---

25 Photokopie im Historischen Archiv des Erzbistums Köln, Sammlung Hans Elmar Onnau (Görres-Gesellschaft), Nr. 10, 2-5 (Teilnachlass Mader), Kopien. In diesem Zusammenhang ist erwähnenswert, daß der von Karge unter dem Hauptportal noch gefundene große Basaltstein mit einer griechischen Inschrift, den er auch auf S. 5 seines Briefes an Prälat Kirsch erwähnt (s. oben), 1932 verschwunden war, s. Mader, Die Ausgrabungen der Brotvermehrungskirche S. 14; Schneider, Die Brotvermehrungskirche, S. 30f.; ders., The Church of the Multiplying, S. 33.

26 Gauer, Werkbericht.

27 Dies ergibt sich etwa aus einem Photo, das den Zustand „um 1935" wiedergibt, s. Mock - Schäbitz, Das Heilige Land S. 72 unten.

28 Vgl. Schneider, Die Brotvermehrungskirche, S. 57, Fußnote 1; ders., The Church of the Multiplying, S. 56, Fußnote 3, oder die Abbildungen in: Dölger, Der heilige Fisch (= ICJUV, III. Band).

29 Vgl. die Abbildung bei Mock - Schäbitz, Das Heilige Land als Auftrag, S. 72 unten.

30 Vgl. Shenhav, Loaves and Fishes 25.

31 Beschreibung: Goergen, Tabgha am See Gennesaret.

Zitierte Literatur zum Mosaik

A. E. Mader, Die Ausgrabung der Brotvermehrungskirche auf dem deutschen Besitz et-Tabgha am See Gennesaret, in: Das Heilige Land, 78. Jahrgang, S. 1-15, 41-66, 89-103, 129-149 (S. 40-47 nachgedruckt in: Das Heilige Land, 140. Jahrgang, Heft 1 [Mai 2008], S. 13-14)

Alfons M. Schneider, Die Brotvermehrungskirche von eṭ-ṭâbġa am Gennesaretsee und ihre Mosaiken, Paderborn 1934 (= Collectanea Hierosolymitana, IV. Band). - Englische Fassung: The Church of the Multiplying of the Loaves and Fishes at Tabgha on the Lake of Gennesaret and its Mosaics. Edited by A. A. Gordon, London 1937

Bernhard Gauer, Werkbericht über die Instandsetzung der Boden-Mosaiken von „Heptapegon" (Basilika der Brotvermehrung am See Tiberias), in: Journal of the Palestine Oriental Society, Band 18 (Jerusalem 1938), S. 233-253

Franz Joseph Dölger, Der heilige Fisch in den antiken Religionen und im Christentum, Münster 1922 (= ICJUV, III. Band)

Ders., Die Fisch-Denkmäler in der frühchristlichen Plastik, Malerei und Kleinkunst, Münster 1943 (= ICJUV, V. Band)

Stanislao Loffreda, Scavi di et-Tabgha. Relazione finale della campagna di scavi 25 marzo - 20 giugno 1969, Jerusalem 1970 (= Pubblicazioni dello Studium Biblicum Franciscanum. Collectio minor n. 7)

Ders., Die Heiligtümer von Tabgha, Jerusalem 1978

Dodo Joseph Shenhav, Loaves and Fishes Mosaic Near Sea of Galilee Restored, in: Biblical Archaeology Review, Band 10, Nr. 3 (Washington 1984), S. 22-31

Anneliese und Anton Goergen, Tabgha am See Gennesaret, München und Zürich 1989 (= Schnell, Kunstführer Nr. 1747)

Erich Läufer, Tabgha - wo die Brotvermehrung stattfand. Biblisches Heiligtum am See Gennesaret, Köln 2000

Stephan Mock - Michael Schäbitz, Das Heilige Land als Auftrag 1855-2005. 150 Jahre Deutscher Verein vom Heiligen Lande, Köln 2005, S. 64-77 (mit zahlreichen alten Photographien)

Mit Pater Hieronymus durch die Geschichte von Tabgha

Teil 11: Platzhalter während des Zweiten Weltkrieges – Wie die Benediktiner nach Tabgha kamen.

Zephirin Biever war der erste Leiter der im Jahre 1889 angekauften Ländereien des Deutschen Vereins vom Heiligen Lande und des 1890 erbauten Hospizes von Tabgha. Von 1907 bis 1939 oblag die Verwaltung der Einrichtungen des Vereins den deutschen Lazaristen oder Vinzentinern. Im Jahre 1939 kamen erstmals die Benediktiner nach Tabgha.

Als der Zweite Weltkrieg ausbrach, hielt sich der langjährige Leiter von Tabgha, P. Taepper, in Deutschland auf und konnte nicht mehr nach Palästina zurückkehren. Sein Mitbruder, P. Sonnen, der Vertreter des DVHL in Jerusalem, wurde wie alle übrigen Mönche, die das „reichsdeutsche Staatsbürgerrecht" hatten, interniert. Parallel zu den Internierungsmaßnahmen kam es zur Unterstellung aller deutschen Einrichtungen, Institutionen, Besitztümer und Ländereien unter den *Custodian of enemy property*, der Kontrolle von Feindesgut.

Von diesen Maßnahmen waren auch sämtliche Einrichtungen und der gesamte Grund- und Bodenbesitz des DVHL betroffen, als dessen Grundbuchtitelträger der Erzbischöfliche Stuhl von Köln galt, deren Verwaltung den Lazaristen übertragen war. – Tabgha war also aufgrund der Internierungsmaßnahmen im September 1939 vakant, d.h. es waren weder ein Verwalter noch ein Vertreter des DVHL ansässig.

Maurus Kaufmann, Abt der Dormitio, informiert in einem Schreiben vom 30. September 1939 Kardinal Schulte, den Erzbischof von Köln über die Internierungsmaßnahmen in Palästina, woraufhin dieser am 16. Oktober 1939 eine Sitzung einberuft, um besonders Tabgha zu besprechen. Den Beschluss dieser Sitzung teilt Vizepräsident Fürst Salm-Reifferscheidt P. Sonnen mit:

> „Den Benediktinerpatres vom Sion wird im Hinblick auf die augenblicklichen Kriegsverhältnisse die Verwaltung von Tabgha bis auf Weiteres überlassen. Das Eigentums- und Verfügungsrecht des Erzbischöflichen Stuhles von Köln wird durch diese Überlassung in keiner Weise berührt."

Weiter schreibt Fürst Salm-Reifferscheidt:

> „Weil Eile Not tat, wurde weiter beschlossen, dem Sion möglichst bald diesen Beschluss mitzuteilen. Da die Absendung eines Telegramms unmöglich war, teilte ich dem Abtprimas v. Stotzingen in Rom den Beschluss telefonisch mit, indem ich diesem das von S. E. Kardinal Schulte aufgesetzte Telegramm mündlich übermittelte: ‚Nehmet sofort unbeschadet der Eigentumsrechte des Erzbischöflichen Stuhles von Köln die Verwaltung von Gesamt-Tabgha bis auf Weiteres in Eure Hand.'"

Der Auftrag (1939)

Am 23. Oktober 1939 trifft das offizielle, italienischsprachige Schreiben ein – hier in deutscher Übersetzung wiedergegeben:

> „Sehr geehrter Vater Abt, ich habe die angenehme Aufgabe, Euer hochwürdigen Paternität, mitzuteilen, dass seine Eminenz, Kardinal Schulte, Erzbischof von Köln, P. Joseph Henniger, dem Prior des Klosters der Abtei Dormitio übermittelt, den Auftrag zu übernehmen für die volle Verantwortung von Tabgha, unbeschadet natürlich aller Eigentumsrechte des Erzbischöflichen Stuhles von Köln. Mit dieser Mitteilung verbinde ich meine herzlichen und ergebenen Gefühle der

Mit Pater Hieronymus durch die Geschichte von Tabgha

Zuneigung. S. E. Msgr. Carlo Perico, Apostolischer Delegat"

P. Sonnen scheint verstört. Er muss Tabgha aufgeben, da ihm als Deutschem aufgrund der Internierungsmaßnahmen jegliche Handlungskompetenz genommen ist. Auch sein Herz hing an Tabgha! So wehrt er sich auch gegen den Vorwurf seines eigenen Provinzials der Vinzentiner, P. Stienen, der in seinem Visitationsbericht 1939 anmahnt, „den Lazaristen würde von hoher kirchlicher Seite zum Vorwurf gemacht, dass sie namentlich in Tabgha und Emmaus sich landwirtschaftlichen Aufgaben widmen und in Tabgha auch einen Hotelbetrieb leiten müssten, während eine der Ordensregel mehr entsprechende, mehr religiöse und geistige Tätigkeit im Laufe der letzten Jahre fast ganz aufgehört habe."

Unerwähnt bleibt hier aber die eigentliche Pionierarbeit der Lazaristen auf dem Sektor des Schulwesens, nämlich die Gründung und Beaufsichtigung von mehr als 20 Schulen in Galiläa und im Libanon, von denen es heißt, dass sie „buchstäblich in eine kulturelle Wüste gesetzt wurden". Unter Umständen haben die Überlegungen des Provinzials nach dem Krieg zum völligen Rückzug der Lazaristen aus Palästina geführt, eine Entscheidung, die, wie ich meine, im fernen Europa aus der Unkenntnis oder Fehleinschätzung der Bedingungen und Leistungen vor Ort getroffen worden ist.

DIE ERSTEN BENEDIKTINER IN TABGHA

Am 2. November schicken Abt Maurus Kaufmann und Prior Joseph Henniger vier Mönche nach Tabgha: P. Lukas, P. Nikolaus, P. Mauritius und Br. Canisius.

Nach dem Studium diverser Briefwechsel aus der Zeit des Kriegsausbruchs in Europa liest sich der zusammenfassende Bericht aus dem Sonderheft: „Palästina im Jahre 1939" wie eine nüchterne Notiz. – **Für uns ist es der Anfang unserer Geschichte, der Geschichte der Benediktiner in Tabgha!**

„Durch die Internierungsmaßregeln war besonders Tabgha gefährdet. Infolgedessen sah sich die Vereinsleitung genötigt, gerade hinsichtlich dieses höchst wertvollen und exponierten Besitztums, in dem besonders die wertvollen Ausgrabungen geschützt werden mussten, sofort eine vorzeitige Lösung zu treffen, und es wurde beschlossen, vorbehaltlich einer späteren endgültigen Regelung, die Benediktiner zu ersuchen, Patres und Brüder dort hinzusenden, die das palästinische oder ein anderes neutrales Bürgerrecht besaßen. Dieses geschah auch am 2. November 1939, an dem zwei Patres und zwei Brüder nach Tabgha abreisten."[1]

---

1 Palästina im Jahre 1939, in: Das Heilige Land in Vergangenheit und Gegenwart. Gesammelte Beiträge und Berichte zur Palästinaforschung, II. Band, Köln 1940, S.337f.

Mit Pater Hieronymus durch die Geschichte von Tabgha

WAS WIR BENEDIKTINER IN TABGHA VORFANDEN: DIE FÜNF OBJEKTE VON TABGHA

In Tabgha gab es 1939 fünf Objekte des Deutschen Vereins vom Heiligen Lande:

1. Die Brotvermehrungskirche, ein Behelfsbau, der nach den Entwürfen des Kunstmalers Bernhard Gauer im Auftrag des DVHL von Schreinermeister Nienhaus im Jahre 1936 zum Schutz der 1932 wieder aufgefundenen und ausgegrabenen Mosaiken errichtet worden war. Neben der Kirche befand sich ein Wächterhaus, das von einem Beduinen mit Namen Diham bewohnt wurde.

2. Die erste Farm von Tabgha, auch „Alte Farm" genannt, am Ort des heutigen Schwesternklosters. Sie wurde 1895 ebenfalls im Auftrag des DVHL von Zephirin Biever erbaut und von Beduinen bewohnt.

3. Das Haus des Armeniers Josef Bidojan. Es stand zwischen der Alten Farm und dem See und war von P. Taepper in den zwanziger Jahren erbaut worden.

4. Das Tabgha-Hospiz, 1890/91 im Auftrag des Palästina-Vereins durch den deutschen Architekten Dr. Gottlieb Schumacher erbaut und bis 1939 als Pilgerherberge geführt. 1939 wurde es von den Engländern als „enemy property" beschlagnahmt und als Ferienhaus für Regierungsbeamte genutzt.

5. Die zweite Farm, auch Knopp-Farm genannt, auf dem Gelände der heutigen neuen Jugendherberge („Kare Deshe"). Sie wurde von P. Taepper im Jahre 1932 für seinen Neffen N. Knopp erbaut.

Diese fünf Objekte wurden von den Benediktinern der Dormitio im Jahre 1939 übernommen. – Nicht zu den Besitztümern des DVHL gehörte das heutige Beit Benedikt, es war im Besitz der einheimischen Beduinen-Familie Abu Chadra.

Die Ländereien des Palästina-Vereins bzw. DVHL umfassten 216 ha. Die eine Hälfte, ca. 100 ha, lag zwischen der Straße nach Tiberias/Safed und dem See und grenzte im Osten an die Ländereien des Italienischen Vereins bei den Quellen von Tabgha und im Westen an die Ländereien des heutigen Kibbuz Nof Ginossar beim *Tell el Hunud*. Ein kleiner Teil lag nördlich der Straße nach Tiberias. Die andere Hälfte von ca. 100 ha lag am *Tel Ghor* im Norden der Straße nach Safed.

ZWISCHENZUSTAND: DIE JAHRE BIS 1947

Da sich in Europa bereits 1943 eine Wende des Kriegsgeschehens zugunsten der Alliierten abzeichnete, wurde in Palästina die Internierung der deutschen Ordensleute 1944 aufgehoben und sie konnten in ihre Klöster zurückkehren. Auch P. Sonnen wurde frei und übernahm auf „ausdrücklichen Befehl des Apostoli-

Mit Pater Hieronymus durch die Geschichte von Tabgha

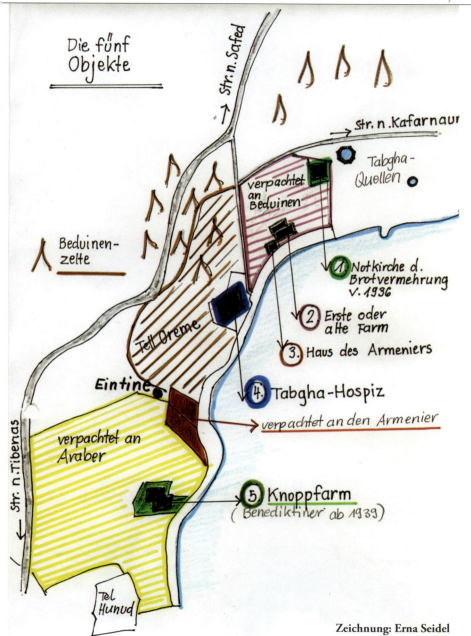

Zeichnung: Erna Seidel

schen Delegaten", wie er selbst in einem Brief vom 7. August 1947 später an Kardinal Frings in Köln schreibt, „wieder die Verwaltung von Tabgha in Vertretung des DVHL in Palästina". Aus diesem Sachverhalt könnte die Schlussfolgerung gezogen werden, die Benediktiner hätten ihre Aufgabe als „Platzhalter" erfüllt und könnten nun wieder nach Jerusalem zurückkehren.

Die Benediktiner aber, so schreibt P. Sonnen, „möchten gern in Tabgha bleiben", deshalb überlässt er den Mitbrüdern 70 Dunam der Farmebene, das Farmhaus, die Ökonomiegebäude und den ganzen Viehbestand. Er selbst verwaltet das Hospiz von Jerusalem aus.

Nach Beendigung des Krieges rechnen die Benediktiner mit der weiteren Überlassung, ja sogar der Übernahme von Tabgha bzw. des gesamten Farmlandes, das ein Gebiet von 400 Dunam umfasste. Ihre Argumentation war, sie hätten ihre Ländereien bei Hebron aufgeben müssen und damit ihre wirtschaftliche Grundlage verloren. Die Farm in Hebron war

Mit Pater Hieronymus durch die Geschichte von Tabgha

1928 gekauft und 1933 von den Brüdern der Dormitio übernommen und bewirtschaftet worden. Für die Aufgabe der Farm in Hebron gab es mehrere Gründe, einmal die stets unsichere politische Lage in dieser Region. So erinnere ich mich, dass meine Mitbrüder, die auf der dortigen Farm gearbeitet haben, oft nur unter Militärschutz dorthin gelangen konnten. Darüber berichtet auch Br. Eduard. Da die Mitbrüder auf der Hebron-Farm bei Kriegsbeginn ebenfalls interniert wurden, war es aus technischen und personellen Gründen unmöglich geworden, die Farm zu halten. Sie wurde dann auch bei Kriegsausbruch verkauft.

Sieben Positionen und die Entscheidung (1947)

Der Deutsche Verein vom Heiligen Lande bezieht in die Entscheidung, wem die Verwaltung der Liegenschaften in Tabgha übergeben werden sollte, auch den Provinzial der Vinzentiner oder Lazaristen in Deutschland mit ein. Die Entscheidung fällt zugunsten der Lazaristen aus. Tabgha soll weiterhin von den Lazaristen verwaltet werden. Die Benediktiner, schreibt P. Sonnen, „sind enttäuscht", die Lazaristen angesichts ihrer personellen Situation ratlos. So schreibt P. Sonnen an den Generalsekretär des Deutschen Vereins vom Heiligen Lande im Mai 1945:

Mit Pater Hieronymus durch die Geschichte von Tabgha

„Die Entscheidung betr. Tabgha ist also gefallen. Die Verwaltung soll in unserer Hand bleiben. So ist es der gemeinsame Entschluss des Vereins und des Provinzials. Unter den augenblicklichen Verhältnissen gibt es da aber für mich manche Schwierigkeiten. Ich habe keinen Pater, der in Tabgha Wohnung nimmt. Die Borromäerinnen [die P. Taepper nach Tabgha geholt hatte] wollen die Haushaltung in Tabgha nicht mehr übernehmen. Sie - verehrter Herr Generalsekretär - schreiben, der Verein und der Provinzial haben die Absicht, möglichst bald zwei jüngere Confratres nach hier zu schicken. Wann dies aber möglich sein wird, kann kein Mensch sagen. Es kann Jahre lang dauern. Augenblicklich ist die Zulassung von Deutschen vollständig ausgeschlossen."

Es gibt Verhandlungen über die Rückkehr der Benediktiner nach Jerusalem, doch meine Mitbrüder bleiben weiterhin in Tabgha und bewirtschaften die Farmebene. Die Personalfrage der Lazaristen erzwang diese Situation. Die Rückkehr der Benediktiner nach Jerusalem hätte zur Folge gehabt, dass sowohl die Farm als auch die Ländereien des Vereins von Arabern und Beduinen in eigner Regie bewirtschaftet worden wären.

Der Schwebezustand dauert bis 1947. Aus Deutschland kann niemand anreisen. Die Kommunikationsmöglichkeiten zwischen Palästina und Deutschland waren zu diesem Zeitpunkt technisch äußerst schwierig und zeitraubend, so dass mitunter Nachrichten durch den englischen Suchdienst übermittelt werden mussten. Außerdem hätte ein Vertreter des Vereins als Deutscher aus politischen Gründen unter keinen Umständen nach Palästina einreisen können.

Die uns vorliegende Korrespondenz scheint nicht lückenlos, so war es einigermaßen mühsam, die chronologische Abfolge zu sichern. Es werden in einem Bericht aus dem Jahre 1947 – rückblickend – die Ereignisse ab 1939 knapp geschildert, wichtige Details jedoch nicht erwähnt, die, verstreut in anderen Briefen, gesondert zusammengetragen werden mussten.

Zwei Jahre hat es gedauert, bis die Frage geklärt war, wem die Verwaltung von Tabgha übertragen werden sollte. Dabei kristallisierten sich verschiedene Positionen heraus. Faktum war, dass P. Sonnen den Benediktinern 1944 70 Dunam der Farmebene überlassen hatte.

1. Die Benediktiner „rechnen mit der Übergabe von Tabgha, oder eines Teils der Ländereien, um eine wirtschaftliche Grundlage für den Konvent zu schaffen."

2. Die Lazaristen schlagen dem Verein vor, „den Benediktinern die große bewässerte Farmebene von ca. 430 Dunam abzutreten."

3. Der Verein lehnt diesen Vorschlag ab mit der Begründung, „der Plan, aus Tabgha eine Ernährungsbasis für alle übrigen Anstalten (des Vereins in Palästina) zu machen, sei dadurch gefährdet."

4. Die Benediktiner „verzichten auf das Hospiz

83

Mit Pater Hieronymus durch die Geschichte von Tabgha

und auf alles Land, außer der Farmebene von 400 Dunam."

5. Die Lazaristen schlagen vor, „einen Teil der Ebene und einen zweiten Teil vom Gebirgsland den Benediktinern abzutreten und unabhängig vom übrigen Tabgha zu verwalten."

6. Die Benediktiner „verzichten auf ganz Tabgha gegen eine jährliche finanzielle Aufwendung."

7. Die Lazaristen „überlassen ganz Tabgha – das Hospiz und Ländereien – den Benediktinern und ziehen sich ganz aus Tabgha zurück. Natürlich hätten die Benediktiner die Verpflichtung zu übernehmen, die nötigen Naturalien an die Vereinsanstalten (Schmidtschule, Emmaus) jährlich zu liefern."

In der Generalversammlung vom 24. April 1947 wird – dem Vorschlag des Vertreters des DVHL in Jerusalem, P. Sonnen entsprechend – „einstimmig beschlossen, einen Teil der Ländereien an die Benediktiner zu verpachten und zwar die Farmebene mit 400 Dunam".

Ich werde auf die Knopp-Farm versetzt (1947)

Im Jahre 1947, während die Verhandlungen zwischen den Lazaristen, den Benediktinern, dem Deutschen Verein vom Heiligen Lande und dem Erzbischöflichen Stuhl von Köln über die endgültige Übernahme der Leitung von Tabgha in vollem Gange waren, wurde ich nach Tabgha versetzt. Ich erinnere mich nicht mehr an diese Vorgänge, weiß nur noch, dass während des Krieges P. Bonifatius, Br. Kletus, Br. Engelbert und Br. Gottfried nach der Aufhebung der Internierungsmaßnahmen im Jahre 1943 nach Tabgha geschickt wurden, um P. Lukas, P. Nikolaus und Br. Mauritius abzulösen, die dann in die Dormitio zurückkehrten.

Br. Gottfried war schon gestorben, als ich nach Tabgha kam. Mit Br. Canisius, der seit 1939 ständig in Tabgha war, bildeten wir eine Gemeinschaft von sechs Mönchen. Für mich begann in Tabgha ein völlig neuer Lebensabschnitt Ich ahnte nicht, dass ich 50 Jahre, ein halbes Jahrhundert, am See Gennesaret verbringen würde.

Wie kam man damals nach Tabgha?

Obwohl ich erst 1947 nach Tabgha versetzt wurde, war ich schon zwischen 1939 und 1947 mehrmals am See Gennesaret gewesen. Die Dormitio verfügte zwar über zwei Autos, doch niemand von den in der Abtei verbliebenen Mönchen konnte Auto fahren. So musste ich es lernen. Ein Franziskaner-Tertiar, der bei der Apostolischen Delegatur angestellt war, brachte es mir bei. Die „Fahrschule" fand statt in den engen Gassen um die Dormitio herum. Obwohl schon zum Militär eingezo-

Mit Pater Hieronymus durch die Geschichte von Tabgha

gen, fuhr ich nun während meines Urlaubs mehrmals nach Tabgha, um die Mitbrüder zu versorgen.

Wie kam man damals nach Tabgha, werde ich oft gefragt. Die einzige Verbindung von Jerusalem nach Tiberias führte über Samaria und Nazaret. Die Engländer hatten in den 30er Jahren jene Straßen asphaltiert, die von Pilgern benutzt wurden. Diese Straßen waren: Jaffa – Jerusalem, Jerusalem – Samaria/Nazaret, Nazaret – Haifa und Tiberias – Damaskus. Erst nach 1967, d.h. nach dem Sechstagekrieg, wurde die Straße durch die Jordansenke, die wir heute fahren, geöffnet. Zur Zeit des Englischen Mandats gab es im Jordantal nur einen Feldweg. Für uns heute unvorstellbar, wenn ich an die Begeisterung und die tiefen Eindrücke unserer Pilger und Gäste denke, die gerade eine Fahrt auf dieser Strecke auslöst und hinterlässt

Das Leben auf der Knopp-Farm

Wir wohnten nicht, wie man annehmen möchte, im Tabgha-Hospiz, das auch nach Kriegsende immer noch von den Engländern als Ferienheim für hohe Beamte benutzt wurde, sondern auf der Knopp-Farm, die P. Taepper im Jahre 1932 erbaut hatte. Leider existieren keine Aufnahmen von unserer ersten Niederlassung am See Gennesaret. Die Knopp-Farm lag auf dem Gelände, wo 1993 die neue Jugendherberge erbaut wurde. Eine Palme und ein Eukalyptusbaum vor dem neuen Gebäude markieren die Stelle, wo unsere Farm gelegen hat. Sie bestand aus einem Wohnhaus und einem abgetrennten Ökonomiegebäude. In diesem Trakt, einem rechtwinkligen Längsquerbau waren eine Scheune und zwei Ställe untergebracht. Außerdem gab es dort zwei Zimmer, von denen ich eines bewohnt habe.

Das 50 qm große Wohnhaus – heute die Ausmaße einer kleinen Zweizimmerwohnung – lag separat, ca. 100 Meter östlich von der Ökonomie entfernt und näher am See. Es war wie die Ökonomie ebenerdig und mit einem Flachdach gedeckt. Das Wohnhaus verfügte über zwei Zimmer, eine kleine Küche, eine Toilette und einen schmalen Gang. [...]

Die Mahlzeiten nahmen wir meistens im Freien ein, weil die Küche zu klein war. Einen eigenen Aufenthaltsraum gab es ebenfalls nicht. Es gab auch keinerlei Komfort, natürlich kein elektrisches Licht und heute so selbstverständliche Dinge wie einen Kühlschrank oder die schon obligatorische Klimaanlage. Nicht einmal einen Gasofen hatten wir. Aber es gab eine Menge Ungeziefer, dessen wir uns nur schwer erwehren konnten. Dazu kam die Hitze in den dünnen Wänden im Sommer.

Unsere Kapelle

Auf dem Gang unseres Farmhauses hatten wir uns eine Ecke als Gebetsnische, eine Art Hauskapelle, eingerichtet, wo P. Bonifaz und ich gegen vier Uhr morgens die heilige Messe lasen. Die Horen beteten wir meist im Freien. In die Brotvermehrungskirche, damals noch der Behelfsbau aus dem Jahre 1936, kamen wir selten. Dort wurden auch keine regelmäßigen Gottesdienste abgehalten. Gelegentlichen Besuchern oder Pilgern wurde der Zugang von dem erwähnten Wächter ermöglicht. Auch die Hauskapelle im Hospiz konnte wegen der Beschlagnahmung durch die Engländer nicht für liturgische Zwecke genutzt werden.

Aufgabenverteilung

Die Aufgaben wurden wie folgt verteilt: P. Bonifaz war unser Superior, Br. Engelbert unser Koch, Br. Kletus und Br. Canisius waren für das Vieh verantwortlich und ich war für die Landwirtschaft zuständig. Ein bis zweimal in der Woche fuhr einer von uns mit dem Bus nach Tiberias, um uns mit dem Nötigsten einzudecken. Die Bushaltestelle befand sich – wie heute – dort, wo die Straße zur heutigen Jugendherberge abzweigt.

Verpachtung und Bewirtschaftung

Die Ländereien des DVHL am See Gennesaret umfassten 216 ha. Etwa ein Viertel davon war Bergland und nur für Weidewirtschaft nutzbar. 40 ha waren an Bewohner aus dem arabischen Dorf Migdal verpachtet. Dieses Gebiet, die sogenannte Farmebene, lag diesseits und jenseits der Straße nach Tiberias und reichte im Osten von der Knopp-Farm bis zum Tel Oreme, im Westen bis zum *Tel Hunud*, der heutigen Grenze zum Kibbuz Nof Ginossar. Die arabischen Pächter bauten in erster Linie Gemüse an. Gemüsebau konnte nur mit einem Bewässerungssystem betrieben werden. Dazu gab es schon eine Pumpanlage, die mit einem Dieselmotor angetrieben wurde. Sie beförderte das Wasser aus dem See in Rohrleitungen zu den Feldern.

Fünf Hektar um die *Ein Tine* hatte der schon erwähnte Armenier, Josef Bidojan mit Namen, in Pacht. Seine Familie hatte den Pogrom der Türken gegen die Armenier im und nach dem Ersten Weltkrieg überlebt und sich in Tabgha angesiedelt. Die Familie bewohnte ein kleines Haus, das P. Taepper zwischen der alten Farm (dem heutigen Schwesternkloster) und dem See erbaut hat.

Das Land zwischen dem Hospiz und der Brotvermehrungskirche – wo heute unsere Plantagen liegen – wurde von Beduinen bewirtschaftet. Dieses Gebiet umfasste 15 ha. Die Beduinen bauten Getreide an, wie Weizen, Gerste und Duva, eine Art Mais. Außerdem war ihnen der Tel Ghor, ein 100 ha großes Land jenseits der Straße nach Safed, in Pacht überlassen. Sie bewohnten die sogenannte Alte oder Erste Farm, das heutige Schwesternkloster.

Der Rest an Nutzland wurde von uns Benediktinern bebaut. Es lag direkt um unsere Farm herum und umfasste 40 Dunam. Wir haben in erster Linie Getreidebau betrieben. Bald schon konnten wir von den Franziskanern in Nazaret einen Traktor kaufen. Er hatte große eiserne Räder, die mit 8 cm langen Zacken versehen waren. Mit ihm konnten wir pflügen und einen Mähdrescher fahren, den wir zur Erntezeit vom Kibbuz Nof Ginossar ausleihen konnten. Neben dem Getreidebau pflegten wir 10 Dunam Grapefruitplantagen, die P. Taepper gepflanzt hatte. Durch eine Neuanpflanzung

Mit Pater Hieronymus durch die Geschichte von Tabgha

von 600 Bananenstauden entstand ein großer Bananenpark. Auch der heutige Baumbestand um die neue Jugendherberge stammt größtenteils aus unserer Zeit.

Unser Viehbestand

An Vieh hatten wir ca. 50 Schweine, zwei Pferde, zwei Kühe, eine Dutzend Hühner, Kaninchen, Tauben, jedoch keine Ziegen und Schafe. Das Futter für die Schweine wurde größtenteils vom ständig wechselnden Militärlager der Briten geholt oder gegen ein geringes Entgelt gebracht.

Erntezeit

Zur Ernte mussten wir Helfer einstellen. Der Ertrag der Ernte wurde verkauft, was ich zu besorgen hatte. Ein Teil wurde auch an die Dormitio geliefert, sofern sich eine Fahrgelegenheit bot, was in jener Zeit keine Selbstverständlichkeit war.

Mit Pater Hieronymus durch die Geschichte von Tabgha

Unbeliebte Mitbewohner

Da unsere Farm von Bäumen und Gebüsch umgeben war, gab es auch ungebetene und unliebsame Mitsiedler, nämlich eine Menge Schlangen, die von den Tauben, Hühnern und Kaninchen angelockt wurden. Jedes Jahr haben wir ca. 10 bis 15 Schlagen mit Stöcken, Stangen und später mit einem Jagdgewehr getötet. Als guter Schlangenfänger erwies sich in späteren Jahren mein lieber Bruder Eduard. Mitunter präsentierte sich eine Schlange bereits auf dem Frühstückstisch. Eine Schlange, so erinnere ich mich, konnte ich nur bezwingen, indem ich sie – schnelle Reaktion vorausgesetzt – mit dem Fensterflügel eingeklemmt habe. Unsere Hühner waren natürlich „frei laufende Hühner" und deshalb weiteren Räubern ausgesetzt, den Mungos, von denen es viele im Gebüsch gab. Sie fraßen allerdings unsere Hühner nicht auf, sondern saugten lediglich ihr Blut aus. Außerdem stahlen sie unsere Eier.

Unser Wächter

Der Bananenpark und die 40 Dunam unserer Ländereien um die Farm herum wurden mit einem Stacheldraht umgeben. So waren wir vor wandernden Beduinen geschützt und von Badegästen abgeschirmt, die vorwiegend am Wochenende aus Nazaret kamen. Nicht vergessen darf ich, unseren Hund Caro zu erwähnen. Er war ein scharfer Wachhund, der bei unserer Vertreibung im Jahre 1948 leider erschossen wurde. Außerdem hatten wir einen Wächter auf der Farm, welcher wegen seiner Herkunft nur „*der Türk*" genannt wurde. Er hieß Abu Assis und wohnte mit seiner Frau und seinem Sohn in einem kleinen Raum neben meinem Zimmer in der Ökonomie. Er war ein guter Wächter am Tage, doch nachts konnten durchaus Diebe eindringen. Sein Schlaf war dann tief und fest. Und so wurden wir tatsächlich mehrmals überfallen.

Malaria

Das Leben auf der Knopp-Farm war hart und karg. Hinzu kam, dass alle an Malaria erkrankten. Auch ich hatte, wenn auch nur einmal, einen Anfall von Schüttelfrost, was auf Malaria schließen ließ. Von der Gesundheitsbehörde wurden zwar regelmäßig Beamte an den See geschickt. Sie kamen auch zu uns auf die Farm und besprtizten sämtliche Pfützen und großen Wasserlachen mit Petrol. Später wurde DDT eingesetzt. Trotzdem dauerte es noch Jahre, bis die Malariakrankheit ausgerottet werden konnte.

Nostalgische Gefühle und Realität

Wenn ich heute nach Tiberias fahre und mein Blick zum See und zur neuen Jugendherberge wandert, überkommen mich nostalgische Gefühle. Unsere Farm war, so denke ich dann, ein Ort der Ruhe am schönsten Strand des Sees Gennesaret. Aber die Erinnerung an unser hartes Leben holt mich bald auf den Boden der Wirklichkeit zurück. So hat sich denn unser Leben nach unserer Übersiedlung von Jerusalem in das damalige Tabgha auf der Farm grundlegend geändert, für meine Mitbrüder ab 1939, für mich ab 1947.

Wir waren von der Stadt auf das Land gezogen, jedoch nicht in die „Idylle, das Paradies, die Oase", Begriffe, die heute mit Tabgha assoziiert werden. – **Die Oase mussten wir erst schaffen.**

Wir verließen die geschützten Klostermauern, die Klausur, und fanden uns wieder auf der Ebene am See, inmitten von Beduinen, nie sicher vor Raub und Überfall.

Auf der Farm eine notdürftig zur Gebetsnische gestaltete Ecke im Hausflur, in Jerusalem die alles überragende Kirche der Dormitio auf dem Sion. Ich vermisste den Choral und das Stundengebet im Chor einer größeren Gemeinschaft. Wir wohnten in Tabgha nicht, wie unsere Vorgänger, im Tabgha-Hospiz. So mussten wir die „Wohnqualität" des stattlichen Klosters der Dormitio und seiner Geräumigkeit vertauschen mit einem kleinem, dürftig ausgestatteten Bauernhaus voll von Ungeziefer, in dem nicht jeder einmal ein eigenes Zimmer hatte.

Von der Struktur des Tages durch Stundengebet und interner klösterlicher Betätigung geprägt, mussten wir uns nun dem klimabedingten, witterungsabhängigen und naturgegebenen Rhythmus bäuerlicher Verhältnisse anpassen: tägliche Stallarbeit, auch am Sonntag, harte Arbeit auf dem Feld bei Aussaat und Ernte.

Ohne Fachausbildung, ohne Erfahrung und ohne die heute selbstverständliche technische Ausrüstung, wurde ich notgedrungen zum Autodidakten in Sachen Ackerbau, Plantagenwirtschaft, Viehzucht und Weinbau und allem, was dazu gehört. Ein Hinweis sei auch erlaubt auf die klimatische Belastung im subtropischen Gebiet, 200 Meter unter Normalnull mit seiner feuchten Hitze im Sommer und der sich einnistenden Nässe zwischen Dezember und März.

Aus dem klösterlichen Leben buchstäblich in „Neuland" versetzt, wurden wir geformt und geprägt in diesen harten Jahren und schließlich „zu den Bauern von Tabgha" abgestempelt.

15 Jahre auf der Knopp-Farm

Unsere Versetzung nach Tabgha und die Pionierarbeit auf der Farm sollte jedoch zunächst begrenzt sein vom Jahre 1939 bis Kriegsende. Doch sollten wegen des Abzugs der Lazaristen 15 Jahre daraus werden. So wurde die Knopp-Farm unsere erste Bleibe am See Gennesaret, unser erster Wohnsitz im damaligen Tabgha. Es war allgemein eine schicksalsträchtige Zeit. Sie umspannt die Jahre von 1939 bis 1954. In diese Zeit fielen der Zweite Weltkrieg, das Ende der Englischen Mandatsmacht, die Entstehung des Staates Israel, der Unabhängigkeitskrieg 1948, die damit einhergehende Zerstörung Tabghas, die Flucht der Beduinen und die Vertreibung unserer arabischen Pächter, unsere eigene Internierung und Rückkehr auf die Farm, von 1949 bis 1953 der Schwebezustand über unseren weiteren Verbleib auf der Farm, schließlich jedoch die Aufgabe der Farm und unsere Übersiedlung an den Ort der Brotvermehrung.

Dort mussten wir von Neuem beginnen...

Beim Brotvermehrungsfest.

Wie die beiden Enten in die Lotusblüte kamen

Als die Kirche von Tabgha erbaut wurde – fast fünfzehnhundert Jahre ist es her – kamen Künstler aus dem fernen Ägypten. Unter ihnen war Machmud, den sie Ibn Assad nannten, denn sein Vater war stark wie ein Löwe. Machmud aber war nicht stark, seine Kraft lag in seiner Phantasie und in seinen Händen. Ganz gleich, welche Vorstellung sich auch in seinen Gedanken bildete, unter seinen Händen wurden daraus lebendige Bilder – geschaffen aus Tausenden kleiner Mosaiksteine.

Oft saß er am Ufer des Sees Gennesaret und wünschte sich weit weg ans Ufer des Nils, die Pyramiden im Rücken und zu seinen Füßen Fatima, die ihn liebte. So saß er da, mit traurigen Augen, als ihn eines Tages zwei Enten, die auf dem Wasser schaukelten, bemerkten.

Der Enterich fragte ihn: „Was bist du so traurig?" Und Machmud antwortete: „Ich sitze hier und soll die schönsten Mosaike legen, und dabei denke ich mehr an Fatima, die am Nil sitzt, und ich weiß nicht, wie es ihr geht." Nach einer Weile warf ihm der Enterich einen tröstenden Blick zu und sagte: „Wir werden dir helfen. Schreib eine Nachricht auf Pergament, roll es zusammen und binde es an mein linkes Bein, aber so hoch, dass es nicht nass wird."

Gesagt, getan. Das Entenpaar flog zum fernen Nil, und Machmud blieb mit bangem Herzen zurück. Er arbeitete weiter an den Mosaiken, legte inzwischen einen Turm, wie er am Nil zu sehen ist, auch einige abstrakte Muster. An weitere Pflanzen- und Tiermotive wagte er sich noch nicht.

So saß er wieder am Ufer und sah, wie am Firmament zwei kleine Punkte allmählich größer wurden und zielstrebig auf ihn zukamen. Sein Herz klopfte: Es war das Entenpaar. Im eleganten Bogen glitten sie auf den Wellen des Sees hinunter. „Hier sind wir wieder", sagte die Ente, die noch ganz außer Atem vom weiten Flug war, „und wir bringen dir Grüße von deiner Fatima. Jeden Tag sitzt sie am Nil und ständig denkt sie an dich. Hier, sie sendet dir diese Lotusblüte. Sie trug sie in ihrem Haar."

Voll Freude nahm Machmud die Blüte und barg sie zärtlich in seine Hände. „Ich werde euch nie vergessen", sagte Machmud zu den Enten, „und alle Welt soll von euch erfahren. Kommt in einer Woche zur Kirche, dann will ich euch zeigen, wie ich von euch erzähle!"

Und nach einer Woche, als die beiden Enten vom Ufer aus in die Kirche watschelten, da fanden sie dieses Bild: Sie beide saßen leibhaftig in einer Lotusblüte und wiegten sich leise im Wind. „Tatsächlich", sagte der Enterich, „das sind wir beide! Aber die Augen – so strahlen nur Fatimas Augen und deine!"

Diese Geschichte wurde erstmals im „Rundbrief" (28/Oktober 2005) veröffentlicht – Autor unbekannt.

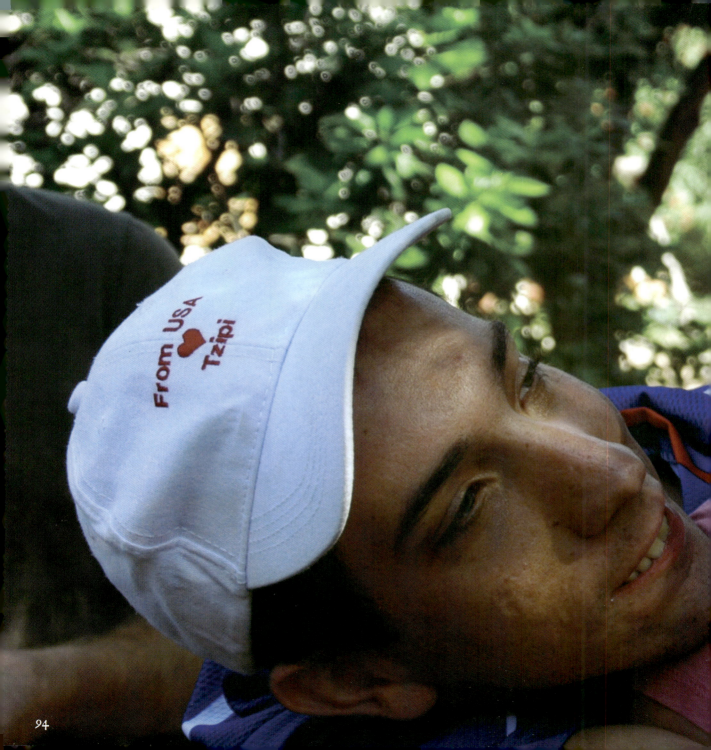

Volontärin Anna mit einem Beit Noah-Gast.

Mit Pater Hieronymus durch die Geschichte von Tabgha

Teil III: Wie wir auf der Knopp-Farm den Unabhängigkeitskrieg erlebt haben.

Über die Ereignisse des Unabhängigkeitskrieges im Jahre 1948 haben wir Tagebuch geführt. P. Bonifatius Büchelmeyer, unser Superior, hat die Ereignisse in Sütterlinschrift niedergeschrieben. Später wurden die Aufzeichnungen von P. Benedikt Stolz mit Schreibmaschine getippt.
Der Bericht umfasst den Zeitraum vom 1. Januar bis zum 10. Juli 1948. Er ist ein persönliches Dokument, ein Stück Zeitgeschichte, persönlich erlebt und gleichzeitig eine Schilderung über unsere damalige Situation auf der Farm am See Gennesaret.

Mit Pater Hieronymus durch die Geschichte von Tabgha

Die Engländer ziehen ab

P. Bonifatius berichtet zunächst über die Präsenz der britischen Mandatsmacht in Rosh Pina, das ca. 15 km nördlich vom See Gennesaret liegt. Die Nähe zum englischen Militärlager war denn auch der Grund, weshalb es im Gebiet um Tabgha seit der Entstehung des Staates Israel relativ ruhig blieb. Doch gab es gelegentlich Übergriffe auf englische Militärfahrzeuge durch die Araber. So wurde einmal ein englischer Lastwagen aus Rosh Pina, der eine Abfall-Lieferung für unsere Schweine zur Farm bringen wollte, von Arabern überfallen und die Soldaten ihrer Gewehre beraubt. Am Gründonnerstag, als die Engländer uns wieder Abfälle bringen wollten, wurden den Soldaten das Lastauto, ihre Uniformen und Mützen gewaltsam abgenommen. Die Araber „kleideten sich ein" und konnten sich so getarnt aus dem Staube machen. Das sollte dann auch die letzte Futterlieferung sein. Von da an wurde sie eingestellt, was zur Folge hatte, dass wir von unseren 58 Schweinen 50 Stück verkaufen mussten. Von dem Erlös schickten wir einen Teil auf den Sion, der Rest half uns, die schwierige Zeit zu überbrücken.

Nachdem die Engländer am 14. Mai 1948 Rosh Pina verlassen hatten, wurde das Gebiet israelisch.

Tiberias wird eine jüdische Stadt

Am 8. Mai gab es, wie P. Bonifatius schreibt, Schießereien in Tiberias, die drei Tage andauerten. Die arabische Bevölkerung, die Jahrhunderte lang friedlich mit den Juden dort gelebt hat, verließ die Stadt. Sie wurde von den Engländern an Orte gebracht, die sie „selbst wählen konnten", wie P. Bonifatius ausdrücklich vermerkt. Die Engländer verhielten sich oftmals ambivalent. Von Ort zu Ort handelten sie unterschiedlich, einmal zum Vorteil der Juden, ein andermal zugunsten der Araber.

Das arabische Viertel mit dem Souk in Tiberias wurde zerstört. Es umfasste jenes Gebiet, wo sich heute die Fußgängerzone befindet und die drei großen Hotels Jordan River, Caesar und das Hotel Piazza den Platz beherrschen. Das einzige, was noch an das Arabische Viertel erinnert, ist die Mosche beim Supermarkt.

Auch die wenigen Christen, die in der Stadt gelebt hatten, verließen Tiberias und gingen nach Nazaret. Ihre Gebäude blieben unzerstört, so das Schottische Hospital, heute Schottisches Hospiz, die lateinische St. Peterskirche mit dem Franziskanerkloster, die griechisch-orthodoxe Kirche, direkt am See bei den Kreuzfahrerruinen, und die melkitische Kapelle inmitten der Stadt. Wir auf der Farm konnten in diesen Monaten nicht nach Tiberias gelangen, um uns mit Lebensmitteln zu versorgen.

Heute ist Tiberias eine rein jüdische Stadt mit ca. 40.000 Einwohnern. Sie ist das größte Touristenzentrum Galiläas. Viele Pilgergruppen wählen Tiberias als ihren Standort für den Besuch der heiligen Stätten in Galiläa.

Mit Pater Hieronymus durch die Geschichte von Tabgha

Das Hospiz bleibt unversehrt

Das Hospiz in Tabgha war seit 1939 in den Händen der britischen Mandatsmacht und wurde als Ferienhaus für englische Regierungsbeamte benützt. Herr und Frau Bulata, ein christliches arabisches Ehepaar aus Nazaret führten das Hospiz, nachdem bei Kriegsausbruch 1939 die Borromäerinnen in ihr Mutterhaus nach Jerusalem zurückgekehrt waren. Der Vertrag des Ehepaares lief noch bis zum 1. Oktober 1948. Im allgemeinen war das ganze Haus mit britischen Urlaubern für je 14 Tage besetzt. Ab dem 24. Dezember 1947 blieben jedoch die Gäste wegen der allgemeinen Unruhen aus. Herr und Frau Bulata erhielten für jedes leer stehende Zimmer eine Vergütung von 40 Piastern, was sie veranlasste, das Haus weiter zu führen.

Am 24. April 1948 kamen drei Regierungsautos vom Distriktkommissariat in Nazaret am Hospiz vorgefahren. P. Bonifatius sollte als „Bevollmächtigter von P. Sonnen das Hospiz vom Stellvertreter des Kommissars von der britischen Mandatsmacht zurückerhalten". Gleichzeitig wurden sämtliche Einrichtungsgegenstände, die dem britischen Kommissariat gehörten, in die Autos verladen und nach Nazaret zurücktransportiert. Herr und Frau Bulata wollten in diesen unsicheren Zeiten nun doch nach Nazaret zurück, wo ihre Familien lebten. So wurde das Hospiz, wie P. Bonifatius schreibt: „wieder seinem rechtmäßigen Besitzer, dem Erzbischöflichen Stuhle in Köln zurückgegeben und uns, den Benediktinern, zur Verwaltung überlassen".

Weiter schreibt P. Bonifatius: „Um Überraschungen und Einbrüchen vorzubeugen, teilten wir die Arbeit. P. Hieronymus blieb mit den Brüdern in der Farm, zumal er den Motor dort bediente, ich und der treue Diener Abu Assis übernahmen die Bewachung des Hospizes." Außerdem hatten wir einen scharfen Hund, unseren Wolf, wie wir ihn nannten.

Unsere arabischen Pächter werden vertrieben

Am selben Tag, als das Hospiz zurückgegeben wurde, also am 24. April, rückten die Juden weiter vor, umzingelten das arabische Dorf Migdal und kamen bis zur Einsiedelei der Russen. Dieses Datum war der Beginn der Kriegswirren um Tabgha. Im Bericht von P. Bonifatius ist zu lesen: „P. Hieronymus kam von der Farm zu mir ins Hospiz und berichtete, ein Auto sei gekommen, um unsere arabischen Pächter, die gerade auf den Feldern arbeiteten, nach Migdal zu bringen. Dort sollten sie ihre Habe zum Abtransport zusammenraffen." Die Juden ließen die Araber aus Migdal nicht mehr nach Tabgha zurück, auch nicht, um ihre eigene Ernte einzubringen. Sie seien nach Jordanien gegangen, wie wir später in Erfahrung bringen konnten.

Auch die arabische Familie Abu Chadra brach auf. Sie bewohnte ein Haus auf einem Grundstück, das nicht dem Deutschen Verein vom Heiligen Lande gehörte. Es befand sich da, wo heute das Beit Benedikt steht. Familie Abu Chadra lebt heute im Libanon. Im Jahre 1994 kamen Nachfahren hierher, um den Platz ihres Ahnenhauses zu besichtigen. Sie wussten nicht,

Mit Pater Hieronymus durch die Geschichte von Tabgha

wo das Haus gestanden hatte. Ein Beduine, der auf dem Berg der Seligpreisungen lebt, und die Familie aus jener Zeit kannte, brachte die Leute zu mir und wir zeigten ihnen das Haus.

Für unsere Farm bedeutete die Vertreibung der Araber aus Migdal, dass wir ohne Erntearbeiter waren. 200 Dunam Tomaten zu bewässern und zu bewirtschaften, war mit fünf Mitbrüdern nicht möglich. Wir versuchten zu retten, was möglich war. Der Großteil ging kaputt. Auch die Getreideernte stand vor der Tür. Da kamen aus dem Kibbuz Ginossar zwei Mähdrescher, um die reife Gerste und den Weizen, der den Arabern gehörte, und von dem uns ein Viertel zustand, abzumähen. Unser Protest half wenig. Man berief sich auf den Befehl des Militärs. Was sie auf dem Tel Oreime mit den Maschinen nicht mähen konnten, blieb stehen. Oft sahen wir ganze Felder brennen. Unsere eigene Ernte wurde uns dann aber belassen und so bemühten wir uns, sie trotz der großen Hitze – 40 Grad – unter Dach und Fach zu bringen, was nicht leicht war ohne fremde Hilfe. Mir gelang es auch, manches mit dem Pferdewagen nach Tiberias zu bringen und zu guten Preisen abzusetzen.

Mit der Vertreibung der Araber aus Migdal im Jahre 1948 kam jene Periode der Tabghageschichte, die mit der örtlichen Bevölkerung verwoben war, zum Abschluss.

Armenier und Beduinen verlassen Tabgha

Am 8. Mai war ein weiterer Schicksalstag für Tabgha. Gegen Abend hörten wir Schießereien, wie P. Bonifatius berichtet. Josef Bidojan, unser Armenier, war in Haifa gewesen, um nach seinen erwachsenen Kindern zu sehen. Er hatte die ganze Zeit über nichts von ihnen gehört. Von Mr. Chourry, einem reichen Fischhändler, der an der Jordanmündung ein schönes Steinhaus besaß, konnte er sich ein Lastauto leihen und so seine Familie aus Haifa nach Tabgha bringen. „Schon waren sie über dem Oreime und fühlten sich beim Anblick ihres Hauses (beim jetzigen Schwesternkloster) in Sicherheit, als Schüsse fielen. Der Chauffeur schwenkte von der Straße ab, fuhr über die Felder des Tel Oreime, bis er oberhalb der Beduinenzelte zwischen den Felsen stecken blieb. Die Insassen konnten sich lebend retten, doch der alte Dihan wurde mit zwei Schüssen am Arm verwundet und starb einige Tage später an seinen Verletzungen. Diese Schießerei war der Grund für den allgemeinen Aufbruch der Leute von Tabgha." Bei den Leuten von Tabgha handelt es sich hier um die Beduinen, die den Grund vom Hospiz bis zur Brotvermehrungskirche und nordwestlich der Hauptstraße nach Tiberias gepachtet hatten und um die armenische Familie des Josef Bidojan. Familie Bidojan ging nach Nazaret. Die Beduinen brachen auf, um sich an den Jordan zurückzuziehen, wohin sie „schon den größten Teil ihrer Habe gebracht hatten".

Wie schon erwähnt, lebte der Hauptstamm der Beduinen Tellawije am Ostufer des Jordan, also jenseits

Mit Pater Hieronymus durch die Geschichte von Tabgha

der Grenze, was schon syrisches Gebiet war. Auch alle übrigen Beduinenstämme aus den Tälern um den See Gennesaret flüchteten über den Jordan.

Heute leben im Taubental wieder einige Beduinen, die sich dort sesshaft gemacht haben. Sie wurden von den Israelis nach der Gründung des Staats vom Hule-See nach hier umgesiedelt. Chader Machebe, einer von ihnen, arbeitet für uns als Schreiner.

Eine weitere Beduinenfamilie lebte bis 1994 auf dem Berg der Seligpreisungen. Deren Familienoberhaupt hat mir erzählt, er sei als Kind bei einem Unfall schwer verletzt von P. Taepper ins Krankenhaus gebracht worden. Immer wieder betont er, P. Taepper hätte ihm das Leben gerettet. Heute hat sich diese Familie in Migdal niedergelassen.

Die Zerstörung Tabghas

Nach dem Aufbruch der Beduinen Anfang Mai blieben wir allein zurück auf der Farm. P. Bonifatius bewachte das Hospiz, ich blieb mit den Brüdern auf der Farm.

„ Als ich [P. Bonifatius] nach der hl. Messe (am 4. Mai 1948) das Frühstück nahm, erschreckte uns ein heftiger Knall. Wir sprangen hinaus und sahen in Tabgha oben bei der Schule ungefähr eine große Staub- und Rauchwolke aufsteigen. – Da, ein zweiter Knall, bei der italienischen Pumpe. Es musste was geschehen sein. Ich machte mich gleich auf zum Hospiz. P. Hieronymus kam mir nach, ein Krach folgte auf den andern! Am Hospiz am unteren Gartentor empfing uns Abu Assis unter lautem Weinen. Er erzählte uns, wie die Haganah dagewesen sei und Tabgha zerstört hätte. Sie seien auch beim Hospiz gewesen, er aber habe nicht geöffnet, es wäre ein Kloster, der Pater würde erst in einer Stunde wieder hier sein. [...]

Nachdem es ruhiger geworden, die Hagana gegen Kapharnaum gezogen war, gingen wir hinaus und fanden alles wie gesagt. Armes Tabgha, die Häuser gesprengt und verbrannt. Nur die Brotvermehrungskirche, deren Wächterhaus, das Häuschen vom Fischer Ali, unsere Scheune und das Armenierhaus standen noch zu unserer Freude. [...]

Aber auch an uns war er [dieser Tag] nicht ohne materiellen Schaden vorbeigegangen, ganz abgesehen vom moralischen Schmerz über alles Geschehene. Gegen 10 Uhr, als schon längst alles in Tabgha geschehen war, hörten wir plötzlich ein Knistern und bemerkten Brandgeruch, und schon folgte ein Knall. Als wir näher zusahen, war das Armenierhaus und der Motor in die Luft geflogen. Die angrenzenden Holzbuden sowie das erste(!) Haus von Tabgha, das alte Blockhaus aus dem Jahre 1879 waren mit Benzin übergossen worden und brannten lichterloh. [...]

Wir hatten des Nachmittags noch große Kreuze von Kalk auf die Türen und Mauern gezeichnet, um jeden weiteren Zugriff zu vereiteln. Doch kaum waren wir ins Hospiz zurückgekehrt, als wir durch

Mit Pater Hieronymus durch die Geschichte von Tabgha

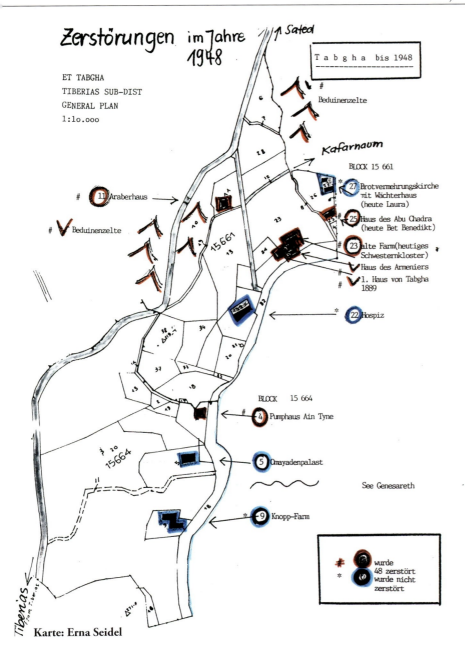

Karte: Erna Seidel

zwei Explosionen aufgeschreckt wurden. Es stellte sich heraus, dass die Dächer der Scheunen und Magazine und eine Ecke der Mauer trotz der Kennzeichnung gesprengt worden waren. [...] Trotz der Verwahrung durch P. Hieronymus sprengten sie auch das Motorhaus auf der Ein Tine in die Luft mit der Begründung, sie hätten den Auftrag, alle Häuser der Araber zu sprengen."

Das Bedauern des Kommandanten, der am späten Abend nach uns schaute, machte es nicht wieder gut. Der Großteil von Tabgha war zerstört: Das Armenierhaus mit der Pumpe, die obere Ökonomie, d.h. die alte Farm, das Dibanhäuschen auf dem Berg, das Haus des Abu Chadra, unser heutiges Beit Benedikt. Nur die Brotvermehrungskirche mit dem Wächterhaus (die heutige Laura), unsere Knopp-Farm und das Hospiz blieben unversehrt.

„Gegen Abend fuhren 4 bis 5 Autos nach Kafarnaum und kamen vollbeladen mit Pferden, Kühen und Ziegen zurück. Was sie nicht mitnehmen konnten, wurde erschossen. So lagen noch lange ca. 50 Stück

101

Mit Pater Hieronymus durch die Geschichte von Tabgha

Vieh auf den Feldern und verbreiteten einen bestialischen Geruch." Jetzt verließ uns auch unser Wächter Abu Assis. Er wollte zu seiner Familie jenseits des Jordan.

Erste Inspektion durch die israelische Armee

Einen Tag nach der kampflosen Eroberung Tabghas, am 9. Mai, erschienen bei den Schwestern auf dem Berg der Seligpreisungen, im Hospiz und auf der Farm der Muchtar von Ginossar, der Kommandant von Migdal und Josef Fain, Kommandant des 15. Regiments.

Letzterer war zuständig für die Sicherheit des ganzen Gebietes. Sie besichtigten sämtliche Gebäude, alle Zimmer und die Stallungen. P. Bonifatius wies mehrmals darauf hin, dass es sich um kirchliche Güter handle. Die Herren äußerten ihr Bedauern über die Schäden, die durch die Kriegszustände verursacht worden waren mit dem Hinweis: „Es ist eben Krieg."

Wir werden abgeholt

Am 6. Juni 1948, einem Sonntag, erschien der Kommandant von Migdal erneut und eröffnete uns, er hätte den Auftrag,

> „P. Petrus von Kafarnaum, die Schwestern vom Berg der Seligpreisungen und uns sofort zu holen und in Sicherheit zu bringen, da eine Schlacht unmittelbar vom Jordan her im Gange sei.

Ich [P. Bonifatius] beteuerte, dass die Farm und das Hospiz kirchliches Gut seien und wir deren Verwalter, und ich nur einer höheren Gewalt weichen werde."

Wir versicherten uns auch, ob die Patres und Schwestern der benachbarten Klöster auch tatsächlich ihre Häuser verlassen hätten, und so fügten wir uns in unser Schicksal. Man sagte uns zu, dass die jüdische Regierung während unserer Abwesenheit die volle Verantwortung für unsere Gebäude und Besitzungen übernehmen würde. Unter strenger Aufsicht und Kontrolle von Soldaten konnten wir nur das Nötigste einpacken. P. Petrus aus Kafarnaum beschwerte sich sogar am anderen Tag über die „Brutalität, mit der wir abgeführt wurden". P. Bonifatius schreibt: „Ich lief noch in die Kapelle des Hospizes und in die Sakristei, um die Corporalien, Pallen, Purificatorien und den Kelch zu holen [...]". Ich selbst hatte inzwischen das Allerheiligste konsumiert. Ich verließ das Hospiz und musste mit erleben, wie unser treuer Hund, unser Wolf, erschossen wurde. Als Br. Kletus noch einmal zur Farm zurück laufen wollte, um etwas zu holen, wurde sogar das Gewehr auf ihn angelegt. Ich ging noch einmal schweren Herzens durch die Räume unserer Farm. Da musste wohl der Kelch aus dem Etui entwendet worden sein, denn später war er nicht mehr aufzufinden. Leider konnten wir nicht alles mitnehmen, was die Brüder eingepackt hatten, denn das Auto war voll von den Leuten, die P. Petrus aus Kafarnaum bei sich hatte, seinen Koch, seinen Wächter und deren Familien. In der Ökonomie standen noch 30 Kisten mit frischen Tomaten, die tags zuvor gepflückt worden waren. Die Pferde schauten uns vom Stall nach

Mit Pater Hieronymus durch die Geschichte von Tabgha

und so fuhren wir an unserem Getreidehaufen vorbei, ein Panzer voraus mit den Haganah-Leuten, dann folgten wir auf den offenen Lastautos unter der Aufsicht von Soldaten, gefolgt von einem kleinen Auto mit P. Petrus, den Schwestern und Don Casimiro, dem Kaplan der Schwestern.

„ [...] so verließen wir wehmütig unser Gut und eilends ging es gegen Tiberias, wohin? Niemand wusste es. Man sprach zuerst von Nazaret oder Afula, wo eine neutrale Zone sei zum Austausch. Später hieß es, dass man uns nach Lubije bringe und wir dann nach Rameh gehen könnten. Vorerst brachte man uns nach Tiberias hinauf, wo wir in einem früheren Militärkamp, einem Gasthaus Tee, Marmelade und Brot erhielten. Dann ging es weiter, und zwar in die Polizeikaserne hinein. Die Polizeibehörde schien ungehalten zu sein über den Vorgang und wollte alles rückgängig machen. [...]

Es folgten nun Besprechungen, Verhandlungen, Telefonanrufe etc. Wie wir später erfuhren, war Josef [Fain, der Kommandant] vor uns nach Afula gefahren, um die Angelegenheit dort zu regeln. Er hatte auch mit dem Roten Kreuz in Haifa gesprochen."

Es wurde beschlossen, uns nicht nach Nazaret zu bringen, da dort wegen des Zustroms der Flüchtlinge ein großes Durcheinander herrschte. Zunächst sollten zwei von uns nach Tabgha zurückgebracht werden, doch dann wurde entschieden, dass wir alle in der Casa Nova der Franziskaner übernachten sollten. Wir bekamen Brot, Marmelade und Eier. Dann suchte sich jeder einen leeren Raum als Nachtquartier. Am folgenden Tag kam um sieben Uhr morgens ein Bus, der uns alle auf den Berg der Seligpreisungen bringen sollte.

Unsere Internierung

Als wir an unserer Farm vorbeifuhren, ahnten wir noch nicht, was dort bereits geschehen war. Später erfuhren wir, dass alles geplündert worden war. Auf dem Berg angelangt, wimmelte es von Haganah-Leuten. Wir, P. Petrus und die Schwestern wurden ausgeladen, die arabischen Leute, die P. Petrus bei sich hatte, wurden nach Rameh gebracht.

Kommandant Josef Fain wies uns, den Benediktinern, zuerst im zweiten Stock des Hospizes die rechte Hälfte zu, sechs Zimmer mit den beiderseitigen Galerien. Als dann aber immer mehr Soldaten ankamen, musste das Hospiz für sie geräumt werden. Die Schwestern bekamen in der Ökonomie zwei ziemlich gute Räume, während man uns den Getreideraum zuwies. Ein kleiner Raum dahinter sollte uns als Küche dienen. Die Decke hing auf einer Seite herunter, und stets träufelten Sand und Staub auf unsere Betten und auf den Tisch, wie wenn uns der Pfeffer in der Suppe gefehlt hätte. Nebenan war ein Hasen- und Hühnerstall, der unserem Geruchssinn schwer zusetzte. Eine Unmenge von Fliegen umschwirrte uns Tag und Nacht.

„ Aber wir hielten aus wegen Tabgha, das wir nicht aus den Augen lassen wollten."

Mit Pater Hieronymus durch die Geschichte von Tabgha

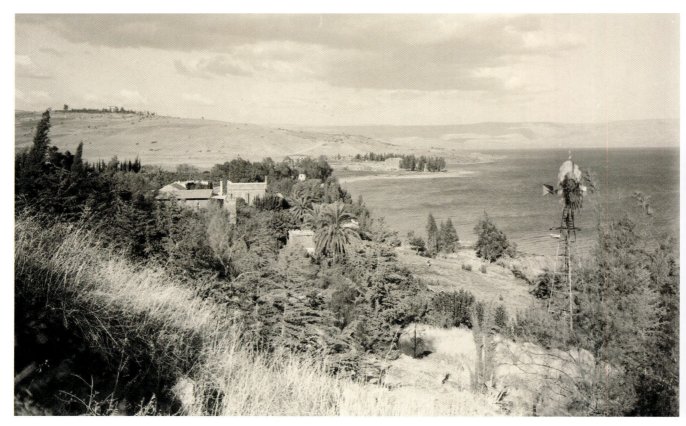

Hier bricht der Bericht von P. Bonifatius ab. – Vier Monate sollte unser Zwangsaufenthalt in dieser Behausung dauern. Ich holte mir eine Mittelohrentzündung, an deren Folgen ich bis heute zu leiden habe. Verpflegt wurden wir von der israelischen Armee, die uns regelmäßig ein Mittagessen brachte. Wir hielten unseren Gottesdienst zusammen mit den italienischen Schwestern und arbeiteten tagsüber im Garten.

Das Ende der Internierung

Während wir bei den Italienischen Schwestern auf dem Berg der Seligpreisungen interniert waren, konnten wir die diplomatische Anerkennung Israels durch Italien miterleben. Es war eine etwas aufwändige Zeremonie, wie auf dem italienischen Hospiz neben der israelischen die italienische Flagge gehisst wurde. Bald darauf wurde das Hospiz von der israelischen Armee geräumt. Im

Mit Pater Hieronymus durch die Geschichte von Tabgha

Gegenzug zur Anerkennung behielten die italienischen, kirchlichen Institutionen das Privilegium der Befreiung von Zoll, Steuer und Verwaltungs-Kontrollen, ein bestehendes und anerkanntes Recht aus der Zeit der türkischen Herrschaft und britischen Mandatsmacht, das eigentlich für alle kirchlichen Institutionen im Lande unabhängig von ihrer nationalen Zugehörigkeit Gültigkeit hatte. Die gleiche Abmachung wurde bei der Anerkennung Israels durch Frankreich vereinbart. Der Staat Israel war jedoch von Anfang an bestrebt, Inhalt und Umfang dieser Privilegien anzufechten.

Was Tabgha und uns Benediktiner betraf, so handelte es sich einerseits um überwiegend deutsche Ordensangehörige, und andererseits, was unsere Ländereien am See anging, um deutsches Kirchengut des Erzbischöflichen Stuhls von Köln. Dies machte unsere Situation besonders brisant.

Nur der Intervention durch den Generalvikar des Lateinischen Patriarchates von Jerusalem, Msgr. Vergani haben wir es zu danken, dass wir nach Monaten der Internierung überhaupt auf unsere Farm zurückkehren konnten. Msgr. Vergani war der einzige anerkannte Vertreter der Lateinischen Kirche – und somit des Vatikans – im Lande bei den neu entstehenden israelische Behörden. Da er seinen Sitz in Nazaret hatte, war er über unsere Situation als deutsche Internierte informiert und wusste um die anstehenden Probleme, die sich für uns als Verwalter deutscher Kirchengüter ergeben sollten.

Anfang des Jahres 1949 konnten wir auf die Farm zurückkehren. Dort standen wir vor leeren Räumen und kahlen Wänden und mussten ganz von vorne anfangen.

Bericht des P. Sonnen

In den Unterlagen im Archiv des Paulushauses in Jerusalem entdeckten wir einen zusammenfassenden Bericht vom 16. Februar 1949, den P. Sonnen, der damalige Vertreter des DVHL an den Generalsekretär nach Köln geschickt hat. Auch dieser Bericht ist ein Zeitdokument:

> P. Prior Benedikt hat Tabgha vor kurzem besuchen können. Er berichtete mir: Das Hospiz ist vom jüdischen Militär besetzt. Das Gebäude ist unversehrt und in guter Ordnung. Über den Befund des Inventars konnte er nichts Näheres feststellen. Die Stallungen und Scheunen sind zerstört, ebenso das dreizimmrige Haus unseres Arbeitsaufsehers und Maschinisten, ferner 2 Motoren und Bewässerungspumpen und Rohranlagen und 2 kleine Wohngebäude für unsere Angestellten. Die fünf Benediktiner, 2 Patres und 3 Brüder wurden evakuiert und sind bei den italienischen Schwestern in der Nähe von Kapernaum interniert.
>
> Man hat Pater Benedikt versprochen, dass sie bald nach Tabgha zurückkehren dürften. Die Farmgebäude sind von jüdischen Bauern bewohnt. Sie haben schon das Land für die kommende Saison angebaut.
>
> Die Regierung hat versprochen, die Farm so bald als möglich zurückzugeben. Wie aber der Betrieb von den Benediktinern weitergeführt werden soll, ist noch unklar. Die früheren Arbeitskräfte,

Mit Pater Hieronymus durch die Geschichte von Tabgha

die Araber, sind alle fort. Man wird wahrscheinlich jüdische Arbeiter nehmen müssen. Ob sich das machen lässt, muss die Zukunft zeigen. Auch die Weiterführung des Hospizes hat seine Schwierigkeiten. In welchem Umfang, für welche Gäste, mit welchem Personal, das alles sind Fragen, die erst nach Rückkehr normaler Verhältnisse beantwortet werden können."

Zeit der Ungewissheit (1949-1953)

Nachdem wir von unserer Internierung auf dem Berg der Seligpreisungen zu Beginn des Jahres 1949 endlich auf unsere Farm zurückkehren konnten, ahnten wir noch nicht, dass wir nur mehr für wenige Jahre dort bleiben konnten. Die Zeit der Ungewissheit umspannte die Jahre von 1949 bis 1953.

Nach unserer Rückkehr auf die Farm war nichts mehr wie früher. Die Farm war ausgeplündert. Wir hatten weder Möbel, noch Maschinen, noch Pferde. Die Bewässerungsanlagen waren zerstört. Die Beduinen, die armenische Familie und unsere arabischen Mitarbeiter und Pächter aus Migdal waren weg, das Hospiz von der israelischen Armee besetzt. Unklar war vor allem die rechtliche Lage des deutschen Grundbesitzes im neuen Staat, somit auch die des Deutschen Vereins, d.h. des deutschen Kirchengutes des Erzbischöflichen Stuhls von Köln am See Gennesaret.

In dieser schweren Zeit der Unsicherheit und des Neubeginns war uns insbesondere unser Abt Leo von Rudloff eine Stütze. Er war apostolischer Administrator der Abtei Dormitio und Tabgha, wobei sich seine amerikanische Staatsbürgerschaft als besonders vorteilhaft erweisen sollte, insbesondere bei Verhandlungen mit den neuen israelischen Behörden.

Von Neuem beginnen

Ich kann mich nicht mehr entsinnen, wie wir zu neuen Möbeln kamen. Jedenfalls konnten wir Maschinen anschaffen, einen alten Traktor, einen Mähdrescher und sonstiges Werkzeug erwerben. Dann gingen wir daran, die landwirtschaftliche Bewirtschaftung wieder aufzunehmen. Wir bauten wie früher auf dem Teil des Bodens, der bewässert werden muss, Gemüse an und bestellten die Getreidefelder.

Tabgha
Siebenquell geistlichen Lebens

Von Benedikt Maria Lindemann OSB
Dormitio-Abtei / „Haus Jerusalem", Hildesheim

An der Schleuse des Pools im Garten.

Vieleicht wird, wer sich auch nur ein paar Stunden in Tabgha am See Gennesaret aufgehalten hat, persönliche, eindrückliche und bleibende Erinnerungen haben. Um wie viel mehr jene, die auf einen längeren Aufenthalt am Ort der Wunderbaren Brotvermehrung zurückblicken können. Auch ich habe meine Erinnerungen an Tabgha. Sie sind in den 16 Jahren meiner Amtszeit als Abt der Dormitio vielseitig und vielschichtig. Ja, ich kann sagen, dass eine Beziehung zu diesem Ort gewachsen ist, eine lebendige Beziehung, die keinen geringen Einfluss auf mein Leben genommen hat und nach wie vor nimmt. Tabgha, der heilige Ort der Sieben Quellen und der Wunderbaren Brotvermehrung, hat auch in mir eine geistliche Quelle geschlagen an einem tiefen Punkt meiner Seele.

Im Folgenden möchte ich in wenigen Skizzen auf geistliche Quellen hindeuten, die die Heilige Schrift selbst aufweist – und aus denen zu trinken den Durst und den Hunger nach Gott paradoxerweise zugleich stillt und vergrößert.

Die erste Quelle:
„Selig, ..." (Mt, 5,3 ff)

Tabgha liegt am Fuß des Berges der Seligpreisungen. Die Seligpreisungen (Mt 5,3-10) sind die Magna Charta des Evangeliums. Schier unerschöpflich fließt der Trost ihrer Worte und stärkt und sättigt seit zwei Jahrtausenden unzählige Menschen in der Nachfolge Jesu. Wenn wir vom materiellen Wohlstand übersättigte Menschen im Vaterunser um das tägliche Brot bitten, dann könnten wir unsere Gedanken und unsere geistliche Aufmerksamkeit auf dieses „Schwarzbrot" der Heiligen Schrift lenken. Über einen längeren Zeitraum die Seligpreisungen als 5minütiges geistliches Mahl zu sich zu nehmen, wird das Leben des Alltags nähren, manches kleine Leid relativieren, manches große jedoch trösten und den Mutlosen aufrichten.

Die zweite Quelle:
„… und ruht ein wenig aus!" (Mk 6, 31)

Wie fürsorglich Jesus sich um seine Jünger kümmert! Im III. Hochgebet für besondere Anliegen (Jesus, der Bruder aller) heißt es von Jesus Christus als dem Sohn des treuen Gottes und barmherzigen Vaters: „Sein Leben und seine Botschaft lehren uns, dass du für deine Kinder sorgst wie ein guter Vater und eine liebende Mutter." Wenn wir die fünf Worte Jesu „und ruht ein wenig aus" auf uns wirken lassen als SEINE Worte an uns, dann werden sie anders wirken als jeder gute Ratschlag, den wir im Alltagsgetriebe als freundlich-oberflächliche Empfehlung hören können. Jesu Wort wirkt anders auf uns – weil er selbst das Wort ist. Es ist wohltuend, einladend, ehrlich, liebevoll.

Die dritte Quelle:
„Und er lehrte sie lange." (Mk 6,34)

„Man lernt nie aus", sagt ein kluges Sprichwort und meint damit, dass wir Menschen bis zu unserem Ende immer etwas Neues lernen, erfahren, erleben können und dürfen, was wir sinnvoll für unser Leben und sein Gelingen gebrauchen können. Wer nicht mehr lernen will, hat aufgehört, bewusst und interessiert zu leben, zu kommunizieren, das Miteinander und Ineinander von Menschen, Schöpfung, Kultur und Religion wahrzunehmen und daran zu wachsen. Alles kann uns etwas lehren, wenn wir nur aufmerksam und wach und weise sind, Lehren für das Leben anzunehmen. Jesus lehrt immer im Hinblick auf das Reich Gottes, in dem wir das Leben „in Fülle" haben werden. Wenn Jesus die vielen Menschen damals „lange" lehrte, dann dürfen wir heute sagen, dass er als der vom Vater gesandte Christus uns durch das Wort der Heiligen Schrift nicht nur „lange" lehrt, sondern dass er uns unentwegt lehrt, zu jeder Stunde, bei jedem Atemzug, immerzu – er, das Wort Gottes schlechthin, bis zum Ende der Welt. Denn er sagt: „Auch sollt ihr euch nicht Lehrer nennen lassen; denn nur einer ist euer Lehrer, Christus." (Mt 23,10) Christus, die Quelle aller Weisheit lehrt und belehrt uns ohne Unterlass, wenn wir nur wollen.

Die vierte Quelle:
„Gebt ihr ihnen zu essen!" Mk 6, 37)

Immer nur geben, geben, geben …. Wer kann schon immer nur geben? Nein, das können wir nicht. Auch können wir nicht immer voll Freude und gut gelaunt und stets freundlicher Miene geben und geben und geben. Oder? Auch die Jünger wollten und konnten offenbar nicht mehr nach den anstrengenden Tagen: „Schick sie weg, damit sie … sich etwas zu essen kaufen können." (Mk 6,36) Statt dessen: „Gebt ihr ihnen zu essen!" Aus der Traum vom ruhigen, einsamen und Erholung spendenden Ort! „Gebt ihr ihnen zu essen!" Dazu fällt mir das Kapitel 31 aus der Regel unseres heiligen Vaters Benedikt ein, das dem Cellerar des Klosters gilt. An ihn stellt die Regel hohe Ansprüche. Zu allererst soll er gottesfürchtig sein und „der ganzen Gemeinschaft wie ein Vater. Er trage Sorge für alles. Ohne Weisung des Abtes tue er nichts." (RB 31, 2b-4) Jesus, unser aller Abbas, verlangt viel von uns. Und ich glaube, dass es gut ist, wenn der Anspruch des Gebens nicht gemildert wird. Heutzutage führen wir recht schnell dem Nächsten unsere (Miss-)Stimmungen vor – und nennen das dann noch Ehrlichkeit! Für den Cellerar hält Benedikt den 13. Vers dieses Kapitels bereit, an dem jeder von uns sich orientieren kann: „Vor allem sei ihm die Demut eigen. Wenn er nichts hat, was er einem geben könnte, schenke er ihm wenigstens ein freundliches Wort, wie geschrieben steht: ein freundliches Wort geht über die beste Gabe."

Die fünfte Quelle:
„Darauf nahm er die fünf Brote und die zwei Fische, blickte zum Himmel auf, sprach den Lobpreis, brach die Brote und gab sie den Jüngern, damit sie sie an die Leute austeilten. Auch die zwei Fische ließ er unter allen verteilen." (Mk 6,41)

Diese Quelle unseres geistlichen Lebens ist unverkennbar ein Hinweis auf das Geschehen im Abendmahlsaal, als Jesus uns das Sakrament des Altares

schenkte: das Wunder der Liebe Gottes, der sich in seinem Sohn für uns hingegeben hat und uns seine bleibende, sakramentale Gegenwart anvertraute. Äußerlich ähnlich und doch wesentlich anders eröffnet uns das Wunder der Brotvermehrung eine ganz eigene Quelle für unser geistliches Leben.

Ich meine damit die Bewegung des Glaubens, die uns Jesus in seinen Gesten „vorführt": nehmen, aufblicken, lobpreisen, brechen, geben. Ich durfte es auf einer ganz anderen, erstaunlichen Ebene erleben: Ein gläubiger Muslim zeigte mir in den vergangenen Tagen diese heilige Bewegung des Glaubens. Er, ein Patient mit schwerer Krankheit, hatte mich als Krankenhausseelsorger zu sich rufen lassen. Nach unserem Gespräch lud er mich ein (!) und nahm mich mit in die Krankenhauskapelle. Ich war sehr verwundert. Kaum betraten wir den Raum, blickte er auf zu dem Gekreuzigten, erhob die Hände zum Gebet, während seine Lippen den Namen Gottes murmelten. Er teilte mit mir sein ganzes inneres Glück und seine Dankbarkeit für seinen Glauben an Gott, indem er mich strahlend und voll Freude anblickte. Ganz bei „seinem Gott", nickte er mir kurz und still zur Verabschiedung zu. Was hatte dieser einfache Mann mir da geschenkt! Heute gebe ich seine Freude und seine Ehrfurcht vor dem einen Gott an Sie, liebe Leser und Leserinnen, voll Dankbarkeit und Staunen weiter.

Die sechste Quelle:
„Und alle aßen und wurden satt. Als die Jünger die Reste der Brote und auch der Fische einsammelten, wurden zwölf Körbe voll." (Mk 6, 42f)

Genug und noch viel mehr! Überfließende Quelle und verschwenderische Liebe Gottes! Ja, das ist das Geheimnis von Tabgha, dem Ort der sieben Quellen und der Wunderbaren Brotvermehrung! Wie in der Osternacht das Licht von der Osterkerze weitergereicht wird von Kerze zu Kerze und nicht weniger sondern mehr Licht sich verbreitet! Wie der Glaube, der in geschwisterlicher Gemeinschaft gelebt, sich nicht abnutzt sondern lebendig sich vermehrt und ausstrahlt! Wie die Hoffnung, die in dunkler Zeit den Weg weist, und je mehr das Boot besteigen auf der stürmischen Seefahrt des Lebens, um so stabiler und zuverlässiger, vertrauter und hoffnungsvoller kann man den Gefahren und Tücken des unberechenbaren Meeres trotzen und sie besiegen! Wie die Liebe, die sich verschenkend nicht weniger sondern mehr wird! Und für alle, die es nicht direkt erfahren und erleben konnten, bringen wir unsere Erlebnisse und geistlichen Erfahrungen in vollen Körben mit nach Hause und erzählen von unserem Glauben, von unserer Hoffnung und von der Liebe Christi, die uns beseligt am Fuß des Berges der Seligpreisungen und am Ort der sieben Quellen und der Wunderbaren Brotvermehrung.

Die siebte Quelle:
„...die von den Broten gegessen hatten." (Mk 6,44)

Vielleicht gehören Sie, liebe Leserin und lieber Leser, auch zu den Privilegierten, die einmal Tabgha besuchen konnten und „von den Broten gegessen" haben. Die siebte Quelle können Sie nur selbst beschreiben. Es ist die geistliche Quelle tief in Ihrer Seele, die das Heilsereignis, das Wunder Ihrer persönlichen Glaubens, in Ihnen selbst sprudeln lässt. Vielleicht haben Sie sie bereits in sich erfahren. Aber auf jeden Fall ist sie da und wartet darauf, entdeckt zu werden.

Schlussgedanken zu einem oft überlesenen Satz der Schrift:
„Dann befahl er ihnen, den Leuten zu sagen, sie sollten sich in Gruppen ins grüne Gras setzen. Und sie setzten sich in Gruppen zu hundert und fünfzig." (Mk 6,39-40)

Ich bin Gott dankbar, dass er uns Tabgha geschenkt hat, den Siebenquell geistlichen Lebens und nährender Liebe. Tabgha ist ein wesentlich „benediktinischer" Ort, das heißt, ein segenspendender Ort. Voll Dankbarkeit freue ich mich, dass ein Traum seit meiner ersten Begegnung mit und in Tabgha sich in diesen Wochen erfüllt: der Herr hat sein Haus gebaut für seine Diener und Mönche, die ihren Dienst verrichten mit den Ordensschwestern und so vielen helfenden Brüdern und Schwestern zu Seiner Ehre und zum Wohl aller kommenden, hungrigen, rastenden, reisenden Menschen, die Tabgha besuchen. Mögen sie alle zusammen mit dem Deutschen Verein vom Heiligen Lande als Hüter des Heiligtums mit Gottes Hilfe sein Geheimnis schützen und bewahren für die vielen Menschen, die diesen Ort aufsuchen! Mögen sie mit starker, ordnender und liebender Hand das Werk des Herrn an einem der schönsten Orte der Welt fortsetzen zu Seinem Lob und zum Heil der Menschen!

Mit Pater Hieronymus durch die Geschichte von Tabgha

Teil IV: Unsere Umquartierung von der Knopp-Farm zum Ort der Brotvermehrung

Wenn heute von der neuen Jugendherberge die Rede ist, weiß niemand mehr, dass dort in der Ebene am See, westlich der jetzigen Pumpstation, unsere Farm, die sogenannte Knopp-Farm lag. Dort habe ich von 1947 bis 1954 bzw. 1956 gelebt. Die Knopp-Farm war unsere erste Bleibe am See, die erste klösterliche Niederlassung auf den Ländereien des Deutschen Vereins vom Heiligen Lande, die die Benediktiner im Jahre 1939 von den deutschen Lazaristen übernommen haben.

Mit Pater Hieronymus durch die Geschichte von Tabgha

DIE ENTSCHEIDUNG

Zwei Großereignisse führten dazu, dass wir unseren Standort im „einstigen Tabgha" wechselten: Es sind dies einmal die Wiederentdeckung und Ausgrabung des berühmten Mosaikbodens einer byzantinischen Basilika aus dem 5. Jahrhundert im Jahre 1932 und zum anderen die Entstehung des Staates Israel im Jahre 1948.

Der Unabhängigkeitskrieg hatte einschneidende und umfangreiche Gebietsveränderungen des DVHL zur Folge. Nach den Verhandlungen zwischen der israelischen Regierung und dem Erzbischöflichen Stuhl in Köln, die 1953 zum Abschluss kamen, stand fest, dass wir die Knopp-Farm verlassen mussten. Als Räumungstermin wurde der 1. September 1954 anberaumt. Das Hospiz schien auf unbestimmte Zeit verloren und die alte, d.h. erste Farm war im Unabhängigkeitskrieg zum größten Teil zerstört worden. Wo sollten wir uns niederlassen?

Dies bedurfte keiner Überlegung: Das Wissen um die religiöse Bedeutsamkeit der gefunden heiligen Stätte der Brotvermehrung in der Nordostecke des Besitztums des DVHL wirkte als latenter Entscheidungsfaktor bei der Wahl eines geeigneten Bauplatzes für unser neues Kloster. Es musste der Ort sein, wo die älteste Tradition die Stätte der Speisung der 5000 lokalisiert hat. So gab es im Jahre 1954 keine andere Option für uns. Wenn schon umsiedeln, dann an die Stätte des neutestamentlichen Geschehens, an den Ort des Wirkens Jesu.

EIN LETZTER BLICK ZURÜCK

So will ich mich zunächst noch einmal in die Zeit um 1954 zurückversetzen und Rückschau halten, Abschied nehmen von der liebgewonnenen Farm. Ich lasse meine Augen ein letztes Mal über das „einstige Tabgha" schweifen, das es in dieser Größenordnung von nun an nicht mehr geben wird. Es ist ein Blick von der Farm in der Südwestecke der Besitzungen des Vereins bis zur Brotvermehrungskirche, die in der Nordostecke liegt, ein Blick von Westen nach Osten, und somit auch in die Zukunft einer neuen Epoche der Geschichte von Tabgha.

Die Entfernung der beiden Eckpunkte beträgt ca. eineinhalb Kilometer. Da liegt vor mir etwa 200 Meter in Richtung Osten der Omayadenpalast, Chan Minje, dessen monumentale Mauerreste und bemerkenswerten

Grundsteinlegung des „alten" neuen Klosters.

Mit Pater Hieronymus durch die Geschichte von Tabgha

Mosaiken aus dem 8. Jahrhundert noch heute von gelegentlichen Besuchern besichtigt werden. 300 Meter weiter breitet sich um die Feigenquelle, Ein Tine, ein wunderschöner Wald mit herrlichen Eukalyptusbäumen aus, den P. Taepper gepflanzt hat. Dieser Wald und die Quelle sind heute Bestandteil des großen nationalen Wasserwerkes, worüber ich noch gesondert berichten will. Von der Ein Tine nach Norden schauend, erhebt sich der 90 m hohe Hügel, Tel Oreme, auf dem von 1911 bis heute immer wieder Ausgrabungen vorgenommen werden. Sie brachten Siedlungsreste aus der späten Bronzezeit zutage, eine kanaanäische Stadt, „möglicherweise das alte Kinneroth, welches im 8. Jahrhundert v. Chr. durch Eroberung zugrunde ging", so Dr. Paul Karge, einer der mit der Ausgrabung betrauten Archäologen.

Im Westteil des Berginneren befindet sich heute das erwähnte Wasserwerk, am Südosthang steht das Hospiz, das seit der Errichtung im Jahre 1890 bis 1939 als Pilgerheim gedient hat. Östlich vom Hospiz liegt die schöne Ebene von Tabgha, die damals an Beduinen zur Bewirtschaftung überlassen wurde. Heute breiten sich dort unsere neu angelegten Plantagen aus. Auf diesem Gelände befand sich die erste, sogenannte alte Farm. Sie wurde nie von uns bewohnt, sondern diente den Pächtern als Wohnhaus. Im Unabhängigkeitskrieg schwer zerstört, blieb sie jahrzehntelang als Ruine nur für mich ein Erinnerungsfaktor an Zeiten des einstigen Tabgha.

Die 1936 errichtete Notkirche, welche über den 1932 ausgegrabenen Grundmauern der byzantinischen Basilika zum Schutz des Mosaikbodens gebaut worden

Grundsteinlegung des „alten" neuen Klosters.

war, bildet den östlichen Abschluss des Vereinseigentums am See. Sie liegt nur wenige Meter westlich der großen mit Namen versehenen Tabgha-Quellen, der Birket Ali ed-Daher. Neben der Kirche wohnte ein arabischer Pächter in einem Steinhaus, der heutigen „Laura", welcher gelegentlichen Besuchern den Mosaikboden und den heiligen Stein zeigte, auf den der Herr die Brote gelegt hatte. Dieser Stein und das berühmte Mosaik mit den Fischen und Broten sollte mit dem Neubau unseres Klosters zum neuen Herzstück der Ländereien des Deutschen Vereins werden.

DAS NEUE TABGHA

Mit der Aufgabe der Knopp-Farm an der Südwestecke der Ländereien des „einstigen Tabgha" und der Umquartierung an den Ort der Brotvermehrungskirche

Mit Pater Hieronymus durch die Geschichte von Tabgha

Erste Fundamente und Konturen.

in die Nordostecke verlegen wir Mönche von Tabgha, nicht nur unseren topographischen Standort von West nach Ost. Auch der Name Tabgha wird „geostet". Er wandert als Flurname vom westlichen Gelände am See und als Hausname des Hospizes dem Herzstück des einstigen Tabgha nach Osten zur christlichen Pilgerstätte als dem neuen Zentrum des heutigen Tabgha. „Eine Weile", so ein Bericht des Nachrichtenblattes des Vereines aus dem Jahre 1937, „bezeichnet man den Ort, wo die byzantinische Basilika mit den Mosaiken gefunden wurde, als das eigentliche Tabgha". Das ist bis heute so geblieben. Es heißt weiter: „Die Brotvermehrungskirche ist das kostbarste Besitztum des DVHL auf palästinensischem Boden, kostbar wegen des wunderbaren Mosaikfußbodens, kostbar wegen des heiligen Steins, auf dem nach alter Überlieferung Christus bei der Brotvermehrung die Brote gelegt hatte, kostbar aber gerade deshalb, weil diese Kirche bereits im vierten Jahrhundert errichtet wurde, um die Erinnerung an das Wunder der Brotvermehrung wach zu erhalten."

So wird die Aufforderung aus dem ersten Petrusbrief zur Leitlinie für den neuen Abschnitt in der Geschichte der Benediktiner am Ort der Brotvermehrung: „Kommt zu dem heiligen Stein, der von Gott auserwählt und geehrt worden ist. Lasst euch als lebendige Steine zu einem geistigen Haus aufbauen." (1Petr 2,4-5)

So bauten wir unser Haus am Heiligtum der Brotvermehrung und ermöglichen seitdem vielen Pilgern, den Stein, auf den unser Herr die Brote gelegt hat, zu verehren. […]

Unser neues Kloster am Ort der Brotvermehrung (1956)

1861 wurde auf Initiative des Münchner Universitätsprofessors Dr. Johannes Nepomuk Sepp auf der Generalversammlung der Katholiken Deutschlands im Glaspalast in München die Gründung eines deutschen Klosters am See von Tiberias beschlossen, welches Abt Daniel Haneberg mit gebildeten Benediktinern besetzen sollte.

Nun, eine Niederlassung von Benediktinern am See Gennesaret gibt es ab 1939, als bei Ausbruch des Zweiten Weltkrieges einige Mönche der Dormitio die Ländereien des Deutschen Vereins vom Heiligen Lande mit dem Hospiz von Tabgha und der Knopp-Farm von den deutschen Lazaristenpatres übernehmen sollten.

Mit Pater Hieronymus durch die Geschichte von Tabgha

Ironie der Geschichte: Es mussten ausdrücklich Mönche mit „nicht-deutscher Reichszugehörigkeit" sein, da alle deutschen Ordensangehörigen im Jahre 1939 als „enemy subjects" interniert worden waren. In der Amtssprache hieß dies: „Being a non German". Erst nach Beendigung des Zweiten Weltkrieges kamen auch deutsche Benediktiner aus Jerusalem auf die Knopp-Farm nach Tabgha, die wir jedoch 1954 nach Abschluss der erwähnten Verhandlungen über die Besitzverhältnisse des Deutschen Vereins vom Heiligen Lande aufgeben mussten. Aber wir sollten weiterhin in Tabgha bleiben.

Mit der Entscheidung, ein neues Kloster neben der Brotvermehrungskirche zu bauen, wird nicht nur der oben erwähnte Beschluss doch noch, wenn auch mit fast hundertjähriger Verspätung, in die Tat umgesetzt, sondern mit unserer Umquartierung zur Stätte der Speisung der 5000 wird auch historisch eine monastische Siedlungslücke am Heiligtum aus byzantinischer Zeit geschlossen.

Unsere monastischen Vorfahren

Als im Jahre 1932 eine byzantinische Basilika aus dem 5. Jahrhundert ausgegraben wird, finden sich auch Fundamente eines Klosters im Süden und Wirtschaftsräume an der Nordmauer der ehemaligen Kirche. Mader, der Leiter der Ausgrabungsarbeiten, vermutete im Atrium trotz einiger Bedenken einen Klosterhof, während sein Assistent A. Schneider nur von Kammern spricht, die er als „Wohn- oder Unterkunftsgebäude für durchreisende Pilger" deutet. So gehen die Anfänge des Mönchtums am Ort der Brotvermehrung weit zurück in frühbyzantinische Zeit, wenn man den Bau der Basilika um 450 ansetzt.

Über das Schicksal der Mönche von Tabgha nach der Zerstörung der Kirche durch den Perser-einfall im Jahre 614 schweigt die Geschichte. Es gibt einige Überlegungen, doch scheint die Ansicht meines Mitbruders P. Jacobus Meysing der gängigen Auffassung zu entsprechen, die auch ich vertrete: „Sie seien geblieben oder vielmehr wieder in Tabgha erschienen." Mit Sicherheit wissen wir, dass in einem „Verzeichnis der bedeutendsten, gottgeweihten Häuser des Heiligen Landes" für Karl den Großen im Jahre 808 ein „Heptapegonkloster" erwähnt wird, „in dem zehn Mönche gelebt haben". Dieses Kloster wird „5 m höher als der Weg und die Quellen" lokalisiert. Mauerreste und das Relikt der Apsis einer Kapelle sind heute noch nördlich der Kirche an der Straße nach

Erste Fundamente und Konturen.

Kapharnaum zu sehen. Auch dieses Kloster wird zerstört in den Wirren der Kreuzritterzeit, wie wir aus den Berichten des flämischen Pilgers Dietmar aus dem Jahre 1217 erfahren.

P. Jacobus Meysing beschreibt die „Unterkunft der Mönche des Heptapegonklosters als bescheidenes und wenig ausgedehntes Haus". Ich erwähne diesen Hinweis meines Mitbruders deshalb, weil wir uns mit den von ihm beschriebenen monastischen Wohnverhältnissen identifizieren können: „Die Mönche von Tabgha", so schreibt er, „brauchten keine majestätische Abtei".

Mit der betont schlichten Bauweise unseres Klosters am Ort des Misereor Super Turbam knüpfen wir ein historisches und geistiges Band zu unseren „monastischen Vorfahren" aus alter Zeit, indem wir deren Tradition eines einfachen Wohn- und Lebensstils weiterführen.

Die Baugeschichte

Die Baugeschichte des neuen Kloster umfasst zwei Jahre, von 1954 bis 1956. Als Termin für unsere Übersiedlung war von den israelischen Behörden der 1. September 1954 festgesetzt worden. Mit dieser Entscheidung war einmal dem vier Jahre dauernden Schwebezustand und der Unsicherheit über unsere künftige Bleibe in Tabgha ein Ende gesetzt worden, doch von heute auf morgen konnten wir die Farm nicht verlassen. Die israelischen Siedler der Kibbuzim Nof Ginnosar, Huqoq und Amiad, denen unmittelbar nach Beendigung des Unabhängigkeitskrieges 1948 und der damit verbundenen Vertreibung unserer arabischen Pächter das Land um die Knopp-Farm zur Bewirtschaftung zugewiesen worden war, zeigten größtes Interesse, dass unsere Umquartierung so rasch wie möglich von statten gehen sollte. Dies führte notgedrungen zu Misshelligkeiten. Wir ließen uns jedoch weder von ihnen, noch von behördlicher Seite in die Enge treiben, denn wir hatten die bessere Position: Uns gehörte das Land, bzw. dem Deutschen Verein. Die Gegenseite glich mitunter Geiern, die sich auf die Beute stürzten. Wir konnten sie auch warten lassen.

Von israelischer Seite wurden uns – zur Beschleunigung der Prozedur unserer Umsiedlung – sogenannte Schwedenhäuser angeboten: Fertighäuser, damals aus Eternit oder Holz gebaut. Solche Häuser im Kleinstfor-

Die Bauleute sind am Werk.

Mit Pater Hieronymus durch die Geschichte von Tabgha

mat waren u.U. geeignet für das Wohnkonzept in Neusiedlungen für Einwanderer oder in Kibbuzim, kamen jedoch für uns nicht in Frage. Wir wollten ein Kloster bauen!

Die offiziellen Vorgaben aus dem Verhandlungsergebnis zwischen dem israelischen und deutschen Staat von 1953 sahen vor

1. „dass die für den Bau und Unterkunft der Benediktiner erforderlichen Lizenzen und Materialien zu amtlichen Preisen, jedoch auf Kosten der Patres gestellt werden,

2. dass als Entschädigung und zur vollen Abgeltung der aus der Übersiedlung entstehenden Kosten ein Betrag von 140000 IL an den DVHL gezahlt wird."

Konzeption und Planung

So gingen wir gemeinsam mit Abt Leo Rudloff an die Planung. Konzeption, Kalkulation und der Bau als solcher beanspruchten dann auch zwei Jahre. Unser Bauvorhaben musste verschiedenen Faktoren Rechnung tragen. Einmal sollte das Kloster unmittelbar neben der Brotvermehrungskirche entstehen, jedoch so, dass es bei eventuellen späteren Planungen für den Neubau der Kirche organisch einbezogen werden konnte. Der Grundriss der ausgegrabenen Basilika war also maßgebend für die Gesamtstruktur unseres Neubaus.

Die Baustelle vom Kirchenvorplatz aus gesehen.

Das Terrain um die Notkirche war 1936 mit einer Mauer umgeben worden, die im Norden der Straße entlang führte, im Osten dem Verlauf des heutigen Kanals und der Grenze des Besitztums des Italienischen Vereins folgte, im Süden auf halber Höhe des heutigen Beit Noah verlief und im Westen einige Meter von der heutigen Zufahrtsstraße zurückgesetzt war. Teile dieser Mauer mussten beim Bau des Klosters abgerissen werden. Ein Rest dieses Mauerzuges ist heute noch im Klostergarten nahe der Laura zu sehen.

Der Plan für das Kloster sah eine Kapelle vor, Einzelzellen für ca. zehn Mönche, inklusive einiger Gästezimmer, des Weiteren ein Refektorium mit separater Küche und einen Aufenthaltsraum. Ferner sollte ein eigenes Wohnhaus für Angestellte gebaut werden, die auf den Plantagen arbeiten würden, sowie ein Ökonomiegebäude, d.h. Ställe und eine Werkstatt. Dieser Komplex

Mit Pater Hieronymus durch die Geschichte von Tabgha

Die Rückseite des entstehenden Hauses.

sollte abgetrennt vom Kloster sein. Als Terrain kam nur das Gelände südlich der Notkirche in Frage. Die Ställe waren berechnet für unseren damaligen Viehbestand, der nicht erweitert werden sollte: zwei Pferde, zwei Kühe, vierzig Schweine und Hühner und mehrere Kaninchen.

Für die Infrastruktur musste die Bewässerungsanlage (Motoren und Pumpen) von der KnoppFarm in das neue Gelände verlegt werden. Diese Pumpstation befindet sich heute unmittelbar neben dem Schwesternkloster. Für den Stromanschluss gab es keine Schwierigkeiten, da kurz zuvor eine neue Überlandleitung gelegt worden war. Schwieriger war die Lösung des Abwasserproblems. Beim Bau von Senkgruben in Höhe des Seespiegels, was für unsere topographische Lage zutrifft, kann nur durch eine kostspielige und aufwendige Technik die Verunreinigung von Grund- und Seewasser durch Abwässer verhindert werden. Dieses Problem wird sich auch stellen beim Neubau des Hospizes. Heute noch sind Überreste dieser Senkgrube beim Beit Noah zu sehen, die als Sammelbecken gedient hatte. Von dort wurde das Abwasser mit Rohrleitungen als Dünger auf die Felder geleitet.

Unser Bauunternehmer

Als Bauunternehmer konnte ich einen gewissen Herrn Dowery gewinnen, dessen Familie ich gut gekannt habe. Jeder von uns kennt Khalil aus Nazaret, den wir bei vielen baulichen Angelegenheiten zur Rate ziehen. Er ist der Neffe des Erbauers unseres Klosters.

Das Genehmigungsverfahren ging rasch über die Bühne, so dass der Bau zügig in Angriff genommen werden konnte. Ich war für den ganzen Ablauf verantwortlich. So musste ich bei der Militärverwaltung eine „Mobilitätslizenz" erwirken für die Handwerker aus Nazaret, da wir damals (1954) in einem geschlossenen und streng überwachten Militärgebiet lagen. Jerusalem war weit und eine Fahrt nach Tabgha in jenen Tagen zeitraubend und mühsam, führte doch die einzige Route wegen der politischen Grenzen über Ben Gurion, also außen herum. So war ich viel auf mich allein gestellt.

Als Bausumme erhielt Abt Leo Rudloff 100.000 US Dollar vom DVHL. In dieser Summe waren die erwähnten 140000 IL mit verrechnet.

Mit Pater Hieronymus durch die Geschichte von Tabgha

Das neue Kloster entsteht

Unser neues Kloster entstand nordwestlich der Kirche. Heute werde ich mitunter gefragt, weshalb wir so nahe an der lauten Straße nach Kapharnaum gebaut haben. Nun, 1954 war kein Verkehr auf dieser Straße und heute liegt das Kloster abgeschirmt hinter hohen Bäumen, die wir jedoch erst pflanzen mussten. Andererseits wählten wir die Nordseite an der Kirche, weil – wie schon angedeutet – das Kloster abgesondert von den Ökonomiegebäuden und dem landwirtschaftlichen Betrieb liegen sollte.

Die Kapelle im Haus, die es heute nicht mehr gibt, umfasste die beiden Zimmer südlich zur Kirche hin im ersten Stock. Von dort führte eine Türe auf eine Terrasse, von der nur noch die Ansätze eines Bogens an der Außenmauer zu sehen sind. Auch das Gästehaus hatte einen ähnlichen Vorbau zur Kirche hin. Beide Terrassen mussten beim Neubau der Kirche 1980 abgerissen werden. Die Gänge in beiden Häusern waren als offene Lauben gedacht, doch schon ein Jahr später musste aus Witterungsgründen eine Fensterverglasung vorgenommen werden.

Das Wohngebäude für die Angestellten war für eine Etage mit Unterkellerung geplant. Da jedoch eine stattliche Menge an Baumaterial übrig blieb, schlug Dowery vor, ein weiteres Stockwerk darauf zu setzen. So gewannen wir weitere Räume, die später als Gästezimmer genutzt wurden. Im ehemaligen Keller wurde später die Wäscherei (Laundry) eingerichtet, wo heute sich die Werkstatt befindet, war früher der Pferde- und Kuhstall.

Über dem Pferdestall war eine Terrasse, die später überdacht wurde. Dort ist heute die Schreinerei untergebracht. Das heutige Gästehaus hatte nur ein Flachdach, erst 1994 erhielt es seine heutige Gestalt. Das Beit Noah kennen viele Gäste nur als Schweinestall, der 1979 als bescheidene Unterkunft ausgebaut wurde. So hört man oft: „Wir haben im Schweinestall gewohnt", oder: „Wir sind im Schweinestall untergekommen." Erst nach 1989 konnte sich der neue Name auf Initiative des damaligen Leiters des Zeltplatzes, Günther Zenner, etwas mühsam durchsetzen. Da wir heute dieses Haus zur kostenlosen Benutzung für behinderte Menschen, die im Land leben, zur Verfügung stellen, ist die Vermeidung der ursprünglichen Bezeichnung dringend geboten.

Das neue Kloster, noch ohne Dach und die späteren Fenster.

Mit Pater Hieronymus durch die Geschichte von Tabgha

WIR ZIEHEN UM

Zeitpunkt und nähere Einzelheiten unseres Umzuges entziehen sich meinem Erinnerungsvermögen. Mit mir übersiedelten meine damaligen Mitbrüder P. Bonifaz (unser Superior), Br. Hilarion, Br. Engelbert, der Koch, Br. Kletus und Br. Gottfried. Da wir schon 1952 ein Auto gekauft hatten, konnten wir den Umzug ohne fremde Hilfe bewältigen. Der ¾ Tonnen Lieferwagen der Marke Ford war ein sogenannter „Pick-up", was beim Auf- und Abladen der noch brauchbaren Hausgegenstände von Nutzen war. Mit den beiden Pferden konnten wir das gesamte Kleinvieh, Schweine, Hühner und Kaninchen zum neuen Stall bringen. Zur landwirtschaftlichen Ausrüstung gehörten noch ein Traktor mit Pflug und Anhänger. Das Mobiliar für das neue Kloster erstanden wir auf einem der zahlreichen Flohmärkte in Nazaret, wo es gute Ware zu geringen Preisen in Hülle und Fülle gab.

IM NEUEN KLOSTER

Seit 1956 leben wir nun in unserem neuen Kloster. Bei Stanislaus Loffreda, den ich persönlich gut kenne, findet sich in seinem kleinen Reiseführer: „Die Heiligtümer von Tabgha" der knappe Satz: „1956 neues Benediktinerkloster bei der Kirche der Brotvermehrung" ebenso in der Ausgabe des Heilig-Land-Heftes aus dem Jahre 1966. Ansonsten kein Bericht oder Notiz in der Presse. Wir aber waren glücklich! Im Vergleich zur Dormitio, der „majestätischen Abtei" war es ein bescheidenes Monasterium, im Unterschied zur Farm eine komfortable Unterkunft! Erstmals elektrisches Licht! Auf der Farm gab es nur Petroleumlampen. Jeder Mönch hat sein eigenes Zimmer mit fließendem kaltem Wasser und Etagenbad und WC auf dem Gang. Auf der Farm haben wir wie die Beduinen gehaust. Jetzt ein Refektorium mit separater Küche, auf der Farm mussten wir unsere Mahlzeiten im Freien einnehmen. Und eine Kapelle, einen Raum zum Beten. Die Notkirche war ein Schuppen. Auf der Farm hatte uns eine Ecke auf dem Gang als Gebetsnische gedient.

Die Ökonomiegebäude lagen abgetrennt vom Kloster, südlich der Notkirche. Kein Stallgeruch mehr in unmittelbarer Nähe des Wohnbereichs und der Kapelle. Heute höre ich manchmal von Gästen: „Tabgha ist das einzig schlichte, ja das bescheidenste Kloster, das ich kenne." Nun, ich lebe hier seit 40 Jahren (1956-

Kloster, Notkirche und „Gästehaus".

Mit Pater Hieronymus durch die Geschichte von Tabgha

1996), wo ich diese Zeilen 1996 niederschreibe.

Zwei Postkarten, die noch aus dem Jahre 1956 existieren, können von Gästen, die heute nach Tabgha kommen, nicht identifiziert werden. Beide Bilder sind von der Straße nach Tiberias auf der Höhe des Tel Oreme in den Trockenmonaten aufgenommen worden. Sie lenken den Blick im Vordergrund auf sonnenversengtes Brachland, dann auf die beiden neuen Gebäude im Stil der fünfziger Jahre zu beiden Seiten neben einem kirchenähnlichen Bau in der Mitte. Kahl und weiß steht es da, unser Kloster, das Haus für die Angestellten und der Schweinestall. Kaum ein Strauch oder Baum, nur im Hintergrund verschließt eine hohe Baumgruppe auf dem Grundstück der Franziskaner den Blick zum See. Die Landschaft wirkt – trotz unmittelbarer Nähe zum See – unwirtlich und karg, das Kloster vermittelt den Eindruck von Abgeschiedenheit und Stille. Fernab. Die Vorstellung von einem einsamen Ort des Neuen Testamentes stellt sich ein und das Gefühl von Einsamkeit kann nur entlastet werden durch die Vergegenwärtigung des Wirkens Jesu und seiner Heilsbotschaft an diesem Ort.

Mit Pater Hieronymus durch die Geschichte von Tabgha

Vom Berg der Seligpreisungen aus gesehen.

Ein Kreis schliesst sich

Es konnte nur einen Beweggrund gegeben haben für die Mönche, die sich in byzantinischer Zeit an der Brotvermehrungskirche niedergelassen haben, wie auch für die Eremiten, die im Mittelalter im Tabgha gelebt haben: „Sie wählten diesen Ort", so schreibt Jacob de Vitri in seiner Geschichte der Kreuzzüge aus dem Jahre 1218, „um ein zurückgezogenes Leben zu führen, die einen in der Ebene, die anderen auf dem Berg, wohin sich der Heiland zum Gebet zurückzuziehen pflegte." Auch für uns, die Benediktiner, führte kein anderes Ziel an die Stätte der Brotvermehrung. Obwohl wir lieber direkt am See gebaut hätten. – Dieses gemeinsame, die Jahrhunderte überspannende, spirituelle Anliegen sollten wir auch in den letzten Jahrzehnten des ausgehenden 20. Jahrhunderts nicht aus den Augen verlieren!

Vieles hat sich geändert in diesen Jahren von 1956 bis 1996, seitdem wir im neuen Kloster leben. Ein ständig wachsender Pilgerstrom zeichnet sich ab. Tabgha wird überrollt von Menschenmassen. In den neunziger Jahren hatten wir zu kämpfen gegen Lärm und andere Ausuferungen. So wächst uns neben der Pilgerbetreuung und der Pflege der Pilgerstätte eine neue, dritte Aufgabe zu, den Ort, an dem sich Jesus zum Gebet zurückzog, als Ort der Ruhe und Stille zu erhalten!

Kloster 2012

Kloster 2012

Der Planungs

Pro-cedere, vorangehen, heran-gehen.

Von Alois Peitz
und Hubertus Hillinger
Architekten

Der Planungsprozess ist einem Geburtsvorgang ähnlich. Mit dem Raumprogramm und nach den ersten Diskussionen mit dem Bauherrn und den Nutznießern, mit dem Erleben des Ortes und seinem Baubestand ist etwas grundgelegt und reift langsam heran, unbewusst, zum Teil visionär und utopisch. Da gilt es zu klären. Mit Scribble'n, Skizzen und den ersten Zeichnungen werden alle Erfahrungen und das Wissen aus der Lehre über Gebäude und Proportionen, über Bautechnik und den heutigen Stand der Bauphysik, über Funktion und Ästhetik durchforstet und abgewogen,

Vorübungen & Skizzen

ozess

Kloster 2012

Vorübungen & Skizzen

verworfen und für gut befunden. Das Bewusstsein der Zeitgenossenschaft spielt dabei eine nicht unwesentliche Rolle. Wir sind Architekten im 21. Jahrhundert, die Ordensmitglieder sind nicht mehr Mönche des Mittelalters, und Kirche ist eine ecclesia semper renovanda, nichts Gestriges.

Zum Klärungsprozess gehörten in vorliegendem Falle Besichtigungen von Klosteranlagen, historischer und heutiger. Uns Trierer Architekten sind natürlich die Benediktiner-Klöster in Trier St. Matthias, in Tholey an der Saar, die verloren gegangenen Klöster St. Maximin in Trier oder Mettlach oder die im benachbarten Frankreich bekannt. Die Fürstabteien des Barock in Einsiedeln, Weingarten oder Melk sollte man – mit einem gewissen Abstand -

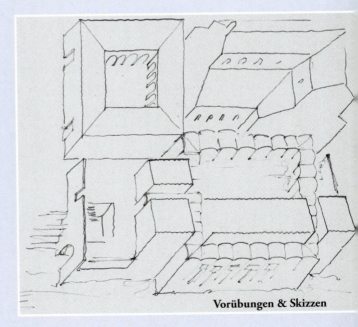

Vorübungen & Skizzen

Kloster 2012

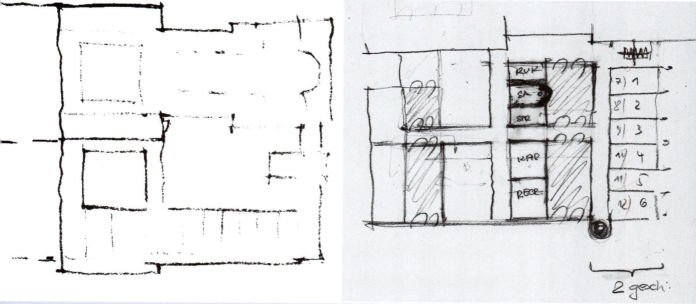

Die Suche nach dem Grundriss.

auch kennen, das genügt. In Klöstern unserer Tage haben wir nicht nur besichtigt, gezeichnet und fotografiert, wir konnten auch teilnehmen am Essen mit den Mönchen im Refektorium oder waren für ein paar Tage Gast. So haben wir kennen und schätzen gelernt die Klosteranlage in Vaals NL (Neubau 1922 der Architekten Dominicus Böhm und Martin Weber, Umbau und Erweiterung 1956 des Mönch-Architekten Hans von der Laan) und das neue Konventgebäude in Nütschau / Lübeck (1999 des Architekten Prof. Gisberth M. Hülsmann).

Das Verständnis über das Maß der Mitarbeit der Bewohner und Nutznießer am Planungsprozess ist unter den Architekten heute sehr unterschiedlich bis spaltend. Die ARGE Peitz/Hillinger versteht sich als professioneller Partner des Bauherrn und hat für die konkrete Planung des Neuen Klosters in Tabgha immer wieder Wege der Partizipation gesucht und vorgeschlagen: durch Workshops mit den Mönchen, durch Entwicklung von Alternativen, durch Musterdetails und Musterräume. Dabei konnten die Architekten die interessante Erfahrung machen, wie Vertreter der Mönchsgemeinde während der fortschreitenden Planungsphase eine eigene überzeugende Sicht für die zu treffenden architektonischen Entscheidungen entwickelten. Umgekehrt hatten wir Architekten durch diese Art partizipatorischen Planens die Gelegenheit, Vorstellungen und Empfindungen des Nutzers

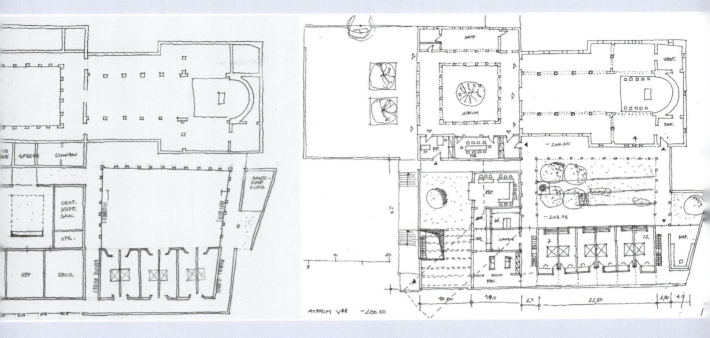

besser verstehen und in die Planungen integrieren zu können. Dankbar sind die Architekten für diese Erfahrung von Nähe und Distanz zu einzelnen Mitgliedern des Konvents. Die Architekten dürfen von der Hoffnung ausgehen, dass das Neue Kloster von den Mönchen an Kindes statt angenommen wird und eine gute Zukunft hat.

Alle Ideen und Entwicklungen nutzen dem Bauen nicht, wenn sie nicht eingehen in handfeste und unanfechtbare Beschlüsse, Vergaben und Verträge. Das geschah jeweils in der Kloster-Baukommission beim Bauherrn in Köln, dem Deutschen Verein vom Heiligen Lande, unter der professionell und immer vom Vertrauen durchdrungenen Führung des Generalsekretärs, Herrn Heinz Thiel. Die übrigen Mitglieder dieser Kommission, die in bisher 25 Sitzungen die Entscheidungen mit trugen, sind der Vizepräsident des Vereins, Herr Herrmann-Josef Großimlinghaus, Herr Dr. Rudolf Solzbacher und der Baumeister des Erzbistums Köln, Architekt Martin Struck.

Die Arbeit der Architekten geht zu Ende, das Leben der Mönche im Neuen Kloster beginnt. Möge das neue Kloster Raum geben für ein Leben der Mönche nach der Regel des heiligen Benedikt!

Kloster 2012

Der Grundstein

Der Grundstein am Abend der Segnung.

Im Namen unseres Herrn Jesus Christus. Amen.

Im Jahr des Heils 2007 seit der Menschwerdung unseres Herrn Jesus Christus,

da Seine Heiligkeit Papst Benedikt XVI. im zweiten Jahr seines Pontifikates die Katholische Kirche auf dem weiten Erdenrund leitet,

da Seine Seligkeit Msgr. Michel Sabbah der Lateinischen Kirche von Jerusalem als Patriarch dient,

da Seine Eminenz Joachim Kardinal Meisner, Erzbischof von Köln, Präsident des Deutschen Vereins vom Heiligen Land ist,

da Seine Eminenz Karl Kardinal Lehmann, Bischof von Mainz, Vorsitzender der Deutschen Bischofskonferenz ist,

Benedikt Maria Lindemann OSB der Abtei Dormitio Beatæ Mariæ Virginis zu Jerusalem im Einhundertsten Jahr ihres Bestehens als Abt vorsteht und P. Jeremias Marseille OSB Prior der benediktinischen Gemeinschaft in Tabgha ist,

Kloster 2012

segnen und legen wir diesen Grundstein für ein neues Kloster für die Benediktinermönche, die mit ihrer Gemeinschaft seit 1939 am Heiligtum der Wunderbaren Brotvermehrung in Tabgha am See Gennesaret ein Leben der Gottsuche in Gebet und Arbeit führen, besonders im Dienst an den Pilgern aus aller Welt, den einheimischen Christen und an Menschen mit Behinderungen aus Israel und Palästina.

Wir segnen diesen Grundstein in der Hoffnung und im Vertrauen, dass so an diesem Ort, den unser Herr Jesus Christus selbst durch sein Gebet und seinen Dienst an den Suchenden, Leidenden und Hungernden geheiligt hat, das monastische Leben sich weiter entfalten möge – zum Lobe Gottes und zum Heil der Menschen.

Wir verbinden mit dieser Segnung unsere Bitte um Fürsprache der Heiligen Gottes, besonders der seligen Jungfrau und Gottesmutter Maria, des heiligen Erzengels Michael, der heiligen Apostel, des heiligen Benedikt und der Heiligen Scholastika und der Heiligen und Seligen der Kirche des Heiligen Landes. Wir bitten um den Schutz und den Segen des dreifaltigen Gottes für alle, die am Bau dieses neuen Klosters beteiligt sein werden:

Wir beten für alle, die als Handwerker und Künstler an diesem Bau mitwirken. Wir beten für alle, die durch ihre Spenden diesen Klosterneubau ermöglichen. Wir beten für alle, die den Neubau und die Gemeinschaft der Mönche in ihrem Gebet mittragen. Wir beten für die Mönche und alle, die mit ihnen leben, beten und arbeiten.

Möge das Beten und Arbeiten an diesem Ort ein Beitrag zu Frieden und Versöhnung im Heiligen Land sein.

UT IN OMNIBUS GLORIFICETUR DEUS

                    Tabgha, 27. Februar 2007

Kloster 2012

Oben: Die Kupferrolle für den Grundstein und ihr Inhalt auf dem verehrten Felsen in der Brotvermehrungskirche.
Links: Joachim Kardinal Meisner unterzeichnet als erster die Urkunde, die in den Grundstein eingeschlossen wird.

Kloster 2012

In die Kupferrolle, die in den Grundstein eingemauert wurde, wurden zusammen mit der Urkunde folgende Gegenstände mithineingegeben:

- einen Stein vom Golgothafelsen in der Auferstehungskirche in Jerusalem
- einen Stein vom Berg Zion in Jerusalem
- einen Stück des heiligen Steines aus der Brotvermehrungskirche
- Wasser aus dem See Gennesaret
- einen Stein aus der Höhle des Hl. Antonius in der thebaischen Wüste Ägyptens
- einen Stein aus der Höhle des Hl. Benedikt in Subiaco, Italien
- einen Stein aus der Höhle des Heiligtums des Hl. Erzengels Michaels auf dem Gargano in Süditalien
- eine Reliquie des Hl. Benedikt
- eine Reliquie der Hl. Therese von Lisieux
- eine Reliquie der Seligen Mirjam von Ibillin hier aus Galiläa
- eine Wundertätige Medaille der Gottesmutter Maria
- eine Medaille des Hl. Nikolaus von Flüe
- einen Rosenkranz
- die Enzyklika „Deus Caritas est" des Heiligen Vaters, Papst Benedikt XVI.
- Baupläne und Tageszeitungen in deutscher, israelischer und arabischer Sprache
- […]

Die Öffnung des siebeneckigen Grundsteins aus galiläischem Basalt wird mit einer Scheibe einer Fiale aus dem Kölner Dom verschlossen.

Kloster 2012

Das neue Kloster der Benediktiner in Tabgha

Von
Alois Peitz
und
Hubertus Hillinger
Architekten

Der Masterplan

Die für Galiläa zuständigen Behörden für Raumordnung mahnten schon sehr früh vom Eigentümer, dem Deutschen Verein vom Heiligen Lande, grundsätzliche Aussagen über Umfang, Art und Orte zukünftiger Bebauungen an. Bebauungspläne, das kennen wir aus Deutschland, sind Grundlage jeder Bauentwicklung.

So wurden wir als Architekten 2002 mit der Erarbeitung eines Masterplans für das etwa 3 ha große Areal beauftragt. Ein Areal, das nördlich von der Seestraße, östlich durch das Grundstück der Franziskaner, südlich durch den See und westlich durch die Zufahrt zum Pilgerhaus begrenzt ist.

Für die bauliche Entwicklung um die Brotvermehrungskirche wurden – lange und intensiv – zwei Möglichkeiten verfolgt:

a) die Lage des Klosters auf der Nordseite (Straßenseite) der Kirche und

Kloster 2012

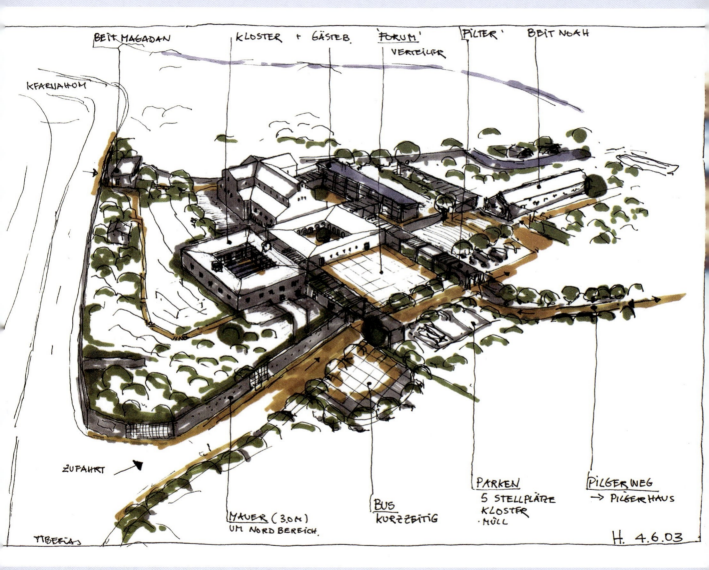

Städtebauliche Studien.

Kloster 2012

Der Masterplan.

b) die Lage eines geschlossenen Klosterbezirks auf der Südseite (Seeseite) der Kirche, Gästebereiche bzw. andere Bau- und Nutzungsmöglichkeiten bis zur Ausweisung eines Klosterfriedhofs auf der dann je gegenüberliegenden Seite.

Fragen der Belichtung und Besonnung, des Lärmschutzes, Probleme von Abstandsflächen, auch das Wissen um historische Lösungen von Klosteranlagen seit dem Ideenplan von St. Gallen aus dem 9. Jahrhundert, vor allem die Unwägbarkeiten möglicher Entwicklungen des Straßenraumes im Norden führten schließlich zur Entscheidung: das neue Kloster entsteht im Süden der Kirche und dies im direkten Verbund mit ihr.

Der Masterplan wurde von den zuständigen Behörden im Mai 2006 genehmigt. Jetzt war die Grundlage für die Planung des neuen Klosters gegeben.

Das Raumprogramm

▶ Pforte

▶ Kapitelsaal

▶ Refektorium

▶ Oratorium

▶ Kukullenraum

▶ Rekreation

▶ Bibliothek

▶ Küche

▶ 10 Zellen

▶ Infirmerie

▶ 2 Sprechzimmer

▶ 4 Büros

▶ Gästediwan

▶ Gäste- und Pilgerraum

▶ Shelter

▶ Wäscherei

Ein Kloster

Ein Kloster zu bauen, ist nicht Alltag. Natürlich gilt es, wie bei allen Bauvorhaben, Funktionen zu erfüllen, die Regeln der Baukunst einzuhalten und so zu bauen, dass sich alle in der neuen Behausung wohl fühlen können.

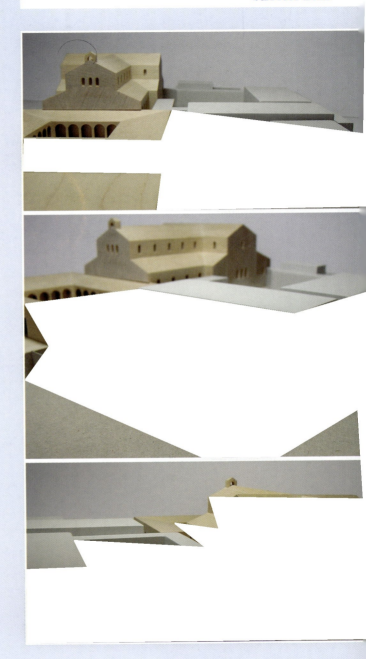

Kloster 2012

Kloster 2012

Wir als die beauftragten Architekten bekamen am Anfang zu den Raum- und Funktionsprogrammen auch eine Ordensregel und eine Einführung in den Geist der Regeln eines Hl. Basilius, eines Hl. Augustinus und die des Hl. Benedikt mit auf den Weg. Wir alle kennen die großen Architekturen mittelalterlicher Klöster, die immer Lebenshaltungen zur Voraussetzung des Bauens hatten. Wir alle freuen uns über die Erfahrung, mit denen eine gebaute Ordnung, die gebaute Stille, die gebaute Strenge und Askese uns beim Besuch eines Benediktiner- oder Zisterzienserklosters überraschen.

Die Nachdenklichkeit über den Geist solcher Regeln führte uns als Architekten zu dem Anliegen, die Gestalt der Gebäude dem Rang ihrer Funktion entsprechend zu formen.

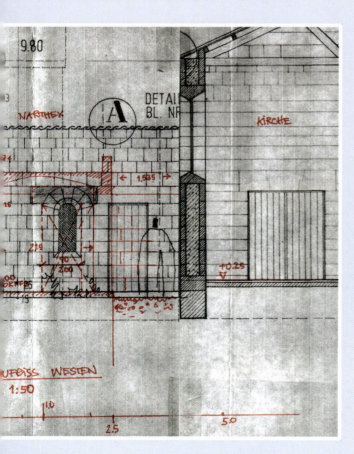

Vorplanung der Anschlusshöhen zwischen der Kirche und dem neuen Kreuzgang (in Rot).

Kloster 2012

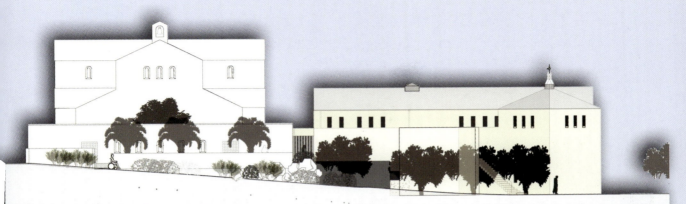

Schnittansicht des neuen Klosters von Westen (quasi vom Kirchenvorplatz): Rechts das Türmchen des Oratoriums mit seiner Krone.

Schnittansicht des neuen Klosters von Süden (aus Gartensicht): Links Werkstatt und Shelter, das Oratorium, das Refektorium, die Zellen, ganz rechts das Kapitelshaus.

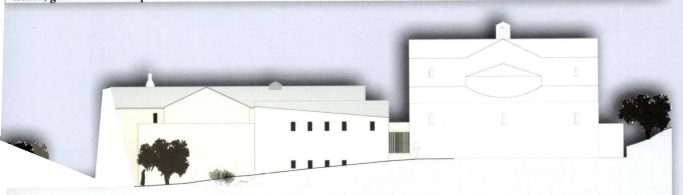

Schnittansicht des neuen Klosters von Osten: In der Mitte das Kapitelshaus.

Grundriss des neuen Klosters. (Obere Etage, Niveau der Kirchen)

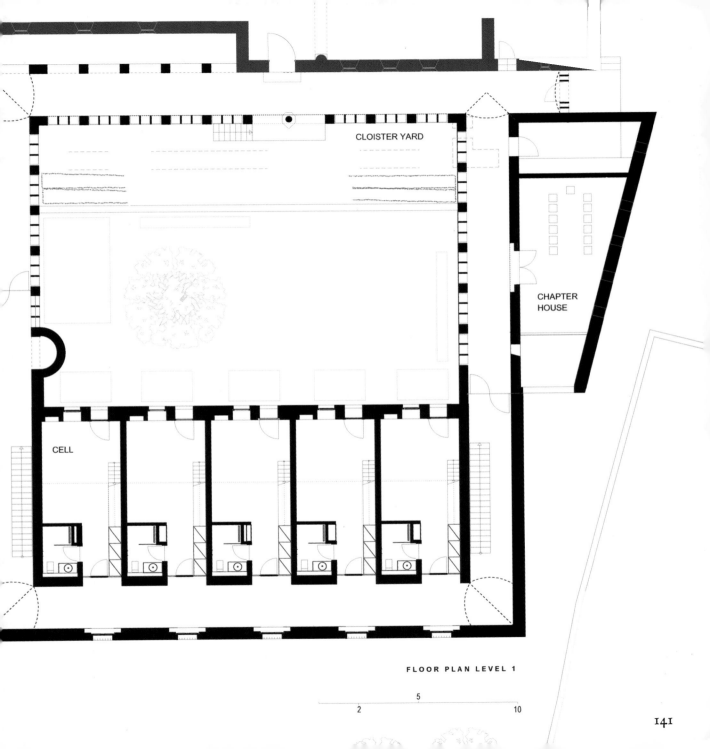

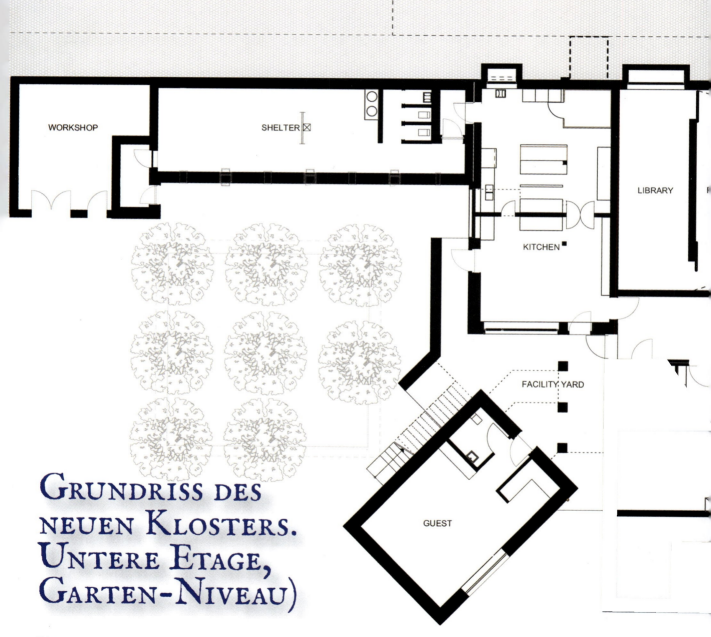

Grundriss des neuen Klosters. Untere Etage, Garten-Niveau)

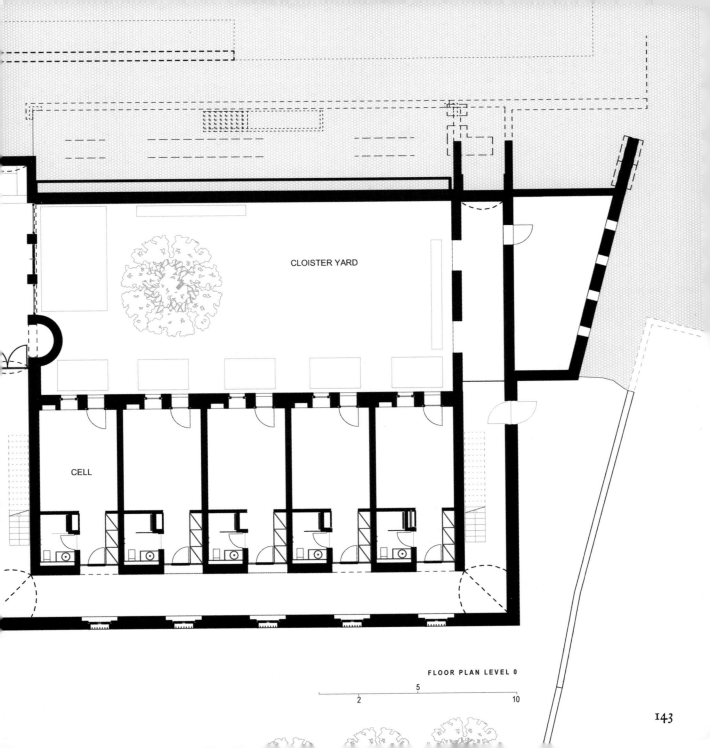

Kloster 2012

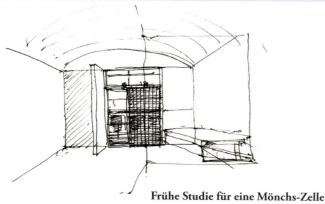

Frühe Studie für eine Mönchs-Zelle

Östliches Treppenhaus

Der Kreuzgang, die Zellen

Der alles erschließende und umschließende Kreuzgang, in Tabgha ein Quadrum von ca 26 x 26 Metern, lädt im Rhythmus seiner Arkaden und im fortlaufenden Muster der Natursteinböden zum Stille-Werden ein, zur schreitenden Meditation bis hin zum vertiefenden Lesen in halboffenen Räumen. Der Kreuzgang in Tabgha umgreift die zehn Mönchzellen im Süden – ungewohnt – und nimmt sie ins Innere, dem Klosterhof zugewandt. Die Zellen sind dadurch nach Norden, zur Kirche, ausgerichtet und so von direkter Besonnung geschützt, abgeschirmt vom Trubel der Begegnungsstätte mit dem Haus Noah südlich des Klosters.

Fünf Mönchzellen liegen im Gartengeschoss, sind ausgestattet mit einer Nasszelle, Einbauschränken und einer kleinen, individuellen Terrasse vor der Zelle. Fünf Zellen liegen auf der Erdgeschossebene, das ist die Ebene des Atriums und der Kirche. Auch sie verfügen über einen kleinen Austritt zum Innenhof und haben zusätzlich unter Ausnutzung der Satteldachhöhe eine zweite Wohnebene mit interner Treppenverbindung. Eine Zelle als Krankenstation vervollständigt das Wohnprogramm.

Kloster 2012

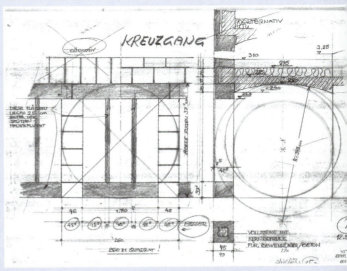

Östliches Tre...

Skizzen und Studien zur Gestaltung des Kreuzgangs (oben & unten).

Computer-Visualisierung einer Mönchs-Zelle.

145

Kloster 2012

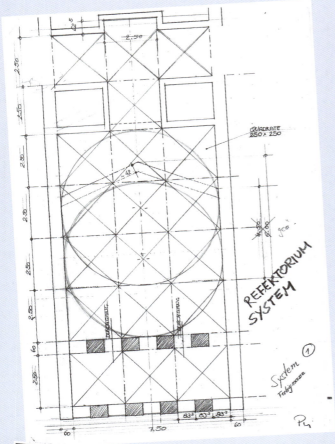

Das Refektorium

Im Westen am Kreuzgang das Refektorium, der Speisesaal der Mönche. Der lapidare Satz in der Ordensregel „Beim Tisch der Brüder darf die Lesung nie fehlen ..." (Kap.38.1) zeigt, wie das Essen selbst zu einem Sinnbild geistiger Vorgänge wird. Man hat es früh auch schon mit dem sakralen Geschehen beim Abendmahl verglichen. In der Hierarchie der einzelnen Klostergebäude wird dem Refektorium deshalb oft der dritte Platz nach der Kirche und dem Kapitelsaal zugewiesen.

Das neue Refektorium in Tabgha ist ein hoher Rechteckraum, die Längswände geben den Tischen und Bänken Rückendeckung, die Südseite öffnet sich zum See. Ein kreuzförmiger Vorraum mit dem Lavabo, Erinnerung an die historischen Wasch-Brunnen, stimmt in die Raumsituation ein. Überspannt ist das Ganze mit einer eng gerippten Betondecke, die den Raum nach oben auflöst. Längswände und Betonrippen liegen tangential an einer virtuell eingestellten Tonne von 7,50 Meter Durchmesser über einer Grundfläche aus 3 x 4 Quadraten, je 2,50 x 2,50 m groß. Diese Grundfläche entspricht der Größe der Vierung in der Brotvermehrungskirche.

Skizzen und Fotos zum System und zur Aufteilung des Refektorium und zur Rippendecke.

Kloster 2012

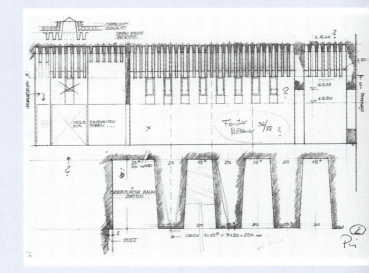

Kloster 2012

Der Kapitelsaal

Gegenüber, an der Ostseite des Kreuzgangs, liegt der Kapitelsaal. Er trägt seinen Namen nach den Kapiteln der Regel, die dort verlesen wurden. Ein Raum, der in der Geschichte des Bauens nach Aufwand und Ausstattung zwischen profaner und sakraler Baukunst steht.

Die Grundstücksituation in Tabgha führte zu einem trapezförmigen Kapitelsaal, der sich mit seiner Außenwand und seiner Ausrichtung zum See hin erhöht und gleichzeitig verjüngt. Wie durch ein Objektiv fokussiert er das Licht in einem bestimmten Ausschnitt der Landschaft. Zusammen mit der Kargheit der von den Schalbrettern strukturierten Wände und Decken lässt der Raum eine sehr strenge, introvertierte Raumsituation erwarten.

Beginn der Arbeiten am Kapitelshaus zur Jahreswende 2011/12 und Blick durch das Modell in Richtung See. Die Doppeltür am rechten Rand Modells entspricht der großen Öffnung in der oberen Etage beim unteren Foto.

Kloster 2012

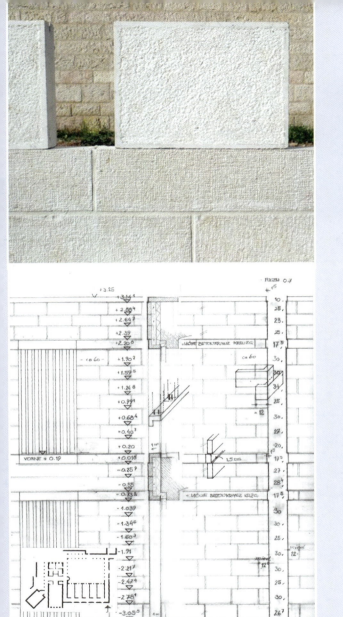

Links: Bemusterung der Wandverkleidung und Aufbau und System der Wandverkleidung.

Oben: Bemusterung der gestockten Betonflächen und Ausführung der Stockarbeiten an der Decke des Kreuzgangs.

Kloster 2012

Die Entwürfe von Prof. Johannes Schreiter für die zwölf Fenster des Oratoriums.

Skizzen und Details der Dachbekrönung des Oratoriums.

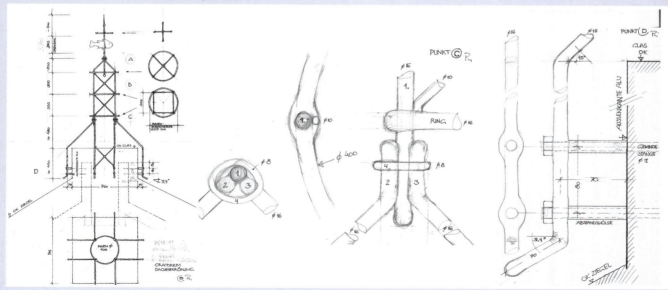

Das Oratorium

Im Westen, eigentlich vor dem streng um das Quadrum angelegten Klosterbau, stellt sich ein Baukörper quer, irritiert. Es handelt sich um das Oratorium, ein Gebetsraum vorwiegend für das Stundengebet der Mönche, zugänglich auch für Gäste. Die um 45° vom Quadrum abgedrehte Ausrichtung erinnert an die Bauten aus 1952-1954, die sich zu beiden Seiten des Kirchbaugeländes wie mit ausgespannten Armen in die Landschaft streckten. Das heutige Oratorium markiert als punktförmiges Gebäude die südwestliche Ecke dieser Vorgänger und schließt, fast turmartig, mit seiner Bekrönung und dem „Wetterfisch" die gesamte neue Bauanlage im Westen.

Das Zeltdach des Oratoriums beherbergt im Zentrum den Altar und birgt an den vier Seiten je drei Fenster, zwölf fast kristalline Kleinode – Scheiben des Glaskünstlers Johannes Schreiter aus Langen in Hessen, Deutschland.

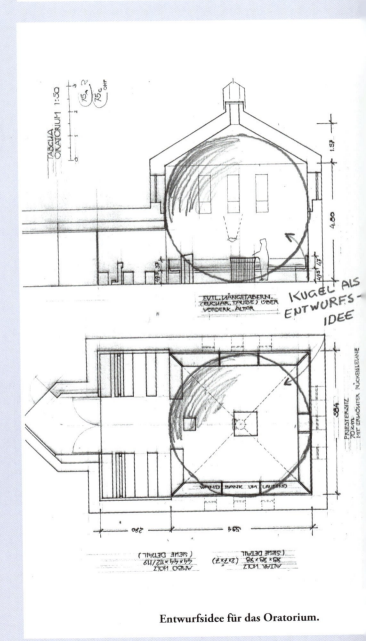

Entwurfsidee für das Oratorium.

Kloster 2012

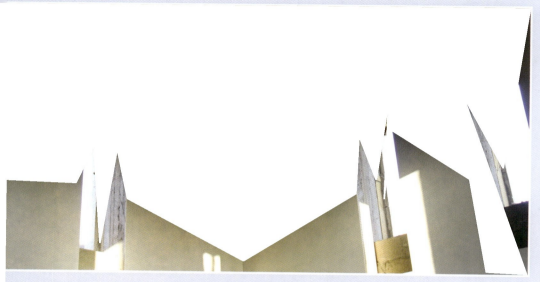

Im Herzen des neuen Klosters: Visualisierungen des Oratoriums und Fotos vom Rohbau.

Die Architekten:
Alois Peitz und
Hubertus Hillinger

Kloster 2012

Kloster 2012

Die Erschliessung des Klosters

Der Gesamtkomplex des neuen Klosters ist erschlossen vom bestehenden Atrium, dem halboffenen Vorhof der Brotvermehrungskirche. Hier liegen die Pforte mit dem Empfang und ein Diwan zur Begrüßung und Einführung von Pilgern und Gästen. Der Besucher betritt dann eine Wandelhalle, die zu Besprechungsräumen und Büros, zur eigentlichen Klausurtür des Klosters und zum Oratorium führt.

Mit dem Wanddurchbruch aus dem Atrium in diese Wandelhalle und mit einem Türdurchbruch vom neuen Kreuzgang in das südliche Querhaus der Kirche seit dem Silvestertag 2011 verknüpft sich das Neue Kloster wie durch zwei Nabelschnüre mit der seit 1982 bestehenden Anlage. Die Kirche ist jetzt nicht mehr nur die Pilgerkirche, sie ist auch Klosterkirche geworden.

Idee: Atrium (Kirche im Hintergrund) und Refektorium (rechts).

Idee: Innenhof Refektorium/Bibliothek.

Kloster 2012

Idee: Innenhof Variante V – Richtung Beit Noah.

Das Oratorium liegt in der Achse des abgerissenen Gästehauses. Eine Treppe aus der Gartenrichtung erschließt den halböffentlichen Bereich des neuen Klosters.

Kloster 2012

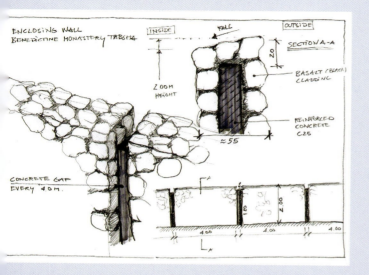

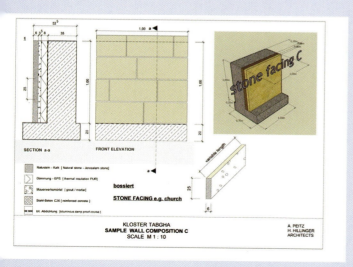

Erdbebensicher und Nachhaltig

Zwei besondere Herausforderungen an Architekten und Ingenieure.

Die geologisch-tektonische Situation am See Gennesaret ist alles andere als ein ideales Baugebiet. Der Jordangraben stellt die Fortsetzung des so genannten Afrikanischen Grabenbruchs dar, der sich von Ostafrika nach Südwestasien erstreckt und durch die Spaltung der arabischen Platte von der afrikanischen Platte während der letzten 35 Millionen Jahre entstanden ist. Und die durch das Baugelände fließenden Wasser der Jordanquellen sind ein weiteres Problem. Bodengutachter und vor allem die Kölner Statiker wählten nicht die gewohnten Einzel- oder Streifenfundamente, sondern legten Wert auf eine durchgehende tragende Platte als Grund. Zunächst wurde der Boden teilweise etwa 1,50 m tief ausgewechselt, verdichtet und darauf eine etwa 45 cm starke, hoch bewehrte Stahlbetonplatte eingebracht, auf der die einzelnen Gebäude stehen. Diese wiederum sind ein Verbundsystem aus Stahlbetonscheiben, -Wänden und betonierten Dachschrägen. Ein Gebilde, das als ein zusammenhängendes, in sich ausgesteiftes System zu verstehen ist. Zusätzlich stützen, entlang der Kirche und im Süd-Ost-Bereich, bis in Fels reichende Stahlbetonbohrpfähle dieses Gebilde.

Die Nachhaltigkeit des Bauvorgangs und der fertigen Bauanlage war den Architekten von Anfang an ein besonderes Anliegen. Der Bauherr trug und trägt dieses Anliegen mit und war sich dabei des erhöhten Kostenaufwandes für die Erstellung der Klosteranlage bewusst. Nachhaltigkeit versteht sich hier als eine nach allen Seiten hoch gedämmte und bauphysikalisch abgestimmte Bauanlage (siehe Wanddetail), um so trotz extremer Hitzezeiten (bis 45°), trotz intensiver Schwankungen zwischen Tag–Nacht, Sommer–Winter, zwischen trocken–feucht Räume zu bieten, die von Beständigkeit und Ausgeglichenheit ihrer Atmosphäre geprägt sind. Diese Art der Klimatisierung, Kühlung und Beheizung der Klosterräume wird sich auch im Betrieb kostensenkend auswirken.

Zur Nachhaltigkeit gehört auch die Wahl der Materialien und Techniken, die Störungen gut verkraften und sich ohne großen Aufwand an Wartung, Reparatur und Erneuerungen im Gleichgewicht halten.

Skizzen und Pläne zu Aufbau und Verkleidung der Wände.

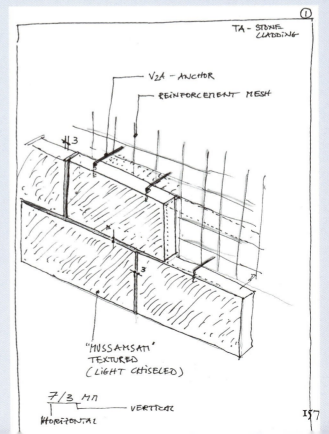

Kloster 2012

Geschlossen – Offen

Das Oratorium wird durch seine Lage und Anbindung zu einem Dreh- und Angelpunkt für Mönche des Klosters, für Gäste der Abtei, für die Besucher von Dalmanuta am See, für Bewohner des Pilgerhauses. Die Differenzierung der Bauteile hier im Westen mit der Außentreppe entlang des Gastraumes unter dem Oratorium, mit dem Offenen Diwan und der Wandelhalle, mit dem kleinen Olivenhain davor – das alles steht in räumlicher Spannung zur Geschlossenheit des eigentlichen Klosters und kann auch als offenes Angebot an die Gäste der Benediktiner gelesen werden.

Die Bekrönung des Oratoriums mit dem in den Winden sich drehenden Fisch – auch ein Blickfang und Hinweis für das, was hier zwischen dem 27. Februar 2007, dem Tag der Grundsteinsegnung, und dem 17. Mai 2012, dem Tag der Einweihung, dank der Ideen- und Schaffenskraft Vieler und mit Gottes Segen entstanden ist.

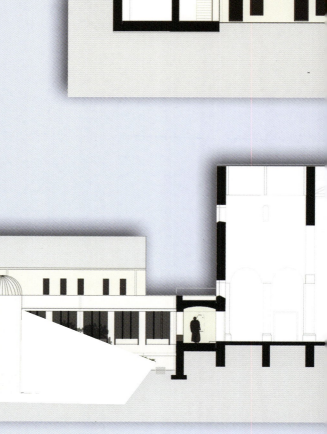

Kloster 2012

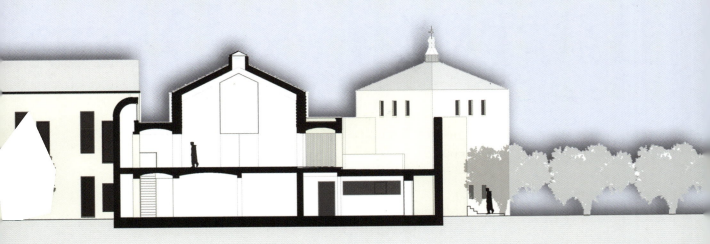

Schnitt durch das neue Kloster aus Blickrichtung der Kirche: links der östliche Kreuzgang, in der Mitte der Südflügel mit den Zellen, davor der Hof, anschließen der Westflügel mit Kreuzgang und Refektorium (oben) und Rekreation/Bibliothek sowie Küche (unten), rechts das Oratorium.

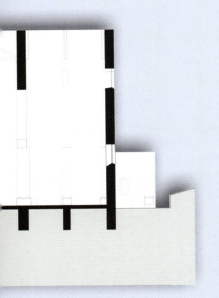

Schnitt durch das neue Kloster aus östlicher Blickrichtung: Links und im Hintergrund der Westflügel und das Oratorium, geöffnet der Blick in die zweigeschossigen Zellen der oberen und die einfachen Zellen der unteren Etage, davor der Innenhof mit den Fenstern der Rekreation (unten) und dem Kreuzgang (oben), rechts – mit dem nördlichen Kreuzgangflügel davor – die Brotvermehrungskirche.

Kloster 2012

BAUTAFEL & DATEN

Bauherr
Deutscher Verein vom Heiligen Lande
Steinfelder Gasse 17
D-50670 Köln
Telefon +49 221 13 53 78

Nutznießer
Dormition Abbey/Priorat Tabgha
Abt Gregory Collins OSB
P.O.B. 52 - 14100 Tiberias - Israel
Telefon +972 4 6678 100

Vertretung des Bauherrn vor Ort
German Association of the Holy Land
Bernd Mussinghoff
P.O.B. 19070 (Nablus Rd 2)
Jerusalem 91190 – Israel

Die planenden Architekten
Arbeitsgemeinschaft Peitz/Hillinger/Hoffman-Hillinger
Saarstraße 58
D-54290 Trier
Telefon +49 651 14 08 35

Bauleitender Architekt
Samir Saad
P.O.B. 2500
Nazaret 16124 Israel
Telefon +972 4 6565530

Statiker
Schwab-Lemke GmbH
Gröppersgasse 1
D-51107 Köln
Telefon +49 221 49 44 22

Prüfingenieur
Haj Engineering Services Ltd.
P.O.Box 50614
Nazaret 16164 - Israel
Telefon +972 4 6574250

Technische Gebäudeausrüstung
PEC Emmerich
Scheidener Straße 20
D-54214 Greimerath
Telefon +49 6587 99 11 40

Elektroplanung
Eng. Anan Bathish
Paul VI-St. 67 P.O. Box 50141
Nazaret 16224, Israel
Telfon +972 4 646 1563

Bauphysik
von Rekowski & Partner
Sommergasse 3
D-69469 Weinheim
Telefon +49 6201 5958 0

Kloster 2012

Bodengutachter
Dr. Basem Hazzan
P.O.B. 308
Acre 24305 - Israel
Telefon +972 4 99 17 694

Eng. Souheil M. Saba
P.O.B. 2061, Main St.
Nazaret – Israel
Telefon +972 4 645 24 18

Kunstverglasung Oratorium
Prof. Johannes Schreiter
Langen

Lavaboschale Eingang
Prof. Jo Achermann
Berlin

Modellbau
2enbloc
Martin Lebenstedt
Matthiasstr. 21
54290 Trier
Telefon +49 651 4632248

Grundsteinsegnung
27. Februar 2007

Erster Spatenstich
27. Mai 2009

Richtfest
13. Oktober 2011

Einweihung
17. Mai 2012

Nutzfläche
1.875 qm

Umbauter Raum
7.780 cbm

27. Mai 2009: Erster Spatenstich

23. Juni 2009: Abriss des alten Gästehauses

1. Februar 2010: Arbeiten am Kreuzgang

23. Dezember 2010: Zellentrakt/Südflügel

28. März 2011: Dach des Zellentraktes

25. Mai 2011: Bodenplatte des Westflügels

10. Oktober 2011: Der „Wetterfisch"

13. Oktober 2011: Westflügel mit Oratorium

13. Oktober 2011: Richtfest

30. Dezember 2011: **Türsturz der Klosterkirchentür**

14. Dezember 2011: Erste Fenster und Türen

183

9./10. Februar 2012: Grundstein

2. März 2012: Fußbodenarbeiten

Kloster 2012

„Wir sind glücklich mit diesem Bauwerk."

Von
Basilius Schiel OSB
Dormitio-Abtei

Tabgha ist ein Ort, dem sich viele Menschen verbunden fühlen. Sehr viele. Dazu gehören natürlich wir Mönche und die Schwestern, die wir dauerhaft in Tabgha leben, auch außerhalb der Öffnungszeiten und der Hauptpilgerzeiten, auch wenn es regnet oder wenn Krieg ist. – Die Passagen aus den Erinnerungen von Pater Hieronymus, die wir in dieser Festschrift dokumentieren, sind ein beredtes Zeugnis dafür, was es bedeutet, ein Leben mit Tabgha zu verbinden.

Dann gibt es freilich die vielen Gäste, die einmal im Kloster, im Pilgerhaus oder auf der Begegnungsstätte waren, und die immer wieder gerne zurückkommen. Für Pilger, auch für die, die wiederholt ins Heilige Land kommen, ist Tabgha ein fester Bestandteil ihres Programms. Zu ihnen gehören auch die Mitglieder des Deutschen Vereines vom Heiligen Lande und all jene, die durch ihre Solidarität Tabgha möglich machen, dadurch, dass sie ihre Gebete und ihre Gaben mit Tabgha teilen.

Und ich denke natürlich besonders auch an unsere Volontäre, die uns auf der Begegnungsstätte und im Kloster, im Garten, im Laden und in der Verwaltung so tatkräftig unter die Arme greifen. Auch für sie ist die

Kloster 2012

Aus der Zeit des Kirchbaus: „Abuna Jêrome" (=Pater Hieronymus, links) mit den Bauleuten. In der Mitte, der Große mit der hellen Schirmmütze: Khalil Dowery. Neben ihm, der junge Ghassan, der auch auf der Klosterneubaustelle arbeitet.

Kloster 2012

Zeit, die sie in Tabgha verbracht haben, oft eine wichtige Zeit ihres Lebens. Gleich, ob sie direkt nach ihrer Schulzeit noch als junge Frauen und Männer zu uns kommen, oder schon in reiferen Lebensstadien, um eine Auszeit in Tabgha zu verbringen, einmal etwas anderes zu machen.

Eine Gruppe von Menschen gilt es dann noch zu erwähnen, ohne die Tabgha gewiss nicht das wäre, was es für so viele von uns ist. Ohne diese Menschen wären viele Seiten dieses Buch leer, so leer und unstrukturiert wie auch Tabgha ohne sie wäre. – Ich rede von den Handwerkern, die mit ihrer Hände Arbeit Tabgha aufgebaut haben und weiterhin aufbauen, wie wir es mit unserem benediktinischen Leben und Dienst auf andere Weise tun. Ich denke an Architekten und Ingenieure, vor allem aber an die zumeist Männer, die mit Steinen und Holz, mit Beton und Stahl, mit Glas und mit ihrem Herzen an Tabgha weiterbauen. Ihnen allen sind diese Zeilen gewidmet!

Namentlich sei unter ihnen Khalil Dowery aus Nazaret genannt, der inzwischen so sehr mit Tabgha verbunden ist, dass er von sich selbst sagt, dass es ihn auch dann hierherzieht, wenn er mal keine kleine oder große Baustelle in Tabgha hat.

Angefangen hat seine Geschichte mit Tabgha zumindest indirekt über seinen Onkel Na'aman, der Bauunternehmer war, ebenso wie sein Bruder und wie dann in der nächsten Generation dessen Sohn Khalil und in der darauffolgenden Generation dessen Sohn Shadi. Khalil Dowerys Onkel nämlich ist der Erbauer des alten

Kloster 2012

„Neuen Klosters" und des Gästehauses (1954-56), das wir vor drei Jahren abgerissen haben, um Platz für das neue „Neue Kloster" zu schaffen, das nun wiederum Khalil und Shadi Dowery bauen.

Khalil selbst hatte sein erstes kleines Bauprojekt in Tabgha im Jahr 1979: Als Subunternehmer für seinen Onkel hat er die Toilette für die Pilger am Parkplatz gebaut (und auch die hat er inzwischen selbst schon mindestens einmal wieder grundsaniert). Als es sich dann immer mehr verdichtete, dass die Brotvermehrungskirche in Tabgha neu gebaut werden solle, habe sein Onkel zu ihm gesagt: „Ich hoffe, dass Du die Kirche baust!" – Für den damals erst 27jährigen aber hat sich das wie ein großer Traum angehört, und seine Firma schien zu klein für ein solch ambitioniertes Projekt zu sein.

Dennoch lagen dann im November 1979 die Ausschreibungsunterlagen vor Khalil und seinem Onkel: Zehn Pläne und zwei Seiten „Bill of Quantities", eine Liste aller zu erbringenden Leistungen im Laufe eines solchen Bauprojektes. – Als Vergleich: Beim neuen Kloster waren es dann 50 Pläne und 211 Seiten Bill of Quantities, den eigentlichen Vertrag noch gar nicht mitgezählt. – Unter Mithilfe seines Onkels hat Khalil schließlich auf Basis dieser Unterlagen ein Angebot erstellt und dieses als einer von drei Anbietern bei Pater Hieronymus bzw. beim Deutschen Verein eingereicht.

Als Pater Hieronymus Mitte Dezember 1979 die Dowerys in Nazaret besucht, gilt es noch, kleine Restfragen zu klären. Was es kosten wird, die aus dem Steinbruch fertig gelieferten Säulen und Halbsäulen in der

Kloster 2012

wird dem jungen Bauunternehmer auch durch den Neid anderer, die nicht mit dem Bau betraut sind, getrübt. Denn eines Morgens, als er nachmisst, muss Khalil feststellen, dass das Schnurgerüst, mit dem die Mauern in Richtung und Maß gehalten werden sollen, verschoben ist: Die Abstände der neuen Kirche zum Kloster- und zum Wirtschaftsgebäude links und rechts sind verändert. Ein nächtlicher Akt der Sabotage, der gravierende Folgen hätte haben können.

Doch die Kirche blieb in ihrer Richtung, ihre Mauern sind gewachsen und bergen eines der wunderbarsten und bekanntesten Heiligtümer des Heiligen Landes.

Kirche aufzustellen, fragt Pater Hieronymus die drei Unternehmer, die die neue Kirche bauen wollen. Khalil erzählt, er habe sich für einen „zero prize" entschieden.

Am 20. Dezember um 10 Uhr morgens bekommt er dann den Anruf aus Tabgha: „Ihr baut die Kirche!" – In der folgenden Nacht wird Khalils erste Tochter, Sahar, geboren. Ein neuer Abschnitt im Leben einer Familie in Nazaret und im Leben der Mönche in Tabgha hat begonnen. Sahar wie ihr Bruder Shadi, der während der Bauzeit zur Welt kommt, sind die beiden ersten Kinder, die in der Brotvermehrungskirche getauft werden. Doch dazu später mehr.

Zunächst aber beginnt der harte Baustellen-Alltag. Und die Freude, diese neue Kirche bauen zu können,

Kloster 2012

Am 23. Mai 1982, einem Sonntag, sind Kardinal Josef Höffner und mit ihm etliche Gäste aus dem Heiligen Land und aus Deutschland in Tabgha versammelt, um die neue Brotvermehrungskirche feierlich einzuweihen. Einer der letzten Akte des Bauens bleibt denn auch dem Kardinal vorbehalten: Das Schließen des Altares, nachdem er die Reliquien eingesetzt hat.

Khalil Dowery und seine Arbeiter jedenfalls bleiben Tabgha treu. Nach der Kirche haben sie etliche kleine und größere Bau-Projekte durchgeführt, darunter auch den Kirchenvorplatz. Später das Beit Magadan; die Renovierung der „Laura" (des alten Wächterhäuschens aus der Zeit der Ausgrabungen); die Renovierung der „Alten Farm", die heute den philippinischen Schwestern als Kloster dient; die Sanierung des Beit Benedikt; das Toilettenhaus auf dem Zeltplatz und schließlich auch die Rundumerneuerung des Beit Noah in den Jahren 2002 bis 2004 und die Neugestaltung von Dalmanuta (2008/09).

Er ist dem Ort verbunden, das braucht er nicht eigens zu betonen. Und das hängt vielleicht auch damit zusammen, dass er seine Familiengeschichte irgendwie mit Tabgha schreiben kann. Zum Beispiel, wenn er an den Tauftag seiner beiden Kinder denkt. Zwar war bekannt, dass Pater Bargil ein antikes Taufbecken als Leihgabe für die Brotvermehrungskirche bekommen sollte. Doch wann, wo und unter welchen Umständen es aufgestellt werden könnte, war keineswegs sicher. Also ergriff Khalil seinerseits die Initiative und hat zusammen mit einem der Steinmetzen aus einem der Steinblöcke, wie sie auch für die Kapitelle auf den Säulen in der Kirche benutzt wurden, jenes Taufbecken gemeißelt, in

dem schließlich seine beiden Kinder am 8. August 1982 getauft wurden und in das sich bis heute Tag um Tag die Hände unzähliger Pilger welcher Konfession auch immer hinabstrecken, um sich im Gedenken an die eigene Taufe mit dem heiligen Wasser zu bezeichnen.

Nun sitze ich zusammen mit Pater Jeremias bei Khalil und Shadi Dowery im „Baucontainer", und die beiden erzählen von den verschiedenen Erfahrungen ihrer Familie und ihrer Firma mit Bauprojekten in Tabgha. Khalil selbst sitzt an seinem Schreibtisch, der an das Kopfende des Besprechungstisches anschließt, auf dem nun auch schon so ziemlich alle Pläne und Tabellen für das neue Kloster lagen und von Architekten, Ingenieuren und Handwerkern, von Mönchen und Vertretern des Deutschen Vereins besprochen und diskutiert wurden. Bevor ein paar Meter wei-

Kloster 2012

ter Richtung Osten auf der Baustelle der nächste größere Schritt getan wird, ist er an diesem Tisch vorbesprochen worden. Auch in der Zeit, in der wir hier sitzen, klingelt immer wieder ein Handy und Khalil gibt Auskunft, mehrmals kommt einer der verschiedenen Handwerker und fragt nach. Bei Khalil laufen die Fäden zusammen.

Dabei ist er lieber draußen im Bau selbst als hier, in seinem Container. Meistens ist er auch dort anzutreffen, oft legt er selbst mit Hand an. „Other contractors don't work like Khalil", sagt er zu mir und ich ahne, dass er Recht hat: Andere Bauunternehmer arbeiten nicht so wie Khalil. Wenn ich an die verschiedenen Probleme und Fragen denke, die im Laufe der Bauzeit nach dem feierlichen Spatenstich am 27. Mai 2009 aufgetaucht sind: die statischen Fragen der Stützen zu Kirche und Atrium hin, der Wassereinbruch in der südöstlichen Ecke der Baugrube, die monatelangen Verhandlungen mit der israelischen Wassergesellschaft Mekorot und die damit verbundene Baupause; und wenn ich gleichzeitig an die Liebe denke, mit der Khalil und seine Männer bis ins Detail den Bau ausführen und begleiten, mit welcher Freude sie hier bei größter Hitze im Sommer und bei strömendem Regen in diesem Winter gearbeitet haben; wenn ich so manche Wand- und Deckenfläche sehe, nachdem sie ausgeschalt ist, und um die es eigentlich schade ist, wenn sie verputzt oder verkleidet werden wird; wenn ich auf diese Jahre der Baustelle in Tabgha zurückschaue und ihr Echo von so vielen, die sie besucht und gesehen habe, höre… Dann bin ich mir zusammen mit meinen Brüdern ziemlich sicher: Other contractors don't work like Khalil.

Pater Jeremias mit den St…

Kloster 2012

Die Erklärung, warum das so ist, gibt er selbst, und zugleich sieht man es ihm und seinen Männern auch an: Diese Baustelle ist für sie eine besondere Baustelle. Auch wenn die Mauern beim Kloster dicker sind als die Mauern eines gewöhnlichen Familienhauses, auch wenn es in Privathäusern eher selten eine leicht gewölbte Decke gibt, wie sie in unserem Kreuzgang nun umgesetzt ist, unsere Bauleute können voller Stolz sagen, dass es *ihr* Haus ist. Trotz aller Probleme und kleinerer Krisen, die auf keinem Bau ausbleiben und von denen Khalil durchaus einiges zu erzählen hat, bleibt Khalils Fazit eindeutig: „We are happy with this building! It's a good work!" – Wir sind glücklich mit diesem Bauwerk. Es ist eine gute Arbeit! – Dem wollen wir nichts hinzufügen.

Wie oft wir in diesen Jahren des Bauens den schon so viel gebrauchten Spruch bemüht haben, OSB bedeute „Oh, sie bauen (wieder)" (anstatt Ordo Sancti Benedicti), weiß ich nicht. Aber tatsächlich sind es ja gar nicht wir Mönche selbst, die bauen, sondern eben Khalil, seine eigenen Leute und die Subunternehmer, die Steinarbeiter und die Schreiner, die Elektro- und Sanitärinstallateure, die Dachdecker und die Maler usw. usf. Blickt man aber auf ein Bauprojekt wie das neue Kloster in Tabgha – und so manches davor – dann wird man aber auch mit Fug und Recht den ebenso häufig in den letzten Jahren bedachten Psalmvers zitieren wollen: „Baut nicht der Herr das Haus…"

Viele „bauen" auf ihre Weise an Tabgha mit. Und wir als Benediktinemönche sind dankbar, dass auch wir

Shadi Dowery

Kloster 2012

Khalil Dowery

daran „mitbauen" dürfen. Doch im Letzten liegt alles in der Hand des Weltenplaners. Sein Segen lag offenbar über dieser Baustelle, größere Verletzungen und Unfälle gab es keine zu beklagen, das Ergebnis erfreut Herz und Seele.

So hat der Herr selbst weitergebaut an Tabgha. Und dank der Spenden und der Gebete so Vieler konnten Khalil und seine Männer ihre Hände, ihre Kraft und ihr Einfühlungsvermögen dem großen Baumeister zur Verfügung stellen.

In diesem Sinne und Vertrauen sind auch wir als benediktinische Gemeinschaft vom Berg Zion und von Tabgha gerne bereit, mit unseren Handwerkern, unseren Volontären und Gästen, den Pilgern und Touristen, mit dem Deutschen Verein vom Heiligen Lande und der Ortskirche von Jerusalem unter der Führung Gottes an Tabgha weiterzubauen!

Mit Pater Hieronymus durch die Geschichte von Tabgha

Teil V: Über meine Mitbrüder und Äbte

Die Dormitio war seit der Ankunft der ersten Mönche im Jahre 1906 stets eine kleine international zusammengesetzte Kommunität. Dies rührt daher, dass wir unsere Mitbrüder und den Nachwuchs aus Europa holen mussten. Eine kleine Abtei, und trotzdem hatte ich stets Äbte und Mitbrüder mit großen Namen, die anderen Kongregationen in nichts nachstehen. – Ich möchte in diesem Kapitel jedoch nur jene Mitbrüder herausgreifen, die in der Geschichte Tabghas eine Rolle spielen.

Mit Pater Hieronymus durch die Geschichte von Tabgha

Abt Maurus Kaufmann

Da ist zuerst Abt Maurus Kaufmann zu nennen. Ihm habe ich es insbesondere zu danken, dass er 1931 meinen lieben Mitbruder Eduard in Deutschland angeworben hat, nach Jerusalem zu kommen. Bruder Eduard hat später 20 Jahre mit mir zusammen in Tabgha gelebt.

1939, als in Europa der Zweite Weltkrieg ausbrach, war es Abt Maurus Kaufmann, dem von der apostolischen Delegatur in Jerusalem ein wichtiges Schreiben überreicht wurde. Es war jene Depesche, die der DVHL wegen des Kriegsausbruchs nur noch über den Vatikan in Rom ins Heilige Land schicken konnte. Das Telegramm enthielt die Bitte an den Abt der Dormitio, wegen der Internierung aller deutschen Ordensangehörigen Mönche mit nicht deutscher Staatsangehörigkeit nach Tabgha zu schicken, um die Verwaltung des Besitzes des DVHL während des Krieges zu übernehmen. So ist der Name Maurus Kaufmann wesentlich mit dem Beginn der Geschichte der Benediktiner in Tabgha verbunden.

Abt Leo von Rudloff

Sein Nachfolger war Abt Leo von Rudloff. Leo von Rudloff kommt aus der Abtei St. Josef in Gerleve. Sein Weg ins Heilige Land führte ihn über Amerika. Schon vor Ausbruch des Zweiten Weltkrieges schickte die Beuroner Kongregation zwei Mönche aus Gerleve in die Vereinigten Staaten. Sie sollten eine „Zufluchtsstätte" für deutsche Klöster ausfindig machen, da man befürchtete, die Nazis würden die deutschen Ordensniederlassungen auflösen.

1948 wurde Leo von Rudloff in weiser Entscheidung vom Abt Primas zum Abtadministrator in die Dormitio gesandt. Leo von Rudloff hatte nämlich zwischenzeitlich die amerikanische Staats-bürgerschaft erlangt. Dies erwies sich gerade in den Zeiten des Umbruchs und während der Phase der Gründung des Staates Israel als Glücksfall. Als Abt eines deutschen Klosters mit amerikanischem Pass war er insbesondere bei der Klärung der Besitzfragen des Deutschen Vereins ein angemessener und von den israelischen Behörden akzeptierter Verhandlungspartner.

Nur er konnte es sich leisten, das Hospiz nach der Rückgabe durch die Engländer im Jahre 1948 vor dem Zugriff durch die Israelis zu retten, indem er es einfach besetzte. Als wir ihm mitteilen mussten, die Israelis würden Ansprüche auf das Hospiz geltend machen, kam er eilends aus Jerusalem angereist. Er kam und setzte sich hinein, wie ich schon berichtet habe. Nun, die Israelis konnten ihn gewähren lassen. Eines Tages, das wussten sie, würde er nach Jerusalem zurückkehren müssen und tatsächlich wurde das Hospiz nach seiner Abreise von den Israelis vereinnahmt.

Leo von Rudloff ging später nach Amerika, kam jedoch zur Einweihung der Brotvermehrungskirche am 23. Mai 1982 noch einmal nach Tabgha, um an den Feierlichkeiten teilzunehmen. Noch im selben Jahr starb er im Kreis seiner Mitbrüder in Weston.

Abt Laurentius Klein

Als Nachfolger wurde der frühere Abt von St. Matthias in Trier, Dr. Laurentius Klein gegen Ende des Jahres 1969 als Abtadministrator eingesetzt. Abt Laurentius war schon eine berühmte Persönlichkeit, bevor er nach Jerusalem kam. Er war Mitarbeiter von Kardinal Bea bei der Vorbereitung des II. Vatikanischen Konzils, Gründer des Institutes für Anglikanische Theologie in Trier und Initiator der Erneuerung der Laienbewegung der Matthiasbruderschaft. Nach seiner zehnjährigen Amtsperiode als Abt der Dormitio wurde er 1981 als Leiter der ökumenischen Zentrale Deutschlands nach Frankfurt gerufen. Er erhielt große Auszeichnungen, u.a. die Ehrendoktorwürde der Universitäten von Tübingen und Münster. Aber auch seine Verdienste für die Abtei Dormitio und Tabgha sind groß.

Mit seiner Wahl 1969 setzte er zeitgemäße Impulse, die ihre Auswirkungen auch auf Tabgha hatten. Er erneuerte die Liturgie, führte die deutsche Sprache für das Chorgebet ein und erarbeitete je ein eigenes Offizium für Jerusalem und Tabgha. Sein großes Anliegen war die Ökumene im innerchristlichen Bereich ebenso wie der Dialog der drei monotheistischen Religionen.

1973 gründete er das Theologische Studienjahr für deutschsprachige Studenten der beiden großen Kirchen mit der Möglichkeit, in einer ökumenischen Atmosphäre zwei Semester in der Dormitio unter seinem Dekanat und in Zusammenarbeit mit der Benediktiner-Hochschule Sant'Anselmo von Rom studieren zu können. Zweimal im Jahr kam er mit den Studenten nach Tabgha, um von hier aus biblische und archäologische Exkursionen zu unternehmen. Sie wohnen dann alle im Beit Noah, dem ehemaligen Schweinestall, der 1974 auf seine Initiative hin zu einfachen Unterkünften umgebaut worden war und seitdem als kostenfreie Unterkunft für Behinderte genutzt wird.

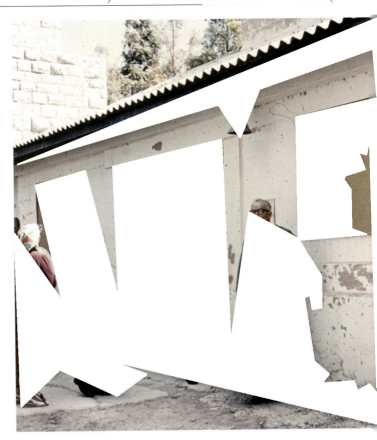

Pilger und Mönche vor der „Notkirche", rechts mit Brille: Abt Leo von Rudloff.

Mit Pater Hieronymus durch die Geschichte von Tabgha

Vor der „Notkirche": Kardinal Höffner (mitte) mit Abt Laurentius und Pater Hieronymus (rechts des Kardinals).

Im April 1988 wurde zu seinen Ehren das 25 jährige Jubiläum der von ihm aufgebauten kleinen Fakultät in der Dormitio gefeiert. Es war gleichzeitig seine Abschiedsfeier. P. Laurentius kehrt aus gesundheitlichen Gründen nach Trier zurück.

Seine Verdienste um Tabgha sind im Jerusalemer Stein festgehalten. Er gehört mit zu den Initiatoren, die die Neuplanung der Brotvermehrungskirche entscheidend vorangetrieben haben, so dass 1979 die Baugenehmigung von den israelischen Behörden erreicht werden konnte.

Abt Nikolaus Egender

Nach Beendigung der Administratur von Abt Laurentius wählte der Konvent Abt Nikolaus Egender. Er kam aus Belgien, wo er langjähriger Prior von Chevetogne war. Abt Nikolaus setzte die Arbeit seines Vorgängers kontinuierlich fort, insbesondere auf dem Gebiet der Ökumene. Er machte sich einen Namen als Kenner der Ostkirchen und hält seit Jahren Vorlesungen zu diesem Themenbereich im Rahmen des Studienjahres. Zwischenzeitlich übernahm er auch das Dekanat der kleinen Fakultät.

Mit Pater Hieronymus durch die Geschichte von Tabgha

Abt Nikolaus Egender bei der Einweihung der neuen Brotvermehrungskirche (23. Mai 1982).

Besonders hervorgehoben werden muss sein intensives Verhältnis zur armenischen Nachbarkirche, die ihm 1982 ihre höchste Auszeichnung, das armenische Kreuz, durch den Patriarchen J. Derderian verlieh. Abt Nikolaus gehört zu den bekannten Persönlichkeiten Jerusalems. Im Jahre 1993 wurde er vom langjährigen Bürgermeister Teddy Kollek zum Ehrenbürger der Stadt ernannt. Zu den Höhepunkten seines Lebens gehört sicherlich die Begegnung mit Papst Paul VI. anlässlich des Benediktus-Jubiläums in Monte Casino im Jahre 1980.

Ein erstes Großereignis, das ihn nach Tabgha führte, war die Grundsteinlegung der Brotvermehrungskirche im Jahre 1980 und deren Einweihung im Jahre 1982. Mit allem Nachdruck muss auf den „Entwurf für den Ausbau eines benediktinischen Zentrums in Tabgha" verwiesen werden, den er gemeinsam mit dem ehemaligen Prior P. Immanuel ausgearbeitet hat. Dieser Entwurf enthielt, wie schon erwähnt, ein existenzielles Anliegen für ein geistig-spirituelles Wirken am Ort der Brotvermeh-rung, das nicht hoch genug gewürdigt werden kann. Es kam jedoch erst 15 Jahre später zur Umsetzung. Heute, nachdem Altabt Nikolaus von der Bürde und Last der Leitung entbunden ist, kommt er

Mit Pater Hieronymus durch die Geschichte von Tabgha

gerne und oft nach Tabgha. Er findet jetzt jenes Tabgha vor, das er vor Jahren im Blick hatte. – Taten müssen Visionen vorausgehen.

MEINE MITBRÜDER

Über die Mitbrüder, die 1939 und mich, der ich 1947 nach Tabgha geschickt wurden, gibt es nicht viel zu berichten, außer, dass wir in der Zeitspanne von 1939 bis 1953 die kommissarische Verwaltung der Besitztümer des DVHL am See Gennesaret übernehmen und gewährleisten mussten. Es war die Zeit des Zweiten Weltkrieges, die Zeit der Entstehung des Staates Israels und des Unabhängigkeitskrieges mit unserer Vertreibung und Internierung und insbesondere die Zeit der Ungewissheit über den Ausgang der Verhandlungen über die Besitzrechte des Deutschen Vereins, die 1953 in der Weise zum Abschluss kamen, dass wir die Knopp Farm aufgeben und uns eine neue Bleibe suchen mussten. [...]

Br. Engelbert, unser Koch musste wegen eines Nierenleidens nach Beuron, woher er stammte, zu-rückkehren. 1990 war es für mich eine besondere Freude, als ich während eines Deutschlandaufenthalts die Gelegenheit hatte, ihn dort zu besuchen. Er ist bald darauf gestorben. So konnte ich ihn, der mir besonders zugetan war, noch einmal sehen.

Br. Gottfried starb an Lungenkrebs. Er hat viel geraucht und konnte mitunter recht jähzornig werden. Er konnte allerdings auch arbeiten wie ein Pferd.

Br. Kletus und **Br. Canisius** waren von Beruf Landwirte. Br. Kletus hat gerne einen über den Durst getrunken.

P. Lukas Jörg, der von 1939 bis 1947 in Tabgha war, kam einst im Jahre 1917 mit dem Zug von Berlin über Österreich, Ungarn, den Balkan, die Türkei und Syrien nach Jerusalem. Die Fahrt hat drei Monate gedauert.

Unser Superior **P. Bonifaz** war ein heiligmäßiger Mann. Er ist in Nazaret zusammen mit P. Pius und P. Nikolaus auf dem deutschen Friedhof neben dem Krankenhaus der Barmherzigen Brüder beerdigt. Jedes Jahr zu Allerheiligen besuchen wir deren Gräber. Dann überkommt mich die Erinnerung an unsere gemeinsame Zeit auf der Knopp-Farm.

So bleibt nur zu vermerken, dass wir das feuchtheiße Klima und die Hitze ausgehalten haben, in äußerst primitiven Wohnverhältnissen gelebt, Ackerbau betrieben, Bäume gepflanzt und härteste Arbeit geleistet haben.

Über meine Mitbrüder P. Bargil und Bruder Eduard, die mit mir im neuen Kloster an der Brotvermehrungskirche lange Jahre gelebt haben, möchte ich ausführlicher berichten.

Mit Pater Hieronymus durch die Geschichte von Tabgha

Pater Bargil mit koptischen Mönchen an Dalmanuta.

Mein Mitbruder Pater Bargil

P. Bargil und ich hätten, so sagt man, wenig gemeinsam. Nun, zumindest sind wir im gleichen Jahr, 1921 geboren und stammen beide aus dem Mittelmeerraum, P. Bargil aus Südtirol und ich aus Dalmatien. Wie schon erwähnt, wurden für den Neubau der Kirche die Dachziegel aus Südtirol, das Holz für den Dachstuhl aus Kroatien eingeführt. Aus meiner Heimat stammt die Stütze, P. Bargils Heimat schützt vor dem Regen. Beide haben wir am Zweiten Weltkrieg teilgenommen, ich als kroatischer Staatsbürger in der englischen Armee in Nordafrika im Krieg gegen Rommel, P. Bargil wurde als italienischer Staatsbürger „mit deutscher Zunge" – wie er selbst in einem seiner Bücher berichtet – zum Brixener Regiment eingezogen. P. Bargil schreibt dazu: „Im Januar 1945 sollte die Vereidigung stattfinden, doch unser ganzes Regiment weigerte sich, auf den Führer den Eid zu leisten. Wir wurden entwaffnet und unter SS-Kontrolle an die Ostfront gesandt." Aus dem Krieg zurückgekehrt, wurden wir 1946 zum Priester geweiht. So können wir auch ein Weihejubiläum gemeinsam feiern.

P. Bargil ist ferner der Mitbruder aus der Abtei Dormitio, welcher zusammen mit Bruder Eduard die längste Zeitspanne mit mir in Tabgha verbracht hat.

Mit Pater Hieronymus durch die Geschichte von Tabgha

Bargil Pixner OSB (1921-2002)

Wir sprechen mehrere Sprachen, deutsch, italienisch, französisch, englisch, hebräisch und arabisch und sitzen gemeinsam vor dem Fernseher, wenn israelische Nachrichten in hebräischer Sprache gesendet werden, die sonst keiner versteht. Und noch eine Eigenschaft haben wir gemeinsam. Wir legen beide wenig Wert auf Äußeres. P. Bargil hat jedoch ein Markenzeichen, das ist sein Kinnbart. Dieser sei, so sagt man, der schönste Bart von ganz Galiläa. Umfangreichere Komplimente überschreiten die Grenzen Israels. Dann heißt es, P. Bargil hätte den schönsten Bart im ganzen Mittelmeerraum, womit wir uns wieder im gemeinsamen heimatlichen Großraum befinden.

Die Zahl fünf

Was seine Lebensgeschichte betrifft, so hören unsere Gemeinsamkeiten auf. Während ich seit meinem 11. Lebensjahr im Heiligen Land lebe, ist P. Bargil weit in der Welt herumgekommen. Dabei scheint die Zahl fünf eine Art Teilungsfaktor einer Lebensgeschichte zu bilden: 1921 geboren, tritt er 20 Jahre später, im Jahre 1941 in den Orden der Josefsmissionare von Mill Hill ein und legt fünf Jahre später die Gelübde ab. Er arbeitete zehn Jahre auf den Philippinen, davon fünf Jahre in einem Aussätzigen-Dorf. Nach seiner Tätigkeit im fernen Osten wird er nach Amerika geschickt, erhält nach fünf Jahren die amerikanische Staatsbürgerschaft und fliegt wie er erzählt – einen Tag später für immer

Mit Pater Hieronymus durch die Geschichte von Tabgha

nach Europa zurück, um erst 1995 zu einer Vortragsreise in die Staaten zurückzukehren. Zwischenzeitlich geht er für fünf Jahre nach Rom und dann nach Frankreich, wo er je ein Haus für „Priester in Not" leitet. 1969 verlässt er Europa und siedelt nach Israel über. Fünf Jahre später legt er, inzwischen bei den Benediktinern auf dem Sion eingetreten, die ewige Profess ab. Er studiert fünf Jahre Archäologie und Topographie in der *Ecole Biblique*, am *Studium Biblicum Franciscanum* und an der Hebräischen Universität Jerusalem und kommt 1982 für 15 Jahre nach Tabgha. Als er 1995 als Prior in die Dormitio zurückgerufen wird, kann ich mit Freude und Dankbarkeit feststellen, dass ihm das Verdienst der dauerhaftesten Hinterlassenschaften zugeschrieben werden muss. P. Bargil spielt in der neueren Geschichte Tabghas und in der Chronik unserer kleinen Kommunität die bedeutendste Rolle von uns allen.

Ein Kaleidoskop seiner Persönlichkeit

Bevor P. Bargil in den Benediktinerorden eintrat, hatte er zusammen mit dem judenstämmigen Dominikaner Bruno Hussar *Newe Shalom* gegründet, eine Siedlung bei Latrun, in der Juden, Christen und Muslime ein friedliches Zusammenleben versuchen. Es wundert mich, dass es während seines langen Aufenthalts in Tabgha keine Bargil-Siedlung oder -gründung in oder um Tabgha herum gibt. Umso umfangreicher fällt der Tätigkeitsbericht seines Wirkens am See Gennesaret aus. Bei der Aufzählung seiner Verdienste kommt es mir nicht auf die Abfolge oder Vollständigkeit an. Vielmehr soll an Hand einzelner Episoden ein Kaleidoskop seiner Persönlichkeit gezeichnet werden.

Ein Namen mitgebracht

P. Bargil hatte schon einen Namen, als er nach Tabgha kam. Er gilt als Begründer des *Ecumenical Circle of Friends in Jerusalem*, hatte Aufmerksamkeit und Anerkennung in der Fachwelt gefunden durch seine Veröffentlichungen in den Jahren 1976 bis 1982 über das Essenerquartier auf dem Zion, die Lokalisation des Prätoriums, den Verlauf der Via Dolorosa und die Wiederausgrabung des von Josephus Flavius so bezeichneten Tors der Essener. P. Bargil lehrte außerdem Archäologie und Landeskunde im Rahmen des Studienjahres.

P. Bargil - Vater der Namen

Auch in Tabgha machte sich P. Bargil einen Namen. Er gilt vor allem selber als Vater von Namen. Bezeichnungen wie *Dalmanuta, Solitudo, Eremos-Höhe* und *Eremos-Höhle*, sowie *Beit Magadan* sind seinen Anregungen zu verdanken. Als wir unseren Messplatz am Seeufer anlegten, war er es, der den in den Evangelien erwähnten Namen Dalmanuta vorschlug. Den wenige Meter entfernten Meditationsplatz benannte er nach dem hl. Hieronymus und zu meinen Ehren Solitudo, das lateinische Synonym für Eremos, d.h. einsame Gegend. Der Hügel nördlich unserer Brotvermehrungskirche und die schon von der Pilgerin Ergeria erwähnte Höhle, „über die hinaufsteigend der Erlöser die Seligpreisungen lehrte", sind unter den Bezeichnungen Eremos-Höhe und -höhle zum festen Bestandteil im Register der vielen Namen um Tabgha geworden. Die Bezeichnung Beit Magadan für das einstige Restaurant sollte an die älteste überlieferte Namengebung von Tabgha erinnern. P. Bargil schlug nicht nur Namen vor, er lieferte auch den biblischen Hintergrund.

P. Bargil - der Topograph

P. Bargil ist Achäologe und Topograph. Er gräbt Steine aus und buddelt im Boden, ohne am Boden zu kleben. Für ihn ist die Topographie das geographische Alphabet für die Entschlüsselung der historischen Urkunden. P. Bargil betreibt biblische Archäologie, um „im Buch der biblischen Landschaft die Botschaft der vier Evangelien besser verstehen zu können. So wird der Boden des Heiligen Landes zum fünften Evangelium, die biblische Topographie zur Heilsgeographie, in der sich die Heilsgeschichte abspielt." Was P. Bargil interessiert, ist der historische Mensch Jesu.

Galiläa, insbesondere das nördliche Gebiet am See Gennesareth wird für die Jahre seines Aufenthalts zum Gegenstand seines Forschens. Er geht jedem kleinsten Hinweis nach, untersucht die Häfen, nimmt Kontakt auf mit den Fischern und Einheimischen, freundet sich mit dem Experten für Fischerei, Mendel Nun vom Kibbuz Ein Gev an, sammelt Erfahrungen über die Vegetation, das Klima mit seinen typischen Winden am See ebenso, wie er den Legenden und Traditionen nachspürt. Er tauscht Meinungen, Thesen und Hypothesen aus mit namhaften israelischen und ausländischen Archäologen und versucht so mit großer Beharrlichkeit die Ereignisse des neutestamentlichen Geschehens am See Gennesaret zu orten.

P. Bargil - der Autor

Es entstehen eine Reihe von Artikeln über Tabgha, seine vielen Namen, seine Kirchen und deren Erbauer, über die Traditionen und Legenden am See, den Eremos des Herrn, über die Wege Jesu um den See, ferner über die Synagoge von Kafarnaum, Kursi und mehrere Abhandlungen über Betsaida. Die Krönung seiner Autorentätigkeit ist das Buch: „Mit Jesus durch Galiläa nach dem 5. Evangelium", womit wir wieder auf die Zahl Fünf stoßen. Das Buch erscheint 1991 und ist inzwischen zu einem Bestseller geworden. So wird P. Bargil zum besten Kirchen- und Pilgerführer für die vielen Besucher, die unsere Brotvermehrungskirche erklärt haben möchten. Er hält Vorträge vor Studenten, Jugendgruppen, Gästen, Pilgergruppen und wird zum begehrten und geschätzten Referenten bei der Ausbildung von israelischen Reiseführern. Besonders beliebt bei unseren Gästen ist seine „Reise um den See" zu allen Stätten des Wirkens Jesu.

P. Bargil - ein Freund der Plausibilität

Seine Südtiroler Mitgift, eine Portion gesunden Hausverstands, ja Bauernschläue, seine erdverbundene und bodenständige Art, der Sinn für das scheinbar Nebensächliche, Naheliegende, die Randbemerkungen und die Plausibilität seiner Gedankenführung scheinen das Rüstzeug abzugeben für seine beachtlichen Forschungsergebnisse. Er findet Anerkennung durch seine Veröffentlichungen und regt gleichzeitig an zum wissenschaftlichen Disput. So argumentiert er gegen die geläufige Hypothese, welche die beiden Speisungen bei

Mit Pater Hieronymus durch die Geschichte von Tabgha

Matthäus und Markus als Dubletten versteht, d.h. als zwei verschiedene Berichte über ein und dieselbe Speisung die am Ostufer des See lokalisiert wird:

> „Wer die Gegend um den See kennt, kann nicht begreifen, wie die Volksscharen, welche vom Ufer Kafarnaums aus die Route des Bootes beobachtet hatten, noch vor dem Boot den Landungsplatz hätten erreichen sollen, wenn sie über den Jordan zum Ostufer hätten gelangen müssen. Nur 2,5 km trennen Tabgha von Kafarnaum. Hätte die Speisung am anderen Ufer stattgefunden, wäre ein solches Überholen des Bootes absolut unmöglich gewesen. Nicht nur die Entfernung von 20 bis 25 km würde eine solche Möglichkeit ausschließen, auch die Überquerung des Jordans, der gerade im Frühling nach der Schneeschmelze auf dem Berg Hermon gefährlich anschwillt, böte größte Schwierigkeiten." [...]

P. Bargil und Tertullian

P. Bargil ist nicht nur berühmt, er wird auch in Bezug auf seine Thesen hinterfragt. Das geschieht auch im Kleinen bei unseren Tischgesprächen. Er reagiert

Auf dem See Gennesaret.

Mit Pater Hieronymus durch die Geschichte von Tabgha

auf alle Fragen und gegenteiligen Behauptungen, auf Kritik und auch auf Angriffe stets ruhig, gelassen und argumentativ. In solchen Situationen habe ich ihn oft bewundert. Da kommt ihm seine Südtiroler Mitgift zugute. Wie ein Fels in der Brandung sitzt er dann da, ganz Südtiroler Urgestein. Wenn ihm die Fragerei auf die Nerven geht, sagt er: „Das steht schon bei Tertullian", was ein betretenes Schweigen auslöst. Wahrscheinlich haben die hartnäckigen Fragesteller Mühe, Tertullian geschichtlich richtig einzuordnen, wenn sie überhaupt wissen, wer Tertullian war. Meist ergibt sich dann ein neues, bangloses Gesprächsthema.

Die Bargil-Steine

P. Bargil hat nicht nur Artikel und Bücher geschrieben, er hat auch Steine beschrieben bzw. auf Steinen geschrieben. Die Geschichte der sogenannten Bargil-Steine ist so aufregend wie seine Gedanken, Thesen und Hypothesen. P. Bargil wollte an allen Orten des Heilsgeschehens Jesu Gedenksteine „hinterlegen", ein Unterfangen, das so in Mitteleuropa völlig undenkbar wäre. Nur einer von den Monolithen aus Basaltstein befindet sich nämlich auf unserem, d.h. auf dem Gelände des Deutschen Vereins. Alle übrigen platzierte er auf fremdem bzw. öffentlichem Grund und Boden.

Der erste Bargil-Stein steht vor der Tabgha-Einfahrt. *Heptapegon*, der vollständige, byzantinische Name für Tabgha ist eingraviert, dazu das Emblem mit den Broten und Fischen. Wie der zweite und dritte Bargil-Stein auf die Eremos-Höhe und vor die Eremos-Höhle wegen des unwegsamen Geländes hinaufgekommen sind, ist erstaunlich, abgesehen davon, dass sie auf dem Gelände des Italienischen Vereins aufgestellt worden sind. Während einer halsbrecherischen „Nacht- und Nebelaktion" wurden sie im Sommer von Chalil, einem unserer arabischen Mitarbeiter, vom Berg der Seligpreisungen mit einem Traktor und viel technischem Geschick heruntertransportiert.

Ein vierter Bargil-Stein steht unter einem Baum auf halber Strecke nach Kafarnaum, ebenfalls auf dem Gebiet des Italienischen Vereins. Er erinnert an die Heilung der blutflüssigen Frau. Dort soll schon nach spätbyzantinischen Berichten ein Gedenkstein gestanden haben.

„Bargil-Stein" auf der Eremos-Höhe.

Nun verlassen wir das Terrain des Italienischen Vereins und begeben uns auf israelisches, d.h. staatliches Territorium, nach Betsaida. Dort steht der fünfte Stein, der an die Heilung des Blinden erinnert. In einem Bericht heißt es kurz und bündig: „Mit Erlaubnis der israelischen Behörden wurde der Stein dort aufgestellt." Ein letzter Bargil-Stein befindet sich ebenfalls auf öffentlichem Grund und Boden, auf dem Tel Hadar bei Kibbuz Ein Gev, jenem Ort, wo die zweite Speisung lokalisiert wird. Nur der Stein der Haernorissa, der blutflüssigen Frau soll einmal mutwillig umgestoßen worden sein.

Aber es ist noch von einem weiteren Stein zu berichten. Er kommt von weit her, ist antiken Ursprungs und aus hellem Jerusalemer Stein. Es handelt sich um den großen Taufstein am Eingang zum Vorplatz. P. Bargil wusste, dass in einem Schulhof des Dorfes Dura bei Hebron ein byzantinischer Taufstein halb vergraben lag. Da setzte er alle Hebel in Bewegung, um ihn nach Tabgha zu bekommen. Zuerst musste er die Einwilligung der örtlichen Muchtare erhalten. Zwar Eigentum des Staates und unter Denkmalschutz, bekam P. Bargil den 10 Tonnen schweren Taufstein als Leihgabe. Das Problem lag jedoch vielmehr in der Technik der Überführung. Ein Kran allein schaffte es nicht, den schweren Stein auf die Transportbrücke zu heben. Man musste einen zweiten Kran herbeischaffen. Und so wurde der Stein mit zwei Kränen zusammen nach Tabgha transportiert und dort auf dieselbe Weise wieder abgeladen. Ich hätte ihn gerne in der Mitte des Vorplatzes gehabt, aber auch das war technisch nicht zu machen. Viele Pilger versammeln sich gerne rund und den Stein und hören dort die Erklärungen der Reiseleiter.

Der erste „Bargil-Stein".

Würde man P. Bargil fragen, welches nun sein Lieblingsstein oder Lieblingsplatz ist, ich glaube, er käme in arge Verlegenheit. Er liebt Dalmanuta – wo erstaunlicherweise gar kein Bargil-Stein aufgestellt wurde – ebenso wie die Eremos-Höhe und Eremos-Höhle.

Vater von Betsaida

Neben seiner Liebe zu Tabgha war er stets interessiert an anderen Orten. Dies betraf insbesondere Betsaida, jene Stadt, aus der nach der Tradition Simon Petrus, Andreas, Jakobus und Johannes stammen sollen. Betsaida war zunächst nicht zugänglich. Erst, als nach dem Sechstagekrieg 1967 eine Brücke über den Jordan gebaut und eine Straße angelegt worden war, konnte P. Bargil seinem

Mit Pater Hieronymus durch die Geschichte von Tabgha

archäologischen Spürsinn folgen: „Mein Verlangen diesen Ruinenhügel zu erforschen, war so stark, dass ich es wagte, trotz der vor Minenfeldern warnenden Schilder, die Anhöhe zu ersteigen, wo die syrischen Truppen bis 1967 eine ihrer befestigten Schlüsselstellungen hatten." Er bewegte sich, wie wir wissen, vorsichtig in den Fußstapfen der weidenden Kühe, in der Hoffnung, dadurch auf keine Mine zu treten.

1982 und 1985 veröffentlicht P. Bargil seine archäologischen Vermutungen unter dem Titel: „Wo liegt Betsaida?" und „Auf der Suche nach Betsaida". 1987 wird daraufhin von Dr. Rami Arav von der Universität Haifa, der seinen Artikel gelesen hatte, eine erste Probegrabung durchgeführt. 1991 erscheint ein erster Ausgrabungsbericht. 1993 findet ein wissenschaftliches Symposium in Münster statt, 1995 folgt ein weiteres in Budapest, an dem auch P. Bargil teilnimmt. 1996 schreibt P. Bargil einen dritten Bericht: „Betsaida – zehn Jahre später". Inzwischen ist eine acht Meter dicke Stadtmauer aus der Eisenzeit ausgegraben, eine Fülle von Elementen des Fischereihandwerks freigelegt und eine Scherbe aus dem 1. Jahrhundert mit einem Kreuzzeichen aufgefunden worden. Die Indizien weisen darauf hin, dass Betsaida im Jahre 115 n. Chr. durch ein Erdbeben zerstört und verlassen worden ist.

Betsaida, die Stadt des ersten Papstes wird inzwischen gerüstet für das Jahr 2000. Wenn der Papst kommen kann, wird P. Bargil zu jenem Gremium gehören, das dem Papst die Ausgrabungsgeschichte erzählen wird. Rami Arav und Altabt Nikolaus bezeichnen P. Bargil als „Vater von Betsaida".

Am 25. März 1998 liegt P. Bargil mit einem Herzinfarkt im Krankenhaus in Tiberias. Er empfindet es als besondere Gnade, dass er trotzdem an den Feierlichkeiten zur Einweihung von zwei Messplätzen, Wegen und Inschriften teilnehmen kann. Damit wird Betsaida als weitere Stätte aus der Zeit Jesu der Öffentlichkeit zugänglich gemacht.

Vater der Neuigkeiten

P. Bargil ist auch der Vater von Neuigkeiten. Was es Neues auf dem Gebiet der Archäologie gibt, erfahren wir stets zuerst und zum frühestmöglichen Zeitpunkt von ihm, ehe etwas in der Presse steht. So kam er 1995 eines Tages nach Hause mit der aufregenden Nachricht, der Palast des Herodes Antipas in Tiberias sei gefunden worden. Leider war das Ausgrabungsergebnis sehr enttäuschend für die Israelis, denn was zutage gefördert wurde, war eine byzantinische Kirche. Ein weiteres Mal kam er von einem Symposium für Archäologie und berichtete von aufsehenerregenden Mosaikböden in Sepphoris. Da wir vor nicht allzu langer Zeit dort gewesen waren, mochten wir es nicht glauben. So gehörten wir auch hier zu den ersten Besuchern, ehe das Gelände für die Öffentlichkeit zugänglich gemacht wurde.

Vater der Ideen

P. Bargil ist Vater der Ideen im Großen wie im Kleinen. So war es seiner Initiative zu verdanken, die Tradition des Magdalenen-Festes wieder ins Leben gerufen zu haben. Erstmals kamen 1994 auf seine Einladung Frauen, viele der Ordensschwestern und die Franziskaner aus der näheren Umgebung, am Ausgrabungsort in Magdala zusammen und feierten eine gemeinsame Vesper in englischer Sprache.

Auch das Sorgenkreuz, das er jeweils am Passionssonntag aufstellte, wurde zur Klagemauer für die Nöte der Pilger. Auf kleinen Zetteln schreiben die Menschen eine ganze Woche lang ihre Sorgen und heften sie an das Kreuz. Von P. Bargil stammt auch der Gedanke, diese Zettel im Osterfeuer zu verbrennen.

Auch die Nachtwache in der Eremos-Höhle am Karfreitag war seine Idee. Er war es auch, der den Messplatz auf der Eremos-Höhe errichtet hat, um Dalmanuta zu entlasten. Und von ihm stammt die Idee, im Atrium einen Brunnen zu bauen. Die sieben Bronzefischlein sollten an den Namen Siebenquell erinnern.

P. Bargil, der Zerstreute

Das Bild von P. Bargil wäre nicht vollständig gezeichnet, würde man auf einige typische Episoden verzichten. Nie wusste er, und das hat er mit mir gemeinsam, wo sein Pass war, und das kurz, bevor er zum Flugplatz musste. Nie brachte er von einer Reise zurück, was er mit auf die Reise genommen hatte. Stets wurde ihm alles gestohlen, er konnte machen was er wollte: in Kairo sein Koffer, in dem er auch noch das ganze Geld hatte, in Rom ein teurer Fotoapparat und v.a.m. Warum er seine Sachen nicht im Auge behielt? Dafür hatte er stets eine plausible und entschuldbare Erklärung.

Ein Flugticket genau zu studieren, um den Rückflug nicht zu verpassen, fiel ihm ebenso schwer, wie auf seine Sachen aufzupassen. So stand er einmal in München am Schalter und erfuhr, das Flugzeug sei gestern schon abgeflogen, was fatal war, denn die Austrian Airlines fliegt von München nur zweimal die Woche nach Tel Aviv. Als er auch noch wegen seiner Bücher eine Menge Übergewicht hatte, kam die Stewardess in arge Verlegenheit. Da sagte P. Bargil zunächst, er würde auch Österreichische Pilgergruppen frühen und als das nichts half, mit sonoriger Stimme: „Ich bin Priester." – Daraufhin machte sich die Stewardess am Computer zu schaffen, sagte ok und stellte ihm ein neues, kostenloses Ticket aus.

Unvergessen ist auch die Spendung des Aschenkreuzes im Jahre 1989. Wir standen im Kreis um den Altar herum, aus reinem Zufall auf der linken Seite alle Männer und rechts alle Frauen. P. Bargil laut und vernehmlich: „Gedenk o Herr, dass Du Staub bist und zu Staub zurückkehren wirst." Daraufhin ging ein Schmunzeln durch die Reihe der Männer. Beim Frühstück gab es viel Heiterkeit, denn man hatte sich lebhaft vorgestellt, was er denn zu den Frauen sagen wird. Aber ich war Gott sei Dank der letzte in der männlichen Reihe, beugte mich vor und sagte leise: „Ich bin kein Herr, ich bin ein Mensch", worauf P. Bargil mich aufmerksam und nachdenklich ansah. Da neben mir eine Frau stand, auf die ich mit dezenter Handbewegung verwies, verstand er meinen diskreten Wink und fand endlich zum liturgischen Text zurück: „Gedenk o Mensch, dass Du Staub bist…" […]

Mit Pater Hieronymus durch die Geschichte von Tabgha

Sein Mitbruder

Und wir beide müssen uns noch mehr miteinander anfreunden. Einmal soll P. Bargil gesagt haben: „Ich habe so viele Freunde. Ich hätte so gerne, dass auch P. Hieronymus mein Freund wäre." – Nun, ich bin sein Mitbruder, das ist weitaus mehr.

MEIN MITBRUDER EDUARD

Wenn man mir vor fünf Jahren eröffnet hätte, Bruder Eduard würde seinen Lebensabend nicht in Tabgha verbringen, ich hätte es nicht nur nicht geglaubt, ich hätte den Gedanken daran nicht ertragen können. Auch er selbst sagte einmal, wie wir in einem Bericht im Heilig-Land-Heft lesen können: „Nein fort von hier – d.h. von Tabgha – das möchte ich nicht mehr!" So kommt im Leben manches anders, als man denkt.

Als er 1995 in die Pflegestation der Dormitio gebracht wurde, fragten alle Priester, die regelmäßig nach Tabgha kommen: „Wo ist Br. Eduard?" Nun, die Fragen verstummen allmählich. Br. Eduard ist jedoch bei allen, die ihn kennen, unvergessen.

Der Glöckner von Tabgha

Auch unsere Nachbarn, die Franziskaner und P. Molinari, vermissen den „Glöckner von Tabgha", wie er genannt wird. Die Uhr, so sagen sie, könne man danach stellen, wenn Br. Eduard pünktlich um sechs Uhr morgens zur Frühhore und Eucharistiefeier, um 12 Uhr zum Mittagsgebet und zehn Minuten vor halb Sieben zur Vesper die Glocke von Tabgha läutete. Sein unverwechselbarer Anschlag bewirkte den einmaligen und typischen Klang der kleinen Glocke von Tabgha und so fiel es sofort auf, wenn einmal ein anderer sich am Seil versuchte. Einmal wurde für das ZDF ein Film mit P. Bargil gedreht, der mit dem Glockengeläut von Tabgha beginnen sollte. P. Bargil musste seine Versuche, den Tabgha-Klang zu erzeugen, mehrmals wiederholen. Da kam der Regisseur in die Kirche gelaufen und sagte: „Das habe ich doch ganz anders im Ohr. Wer läutet denn für gewöhnlich die Glocke?" Da wurde Br. Eduard geholt, und die Aufnahme musste nicht wiederholt werden.

Von Erich Kästner beschrieben

Br. Eduard war nicht nur mit der Glocke von Tabgha verwachsen. Er gehörte zur Kirche, wie die Kirche zu Tabgha gehört. Br. Eduard war unser Sakristan. Es war eine liturgische Eröffnungszeremonie, wenn er die Kerzen am Altar zu den Horen anzündete, eine meditative Handlung, die alle Versammelten zu innerer Einstimmung und Sammlung führte. Aglae von Herzogenberg hat ihn dabei beobachtet und schreibt in einem Bericht: „Mit immer der gleichen hingebenden Geste betritt er von rechts den Altar, um die Kerzen anzuzünden und nach der Hore, werden sie von links, die Hand hinter die Flamme haltend, ausgeblasen."

Dieselbe eindrucksvolle Geste hat ein berühmter Autor, Erich Kästner, bei einem Mönch auf dem Berg

Mit Pater Hieronymus durch die Geschichte von Tabgha

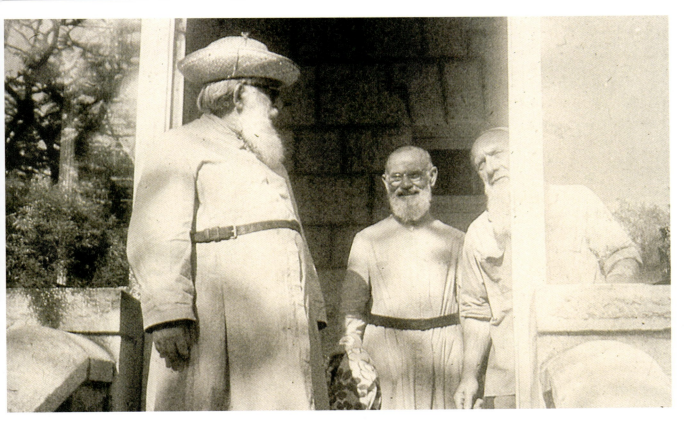

Athos beschrieben. „Mit der Leichtigkeit eines Vogels", so fährt Aglae von Herzogenberg fort, „geht Br. Eduard – in beiden Händen Altargerät tragend – die Altarstufen hinauf und hinunter. Er lebt für seine Kirche der Brotvermehrung und versieht seinen Dienst in stetigem Gleichmaß."

Der meist fotografierte Mönch der Welt

Der „Kleine von den Mönchen von Tabgha", wie er zärtlich genannt wird, ist ein Mann der Superlative, wie man das heute formulieren würde. Er selbst sagte von sich: „Ich bin nach dem Papst der meist fotografierte Mensch auf der Welt." Täglich wurden von ihm Bilder gemacht, wenn er die Glocke läutete, die Kerzen anzündete, wenn er betend in der Kirche saß, unter dem Portal, im Laden, unter den Bögen des Atriums oder am Brunnen mit den sieben Bronzefischlein. Auch auf dem Tabgha-Poster ist sein Porträt festgehalten, wie er mit der Hand den Weg zur Kirche weist. Sein Bart und seine Brille waren sein äußeres Markenzeichen. Die Brille, ein Unikat mit kreisrunden Gläsern und dünner Einfassung, ein Minimum an Material. Sollte er mal seine Ersatzbrille, ein modernes Objekt, aufhaben, wurde er von allen Gästen bestürmt, wo er denn seine eigentliche Brille hätte. Sie war so alt wie er selbst. Stets hat er sie gehütet und wenn nötig, repariert.

Der sechste Buchstabe im ABC

Br. Eduard war der beliebteste Tabghanese. Pilger, Gäste, Mitarbeiter, Volontäre und die Jugendlichen auf dem Platz liebten und verehrten ihn. Er war der Liebling schlechthin aller. Was machte ihn so beliebt? Es waren seine umwerfenden Eigenschaften. Die Häufigkeit des sechsten Buchstabens im Alphabet machten seinen Charakter aus: Freundlich, fröhlich, friedlich, fromm, fleißig und furchtlos. – Er fürchtete niemand außer Gott.

Br. Eduard war ein kleiner hagerer Mann mit einem überaus freundlichen und fröhlichen Gesicht. Seine Fröhlichkeit war ansteckend.

Friedlich, wie er war, gab es nie in all den Jahren je eine Missstimmung mit ihm. Br. Eduard war auch der Fleißigste von uns allen. Um 4 Uhr morgens stand er auf, richtete den Frühstückstisch und begab sich in die Kirche. Er versorgte den Klostergarten und war zuständig für die Messwerte der Regenmenge, die wir an das Amt für Wasserversorgung schicken mussten. Er war, wie schon erwähnt, unser Sakristan, stets präsent und pünktlich, um mit der Glocke zum Gebet zu rufen.

Br. Eduard war – noch ein Superlativ – auch der Frömmste von uns allen. Seine Frömmigkeit überzeugte und nötigte Respekt ab. Wenn er nicht im Garten arbeitete oder in der Sakristei zu tun hatte, saß er in der Kirche und betete. Für die Pilger war er ein Anker Gottes. Viele gingen zu ihm hin, legten die Hand auf seine Schulter, streichelten ihn und baten ihn in allen Sprachen der Welt, für sie und ihre Sorgen zu beten. Er verstand sie alle. Nie in all den Jahren fehlte er bei einer Hore. Mit den Jahren wurde seine Gestalt immer kleiner. Er ging gebeugt und es fiel ihm schwer, sich

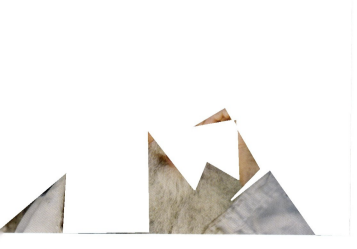

aufrecht zu halten. Während des Hochgebetes jedoch nahm er alle Kraft zusammen, gerade zu stehen, „zur Ehre Gottes", wie er sagte. Wohl wissend, dass alles Gute von oben kommt, betete er mit P. Paul in den Wintermonaten um die Wette um den Regen, bis der See den Höchststand der Wassermarkierung am Felsen anzeigte.

Das Glanzlicht des Klosters

Alles in allem war Br. Eduard das Glanzlicht des Klosters. Seine liebenswerten und löblichen Eigen-schaften knüpften sich nicht nur an den sechsten Buchstaben des ABC, sie umspannten das gesamte Alphabet. So entwarf einmal eine Gruppe mit viel Vergnügen das ABC der guten Eigenschaften des Br. Eduard:

- Er sei **a**sketisch,
- **b**escheiden, **c**harmant, **d**emütig,
- **e**hrlich und **e**ifrig,
- **f**reundlich, **f**röhlich, **f**riedlich, **f**romm, **f**leißig und **f**urchtlos, **g**enügsam und **g**ewissenhaft,
- **h**eiligmäßig, **i**nteger, **j**ugendlich **k**lug, **l**iebenswürdig,
- **m**äßig im Essen und Trinken,
- (ein wenig) **n**eugierig, **o**rdentlich,
- **p**ünktlich und **p**flichtbewusst und stets **p**räsent,
- **q**uicklebendig, **r**edlich,
- **s**chweigsam und **s**chlau,
- **t**ugendsam,
- **u**nbeirrbar und **u**nbescholten, **v**erschwiegen,
- **w**eise und
- **z**ufrieden.

Aus dem Tugendkatalog

Aus dem Tugendkatalog seien noch einige Eigenschaften besonders hervorgehoben.

Br. Eduard war überaus genügsam. Sommer wie Winter trug er einen verschlissenen, ausgedienten Sommerhabit, obwohl er ein halbes Dutzend neue im Schrank hängen hatte. Ein Asket mit fröhlichem Herzen. Nie ist er in Urlaub gefahren. „Die Welt sehe ich mir einmal von oben an", sagte er. Nur einmal im Jahr wollte er nach einem starken Regen zum Jordan fahren und, wenn es möglich war, um Weihnachten herum nach Bethlehem in die Geburtskirche.

Br. Eduard war ein kluger Beobachter und großer Menschenkenner. Nichts entging seinen wachen Augen. Er sah alles, hörte alles, wusste alles und „bewahrte alles in seinem Herzen". Um sein Urteil gefragt, konnte man sicher sein, wenn sonst keiner, er brachte es auf den Punkt.

Und noch eine Eigenschaft ist untrennbar mit Bruder Eduard verbunden. Er war stets präsent, d.h. er war immer da, immer zu Hause. Wenn alles ausgeflogen war, Br. Eduard hütete das Haus. „So war Br. Eduard auch anwesend, als Lech Walesa kam", schreibt Aglae von Herzogenberg in ihrem Bericht, „obzwar es vorher geheißen hatte, Tabgha sei nicht auf dem Programm. Der Bruder begrüßte ihn in aller Würde im Namen des Hauses und ließ ihn wissen, dass auch er aus Schlesien stamme."

Nie war Br. Eduard krank. In den letzten Jahren, als er schon gebeugt ging und seine Sehkraft nachgelassen hatte, stürzte er manchmal. Das passierte, wie könnte es anders sein, stets in der Kirche. Einmal zog er sich dabei eine Wunde am Bein zu, die dringend ärztlich versorgt werden musste. In solchen Situationen konnte Br. Eduard störrisch sein, um wenigstens eine nicht so heiligmäßige Eigenschaft zu nennen. Er wollte weder zum Arzt noch ins Krankenhaus gebracht werden. Da half selbst kein gutes Zureden. Erst, als die Mitarbeiter sagten: „P. Hieronymus will es so!", war er geneigt, endlich ins Auto zu steigen, um nach Nazaret ins Krankenhaus zu den Barmherzigen Brüdern gebracht zu werden. Die Wunde musste genäht werden und der Arzt war ungehalten, da dies nur in den ersten sechs Stunden möglich ist. Eine Stunde Fahrt und zwei Stunden Überredung mussten nun abgezogen werden. „Die hat der liebe Gott schon berechnet", sagte er.

Sein Lebenslauf

Geboren wurde Br. Eduard in Heinersdorf in Oberschlesien am 31. Januar 1909. Zehnerzahlen bestimmen seinen Lebensweg. Er hatte das Schuster- und Uhrenhandwerk erlernt und machte sich als junger Mensch auf die Walz durch Deutschland. Verschwiegen, wie er war, hat er nie das Geheimnis preisgegeben, was auf seiner Wanderschaft in einer Kirche vor einem Marienbild geschah, das ihn bewogen hat, 1929, mit 20 Jahren, in Maria Laach einzutreten. Dort lernte er unseren damaligen Abt Maurus Kaufmann kennen, der ihn bat, mit ins Heilige Land zu kommen. So kam er 1931 nach Jerusalem. Von 1934 bis 1937 arbeitete er auf der schon erwähnten Farm Bet Shaar bei Hebron. Jeden zweiten Tag, so erzählte er, musste er Milch in Kannen auf dem Rücken in die 25 km entfernte Dormitio bringen. Oft war sie durch die Schaukelei und die Hitze zu Butter geworden. Während des Krieges war Br. Eduard wie alle deutschen Ordensangehörigen von 1940 bis 1943 interniert.

1951, 20 Jahre nach seiner Übersiedlung ins Heilige Land, kam er noch für zwei Jahre auf die Knopp-Farm, erlebte jedoch nicht den Umzug zum neuen Kloster an der Brotvermehrungskirche, da er ab 1953 wieder in Jerusalem eingesetzt war. 1978 übersiedelte er, wie wir beide glaubten, für immer nach Tabgha. Ich selbst habe ihn abgeholt. Wir sind zusammen erstmals durch die Jordansenke gefahren, die nach dem Sechs-Tage-Krieg nun geöffnet und befahrbar war.

Mit Pater Hieronymus durch die Geschichte von Tabgha

Wir beide

20 Jahre verbrachten wir zusammen in Tabgha. Stets trank er mittags und abends ein Glas Tabgha- oder Hieronymus-Wein. „Damit wird man alt", war seine Lebensweisheit. So hat er nun das stattliche und gesegnete Alter von 89 Jahren erreicht. Von ganzem Herzen wünsche ich, dass er seinen runden Geburtstag mit 90 erleben kann. All die Jahre waren wir beide per Sie. Von niemand ließ er sich die Haare schneiden, außer von mir. Da hatte er viel Vergnügen dabei. „Bei P. Hieronymus geht es wenigstens schnell und kostet nichts. Ritsch-ratsch und alles ist vorbei und ich kann wieder zu meiner Arbeit", sagte er. Weil er allzu asketisch war und nur sehr wenig aß, habe ich aus Angst um seine Gesundheit es mir angewöhnt, ihm eine gute Portion auf den Teller zu geben, die er aus reinem Gehorsam mir gegenüber auch aufaß. Mitunter sagte er: „P. Hieronymus sorgt für mich wie eine Mutter." 20 Jahre saßen wir bei Tisch nebeneinander. Er an meiner Seite. Niemand hätte es gewagt, sich auf seinen Platz zu setzen.

Br. Eduard und das Geld

Der Asket Br. Eduard liebte das Geld. Nicht jedoch für sich. Er war zuständig für die Kollekte, und er hatte ein Augenmerk darauf. Es gab viel zu tun. Das Hartgeld für die Kerzen kam aus aller Welt. Es musste zuerst sortiert werden. Außer dem deutschen, amerikanischen und italienischen Hartgeld, das wir eintauschen können, haben die „Opferstücke" keinen Realwert. Für Br. Eduard hat-

Eduard Weiser OSB (1909-2002).

Mit Pater Hieronymus durch die Geschichte von Tabgha

ten sie jedoch Sammlerwert. Er ordnete sie mit Hingabe nach Prägemustern, verschiedenen Vögeln auf zyprischen und kroatischen Münzen, nach australischen und kanadischen Enten, Palmen auf Münzen aus dem Jemen oder den Philippinen, Pferden auf Österreichischen Münzen und schönen Frauen, wie sie auf italienischen und französischen Münzen eingraviert sind. Auf türkischen fand er die Hagia Sophia, auf ägyptischen Pyramiden, praktische Gegenstände wie Kaffeekannen auf arabischen Münzen. Wenn er unter den Gästen einen Liebhaber für Münzen fand, schenkte er ihm von seinen Raritäten.

Auf dem Weg zur Sakristei rastete er oft auf den hinteren Stühlen in der Kirche, stellte das Körbchen, das er vorher in seinem Zimmer ausgeleert hatte, neben sich und verfiel dann meist in den Schlaf des Gerechten. Nach seinem Erwachen fanden sich oft Scheine und Kleingeld darin. Die Pilger hatten es lächelnd hineingelegt, wie man beobachten konnte. Wehe, wollte es jemand wagen, ihm Absichtlichkeit zu unterstellen. Aber er konnte herzlich lachen, wenn jemand sagte: „Nicht geldgierig sein, Br. Eduard!" Er hatte gut lachen, war er doch auch der Sparsamste von uns allen. Für sich selbst brauchte er keine einzige Mark.

Br. Eduard, das große Vorbild

Die Leiter der Jugendbegegnungsstätte mussten eine Fachausbildung vorweisen können in Theologie oder Pädagogik. Nur so war der Bundeszuschuss aus Deutschland gewährleistet und die Bedingung erfüllt für die Zuweisung von Zivildienstleistenden. Die Jugendlichen auf dem Zeltplatz waren begeistert von Tabgha, der Oase für Freiheit und Zwanglosigkeit, Selbstfindung und Selbstverwirklichung. Was immer den Inbegriff der Tabgha-Idee ausgemacht hat, Br. Eduard hat alle am meisten beeindruckt. Seine Lebensweise konnte niemandem entgehen. Oft sagten Jugendliche erstaunt und voll Bewunderung. „Ein solcher Mensch kommt dabei heraus bei solch einem Leben?"

Nun, was macht sein Leben aus? Er hat sich nicht hervorgetan durch große Taten. Sein Leben war äußerlich unscheinbar und unauffällig. Br. Eduard war pflichtbewusst und beständig im Kleinen. Man kann mit Recht sagen, dass er ein heiligmäßiges Leben geführt hat. Das ist es, was ihn zum Glanzlicht des Klosters und zum Vorbild für die Jugend und uns alle gemacht hat.

Da war mir klar, wir brauchen keine finanziellen Zuschüsse aus Bonn. Was wir brauchen, ist ein junger, heiligmäßiger Br. Eduard, der die Jugendbegegnungsstätte leitet.

Wieder ist Gott reisefertig

Von Pfarrer Ludger Bornemann
Geistlicher Leiter des Pilgerhauses Tabgha

Reisen

Kurz vor der Landung in Tel Aviv muss man die Uhr umstellen, nur um eine Stunde – eine kurze Bewegung am Rädchen, dann ist der Zeiger umgestellt. Knapp vier Stunden war man sesshaft unterwegs im Flugzeug. Hat abgehoben von der Startbahn, war über den Wolken, mit Reinhard Mey im Ohr „…würde, was uns groß und wichtig erscheint, plötzlich nichtig und klein."

Pilger auf dem Berg der Seligpreisungen.

Ungewohnt für Europäer ist die Passkontrolle und die Frage: „What's the purpose of your visit in Israel?" Ja, was ist die Absicht dieses Besuchs in Israel, im Heiligen Land? Warum sind Sie hier? Weil Sie eine Auszeit nehmen wollen? Weil Sie schon immer mal ‚dahin' wollten? In der Bibel spazieren gehen wollten? In den Orient wollten? Das jüdische Israel kennenlernen? Das Land des israelisch-palästinensischen Konflikts sehen wollten? Was suchen Sie hier?

Es scheint eine uralte Sehnsucht von uns Menschen zu sein: aufzubrechen aus dem Alltagstrott, die „Immobilien" hinter sich zu lassen, „mobil" sein zu können. Neue Wege zu suchen und Bekanntes hinter sich zu lassen. Eine Aus-zeit nehmen. Das Rädchen anhalten oder umstellen: In andere Zeiten eintauchen, um dann anders zurückzukehren. Lust am Abenteuer und am Tapeten- und Perspektivwechsel.

Pilgern

Das alles erlebt der Tourist auch. Aber was will man, wenn man als Pilger in dieses Land kommt? Hape Kerkeling schreibt dazu:

> Der Brauch des christlichen Wallfahrens geht zurück auf das 4. Jahrhundert, als erstmals Menschen begannen, Orte zu besuchen, die mit Jesu Wirken, seinem Tod und mit dem Leben und Sterben der Apostel, seiner Jünger in Verbindung standen. In erster Linie war und ist also Jerusalem im Heiligen Land, wo Jesus gekreuzigt und auferstand, der natürliche Pilgerort der Christen-

heit." *(Losgehen um anzukommen, München 2008, S.7)*

„Ich bin dann mal weg", hatte er gesagt, als er 2001 zu einem Fußmarsch nach Santiago aufbrach. Vielleicht steht manchmal am Anfang auch nicht mehr als der Wunsch wegzukommen. Nach seiner Wanderung sieht er aber auch den Unterschied des Pilgerns:

> „Genau genommen ist das Pilgern mit dem Wandern aber nur entfernt verwandt beziehungsweise geht wesentlich darüber hinaus. Denn das Pilgerziel kann man ja auch auf dem Esel, Pferd, Kamel, Fahrrad oder im klimatisierten Reisebus mit Minibar erreichen. Man kann sogar einen Teil des Wegs nach Jerusalem, Rom beziehungsweise Santiago segeln oder rudern. Aber wäre rudern deswegen identisch mit Pilgern? Mitnichten. – Also: Pilgern ist nicht wandern! Wandern bedeutet vor allem ruhiges Vorankommen; Pilgern ist ein bewegtes Innehalten. Wandern ist die äußerliche Unternehmung; Pilgern ist der innere Vorgang. Oder anders ausgedrückt: Man wandert mit den Füßen, aber pilgert mit dem Herzen! Pilgern ist: die Suche nach Gott!" *(a.a.O. S.9)*

Bewegen

Das Unterwegssein ist menscheitsgeschichtlich die Zeit des Nomadentums. Im Negev und in der judäischen Wüste gibt es sie noch. Die Beduinen bleiben, solange die Natur Lebensmöglichkeiten gibt. Ist das spärliche Gras nach dem Winter abgefressen, suchen sie nach anderen Orten. Hier einmal probieren und dort etwas verwerfen oder wählen. Wanderschaft als Ursprung des Lebens: Würde die Samenzelle nicht wandern, könnte sie nicht die Eizelle finden und Zellteilung und Entwicklung des Lebens würde nicht beginnen.

Das „Heilige Land", Israel/Palästina, liegt genau im Schnittpunkt der Kontinente Afrika, Asien und Europa. Neben den Nomadenstämmen, die auf der Suche nach Weide- oder Siedlungsland waren, gab es Karawanen und Heere, die durch diese Gegend zogen. Ägypter, Babylonier, Griechen, Römer, Byzantiner, die Kreuzfahrer, Osmanen, Engländer, Amerikaner – in Vergangenheit und Gegenwart ist die Liste der Völker und Mächte lang, die hier herrschten und Einfluss hatten. Sie alle haben ihre Spuren hinterlassen – aber die Begegnung mit diesem Land ist auch an ihnen nicht

Der Brunnen am Pilgerhaus in Tabgha

spurlos vorrübergegangen. Das Heilige Land liegt im Schnittpunkt zwischen den Kontinenten – aber genauso ist es auch ein Brückenland für fremde Völker und Kulturen. Flüchtlinge suchen Heimat und Bleibe, Vertreibung und Zerstörung wechseln sich ab mit Neubau und Wohnung. Jeder Stein ist verbunden mit Geschichten und Schicksalen. Wo so schnell kein Gras drüberwächst, bleiben die Erinnerungen lebendig.

Fremd sein

Das Fremde und die Fremden bedrohen und stellen das Eigene in Frage. Davon weiß die Bibel zu erzählen. Sicherung der Grenzen, Kriege und Landeroberungen, Vorschriften ausdrücklich nur für die eigenen Volksgenossen – die Geschichte des Volkes Israel kennt viele Beispiele, wie man auf die Bedrohung durch die befremdlichen Anderen reagiert. Schreckliche Ansichten und Praktiken den Fremden gegenüber gibt es dort, entstanden aus der Angst vor dem Verlust des Eigenen.

Wie eine zarte Pflanze wachsen aber in biblischer Zeit auch andere Einsichten. So wird von Abraham und Sara erzählt, wie sie fortzogen aus Ur in Chaldäa, als Fremde lebten in Ägypten, schließlich in Mamre bei Hebron eines Mittags Besuch bekamen von drei fremden Männern. Mit großer Aufmerksamkeit wendet sich Abraham ihnen zu und bereitet ein Mahl, bei dem er es an nichts fehlen lässt. In respektvoller Distanz gewährt er den Gästen Ehrerbietung, er selbst isst nicht mit ihnen. Diese Fremden sind es schließlich, die den beiden alten Leuten, Sara und Abraham, ein Geschenk ankündigen: die Geburt eines Sohnes und damit Zukunft und Leben. Ja, schließlich erkennt Abraham, dass in diesen Fremden der „Ich bin da" selbst ihn besucht hat. – Vielschichtig ist diese Erzählung, aber auffällig ist es, wie gastfreundlich hier Abraham, der selber Fremder war und weiß, wie es dem Fremden zumute ist, seine Gäste aufnimmt.

Nicht erstaunlich ist die ursprüngliche Angst vor dem Fremden. Aber erstaunlich ist, wie der Gedanke langsam im Gottesvolk heranwächst, dass der Fremde der Gast Gottes ist, der unter seinem besonderen Schutz steht. Er hat Rechte im Volk Gottes und soll nicht nur mitleidig geduldet werden. Abraham gewinnt größeren Lebensreichtum, und so will die Behandlung und Begegnung mit dem Fremden jeden, der auf den lebendigen Gott vertraut, zu mehr Leben verlocken. Das Leben verkümmert, wenn es sich nur in sich selbst erschöpft.

„Einen Fremden sollst du nicht ausbeuten. Ihr wisst doch, wie es einem Fremden zumute ist; denn ihr selbst seid in Ägypten Fremde gewesen." (Ex 23,9) Luther übersetzt hier sehr schön: „Ihr wisst um der Fremdlinge Herz". Das ist ein wichtiger Grund für die Lebensrechte des Fremden: Das erfahrene eigene Leid des Fremdseins kann das Herz bitter und bösartig werden lassen und man will es möglichst schnell vergessen und verdrängen. Aber aus der Erinnerung der eigenen Schmerzen können auch Mitleid und Barmherzigkeit erwachsen. Menschen, denen man Wunden geschlagen hat, können Wunden anderer besser verstehen. Und daraus kann sich schließlich ein Sinn entwickeln, in dieser Welt, in dieser gebrochenen und „seufzenden Schöpfung" das eigene Leben als Gast und Fremder zu verstehen. Das 1. Buch der Chronik legt König David kurz vor seinem Tod ein Dankgebet in den Mund, in dem er sagt: „Denn wir sind nur Gäste bei dir, Fremdlinge wie alle unsere Väter. Wie ein Schatten sind unsere Tage auf Erden und ohne Hoffnung." (1.Chr 29,15)

„Wir haben hier keine Stadt, die bestehen bleibt, sondern wir suchen die künftige" (Hebr 13,14) formuliert der Verfas-

ser des Hebräerbriefs. Die ersten Christen haben sich oft als Fremde in dieser Welt gefühlt, „die Anhänger des neuen Weges" (Apg 9,2) werden sie genannt, „die als Fremde in Pontus, Galatien,... und Bithynien in der Zerstreuung leben" (1Petr 1,1). Sie folgen Jesus, dem „Gast auf Erden", dessen Reich nicht von dieser Welt ist (Joh 18,36), der schon bei seiner Geburt auf die Herberge angewiesen ist (Lk 2,7), der in den Häusern der Menschen zu Gast sein muss (Lk 19,5) und der Gäste einlädt und sie bedient in der Fußwaschung (Joh 13,5) – und bei der Brotvermehrung... Da ist er der „Ich bin da".

Der Pilger ist ein ‚Peregrinus'. Ein Fremder, einer der in die Fremde geht. Die Pilgerreise führt entsprechend ins Fremde und Ungewisse. Reise hat etwas mit ‚Reissen' zu tun, mit los-reissen. ‚Travel' und ‚travaille' sind verwandt. Reise ist Arbeit: Fremdsprache, ungewohnte Betten, Essen, „was der Bauer nicht kennt", – die vielen Eindrücke wollen verarbeitet werden. Werde ich alles bekommen, was ich brauche? Werden meine Erwartungen an die Reise in Erfüllung gehen oder werde ich enttäuscht? Werde ich gestärkt und erholt zurückkehren, oder verunsichert und erschöpft? Muss man vielleicht erst in die Fremdenschaft gehen um dort die Gastfreundschaft zu entdecken?

Anlegestelle des Pilgerhauses.

Gast sein

You're welcome! Es tut gut, das dann zu hören! Am Abend, dann, wenn der Reisende erschöpft ist, ein Dach, ein Bett und eine gute Mahlzeit zu finden:

> Ich dachte an meine Ankunft am Abend vorher. Pater Täpper, ein großer Rheinländer mit viereckigem Vollbart, priesterlich in Schwarz, mit einer Lüsterjacke, den weißen Tropenhelm auf dem Kopf, kam mir mit großen, knirschenden Schritten auf dem mit weißen Seekieseln bestreuten Gartenweg entgegen. Über ihm hing ein Gerank von Hibiskusblüten; hinter ihm grünte und blühte ein unglaublich schöner Garten.
>
> ‚Ah, da sind Sie, lieber Freund!' rief er und legte mir seine große Hand auf die Schulter. Bei dem Anblick seiner blauen Augen, seiner apfelroten Backen, seines viereckigen, braunen Bartes und seiner breiten Schultern dachte ich mir, genau wie Pater Täpper müssen die Kreuzfahrer ausgesehen haben. ‚Lassen Sie uns plaudern.'"

So liest es sich bei Henry V. Morton, Auf den Spuren des Meisters, ein Reisebericht ins Heilige Land von 1939. Morton kommt in das damalige Pilgerhospiz Tabgha und begegnet Pater Täpper. Er beschreibt den Ort paradiesisch, fühlt sich wie Adam am Morgen der Schöpfung:

> Als ich am ersten Morgen in Tabgha erwachte und auf das galiläische Meer hinaussah, empfand ich ein so unbeschreibliches Gefühl des Friedens, ein so starkes Losgelöstsein von der Welt, dass ich Adam hätte sein können, wie er staunend den Garten Eden betrachtete. Mein Zimmer war von einem tropischen

Pater Taepper im Garten des Pilgerhauses.

Links: Pater Jeremias mit Beit Noah-Gästen am Pool.
Rechts-unten: Ludger Bornemann (vorne rechts) mit der Gruppe des Freundeskreises der Dormitio beim Picknick am Beit Noah in Tabgha

Dschungel umgeben. Große, wohlriechende Blumen, deren Namen ich nicht kenne, rankten sich an dem kleinen eisernen Balkon empor und umrahmten die Fenster. Obwohl die Sonne eben erst aufgegangen war, erbebten die Blüten unter der Last der Bienen; unter mir lag der blaue See ruhig im ersten Sonnenlicht. Alles war still, ruhig, lieblich."

„Ihr wisst um der Fremdlinge Herz", der Rheinländer Pater Täpper in Tabgha begrüßt den englischen Reiseschriftsteller Morton in der Fremde. Im Orient – wo die Gastfreundschaft seit jeher groß geschrieben wird – ohne die man verloren wäre. You're welcome! Ahlan wa sahlan! B'ruchim Habaiim! In Zeiten von Touristenbussen mit Minibar mag so eine Erfahrung seltener sein, aber wer die Schnellstraßen verlässt, wird natürlich auf einen Kaffee eingeladen und der Wanderer in der Wüste bekommt den Tee von den Beduinen eingeschenkt. Und selbst auf den Schnellstraßen wird man per Anhalter mitgenommen oder bei einer Autopanne wird dem Fremden geholfen.

Um die Mittagszeit bekommt Abraham Besuch, zur Zeit der größten Hitze, völlig unerwartet, aber alle Aufmerksamkeit und Sorge gilt den Gästen. Um die Mittagszeit trifft Jesus die Frau am Jakobsbrunnen und ist bei ihr zu Gast. Und da – die Überraschung, im Gast Gott zu entdecken. Das gehört ja mit zu den schönsten Erfahrungen des Reisenden, das etwas ungeplant dazwischenkommt, gratis. Eine Erfahrung vom Paradies. Eben nicht planbar und machbar – so wie Gott.

Ankommen

Der Pilger, der auf der Suche nach Gott ist: Er will ja nicht nur ein Vagabund sein, er möchte auch irgendwo ankommen. Nicht der Weg ist das Ziel – das Ziel sind die heiligen Orte am Weg. Ikonen, die die Erinnerung wach halten, dass alle Sehnsucht an einem Ort ankommen kann. Keine Utopie – sondern ein Ort für das innere Heimweh nach Gott. Denn das gibt es ja auch, dieses Heimweh, diese Sehnsucht nach einem Ort des Bleibens. Vielleicht ist das ja die Antwort auf die Frage: „Was suchst Du hier?" Vielleicht ist das der tiefste Beweggrund für die Pilgerschaft. Losgehen, um anzukommen.

Der erste Ort, den wir als Menschen erleben, ist wohl der Mutterleib. Wenn es gut geht, vermittelt er die ursprüngliche Erfahrung von Geborgenheit, von Gehalten- und Versorgtsein – von Paradies. Neun Monate brauchen wir, um ein Baby zu werden, neun Monate an einem Ort, in einem Raum, um zu reifen. Dann kommt der Raum der Familie, der Schule, der Freunde – so geht es weiter. – Auch der Paradiesgarten von Tabgha braucht die zuverlässige Anwesenheit eines Gärtnerteams. Wachstum und Kultur sind gebunden an Orte und feste Gemeinschaften.

„Glaubt ihr nicht, so bleibt ihr nicht!" (Jes 7,9b) ruft Jesaja seinen Zeitgenossen zu, die hin und hergerissen sind zwischen den politischen Großmächten. Macht euch fest in der eigentlichen Bleibe – „wer nicht Amen erklärt, der nicht Amen erfährt", übersetzt Alfons Deissler das Wortspiel des Propheten. Der Glaube sucht das Amen, das Festmachen. Ohne das Bleiben entsteht keine Welt, so wie kein Menschenkind zur Welt kommt ohne Bleibe. Natürlich ist die Welt ‚da', unabhängig von unserer Bleibe. Aber was um uns herum ist, fügt sich erst zur Welt, wenn wir eine Bleibe gefunden haben, von der aus wir Erfahrungen sammeln und in unser Erkennen und Erinnern einfügen können.

Bleiben

Im fünften Jahrhundert nach Christus entsteht in Tabgha in Palästina die Kirche der Brotvermehrung. Der römische Basilikabau wird in byzantinischer Zeit mit Mosaiken von ägyptischen Handwerkern geschmückt. Die Motive stammen aus dem in griechischer Sprache geschriebenen Physiologus. Das ist ein damals verbreitetes Buch, in dem Pflanzen, Steine und Tiere beschrieben und allegorisch auf das Heilsgeschehen hin gedeutet werden. So kommen der Klippdachs mit dem Ibis, die Enten und Kormorane in die Kirche von Heptapegon.

Diese Zeit, das zeigt schon der kurze Blick in die Entstehungsgeschichte der Kirche von Tabgha, war geprägt von Völkerwanderung, Orientierungslosigkeit, Abbrüchen und der Suche nach Bleibendem. Eine sich verändernde Welt wurde vielen Menschen fremd. Es ist die Zeit, in der als asketische Lebensform das Wandermönchtum entsteht. Die Peregrinatio propter Christum will sich ganz der göttlichen Vorsehung anvertrauen. Legendär werden zum Beispiel die Abenteuer des heiligen Brendan aus Irland erzählt, der mit zwölf Gefährten zur Navigatio Sancti Brendani aufbricht, um die ‚Terra Repromissionis‘, die ‚verheißene Insel‘ zu finden. Viele europäische Länder wurden von der Bewegung der irischen Wandermönche missioniert.

Das war auch die Zeit des heiligen Benedikt von Nursia (480-547). Seine Ordensregel war auch eine Antwort auf die sich auflösende spätantike Gesellschaft: in die Unruhe und Auflösungstendenzen seiner Zeit brachte er ein Prinzip ein, das dem Zeitgeist widersprach und das dauerhaft wurde: die Beständigkeit, stabilitas loci, ein Innehalten in der Zeit der Völkerwanderungen.

Ganz ähnlich wie heute der Pilger am Flughafen Ben Gurion soll auch der Mönch gefragt werden: „Freund, wozu bist du gekommen?" (Bendiktsregel, Kap 60) und: „Man achte genau darauf, ob der Novize wirklich Gott sucht, ob er Eifer hat für den Gottesdienst, ob er bereit ist zu gehorchen und ob er fähig ist, Widerwärtiges zu ertragen. Offen rede man mit ihm über alles Harte und Schwere auf dem Weg zu Gott." (Bendiktsregel, Kap 58) Auch hier ist vom Weg die Rede, vom Unterwegssein zu Gott – das ein hartes und spannendes Abenteuer der Suche ist. Ja, selbst die Schwierigkeiten werden darin zu einer Möglichkeit der Gottsuche.

> Das mag das Spannende, das Attraktive, das Anziehende der Klöster auch heute sein: Womöglich suchen viele Menschen, denen sich ihre Welt aus Leistung, Erfolg und Atemlosigkeit zunehmend entfremdet, die sich auf der Suche nach dem Eigentlichen bisweilen selber fremd werden, unbewusst einen fremden Ort, in dem ihre eigene Fremdheit ‚aufgehoben' – also gelöst werden und ein Zuhause finden kann; und sei es eines auf Zeit. Jede Gastfreundschaft aber setzt voraus, dass die Gastgeber zu Hause sind und sich dort wohlfühlen. Es muss Menschen geben, die bleiben, an ihrem Ort. Benediktinische Mönche sind solche Menschen; benediktinische Klöster sind solche Orte." *(Markus Nolte: Sommerklöster, Münster 2010, S.13)*

Pater Matthias mit Pilgern an Dalmanuta.

Unterbrechen

Auch das Pilgern ist heute störenden Zwangsläufigkeiten unterworfen. Wirtschaftlichkeit, Zeitdruck und Optimierung schaffen nicht unbedingt eine Atmosphäre des Verweilens. Der alte Pilgerschritt kannte noch neben den zwei Schritten vorwärts, auch den einen zurück, die Statio, das Innehalten. „Was tut es gut, hier das Sternchen in den Psalmen zu haben – da kann man wieder Atem holen." sagt eine Pilgerin nach dem Besuch der Vesper in Tabgha. Unterbrechung, Gedankenstrich, Sternchen, Entschleunigung – die Mönche sollten Fachleute dafür sein. In der heutigen Welt mit ihrem Mobilitätszwang sind sie umso mehr gefordert. Pilger möchten mitgenommen werden in dieses ‚Seminar', dieses ‚Gewächshaus' des Bleibens, des Heimwehs nach Gott. „Nachtherbergen für die Wegwunden" nennt Nelly Sachs die Psalmen. Es braucht die erfahrenen Fährmänner und -Frauen, die „über die Psalmenbrücke in den Tag führen" (Wilhelm Bruners). Nicht zuletzt gerade in dem Land, in dem Jesus von Nazaret mit diesen Worten gebetet hat, in der Gegend des Sees Gennesaret. Und – wo Jesus uns mit den gläubigen Juden und ihrem gleichen Psalmengebet verbindet – aber auch trennt.

Störungsfrei lebt man auch in einem Kloster im Heiligen Land nicht. Oft wird der gewohnte Rhythmus unterbrochen, wie sollte es auch anders sein in so einem unruhigen Land. Das „Kommt und ruht ein wenig aus" wird ja schon im Evangelium enttäuscht – aber genau da, am Abend, geschieht das Wunder des Perspektivwechsels und des Teilens. Wie schon bei Abraham um die Mittagszeit. Auch dort ist die Unterbrechung, die Störung der Ort der Verheißung. Ein Einbruch der Ewigkeit.

Altabt Benedikt Maria am See.

Beduinenfamilie vor ihem Zelt.

Störung als himmlische Chance zu sehen, ist für die Reisenden genauso wie für die Beständigen eine Herausforderung. Aber "what's the purpose of your visit here?" Wollte man nicht nach Gott Ausschau halten? Es mit ihm zu tun bekommen? In einem Land, in dem Gott selbst alle menschlichen Vorstellungen über ihn stört, in dem er ein Mensch wird – störend und heilend.

Papst Benedikt hat auf seiner Deutschlandreise 2011 gesagt, die Menschen „brauchen Orte, wo sie ihr inneres Heimweh zur Sprache bringen können." Das Heimweh ist da; aber es ist verschüttet, solange es nicht zur Sprache kommen oder auf andere Weise – z.B. in Gestalt einer Pilgerreise ins Heilige Land– seinen Ausdruck finden kann. Mönche sind Menschen des Heimwehs nach Gott. Das verbindet sie mit den Pilgern. Es wäre wunderbar, wenn es in Tabgha, dem Ort der Brotvermehrung, gelänge, diese Sehnsucht mit Menschen zu teilen und sie darin zu bestärken.

„Wieder ist Gott reisefertig" ist der letzte Satz aus einem Gedicht („Im Alter") von Nelly Sachs. In diesem Text drückt sie aus, dass der überraschende Gott auch in der letzten ‚Immobilie', der letzten Unbeweglichkeit, dem Tod, noch auf die Reise ruft. Die Mönche sollen den unberechenbaren Tod täglich vor Augen haben (Bendiktsregel Kap 4.) Und in Tabgha: Gottes Reisefertigkeit am Ostermorgen in Dalmanuta gemeinsam mit den Pilgern feiern!

Mit Pater Hieronymus durch die Geschichte von Tabgha

Teil VI: Die vierte Brotvermehrungskirche

Die heutige Brotvermehrungskirche ist streng genommen das vierte Gotteshaus, das zur Erinnerung an die Speisung der 5000 an diesem Ort errichtet wurde. Schon um 350 war eine erste Kirche gebaut worden. Wahrscheinlich durch ein Erdbeben zerstört, entstand um 450 eine dreischiffige Basilika, die mit einem prachtvollen Mosaikboden ausgestattet wurde. 614 zerstört und jahrhundertelang unter Schutt begraben, entdeckte man kurz nach Ankauf der Ländereien durch den Palästina-Verein im Jahre 1889 erste Kleinfunde.

Im Jahr 1911 wurden bei einer systematischen Grabung bereits der Altarplatz mit dem Stein, das Emblem mit dem Brotkorb und den Fischen und weitere Mosaikflächen zu Tage gefördert. Aber erst 1932 konnten die Reste der byzantinischen Vorgängerkirche mit dem fast vollständig erhaltenen Mosaikboden zur Gänze ausgegraben werden. 1936 wurde zum Schutz der Mosaiken von dem Schreinermeister Nienhaus eine einfache Holzkirche nach einem Entwurf des Kunstmalers Bernhard Gauer errichtet. Diese sogenannte Notkirche

Mit Pater Hieronymus durch die Geschichte von Tabgha

fanden wir, die Benediktiner, vor, als wir 1939 von Jerusalem an den See Gennesaret übersiedelten. Wir sollten diese Kirche nicht als Behelfs- oder Notkirche bezeichnen, stand sie doch immerhin 44 Jahre, von 1936 bis 1980 schützend über dem kostbarsten Ausgrabungsfund, der in Tabgha heute Tausende von Pilgern und Touristen anlockt. Und der ranghöchste Pilger aus der kirchlichen Welt, Papst Paul VI., hat diese Kirche 1964 besucht und in dieser Kirche gebetet.[1]

Meine erste Aufgabe in Tabgha

Doch schon 1939 befand sich diese Kirche in einem desolaten Zustand. Aber in Europa war der Zweite Weltkrieg ausgebrochen, Köln und viele andere Städte lagen nach dem Ende des Krieges in Schutt und Asche, in Deutschland selbst herrschte Chaos und der Verein war ohne finanzielle Mittel. So konnten erst 1947 größere Reparaturarbeiten in Angriff genommen werden. Das Dach, aus einem nicht wetterfesten Material, war auf der Südseite durch die Hitze versengt, so dass bei jedem Regen das Wasser in das Kircheninnere eindringen konnte. Der Boden wurde regelrecht überschwemmt, was zwangsläufig zur Beschädigung, ja zur Zerstörung der wertvollen Mosaiken führen musste. So war es meine erste Aufgabe, als ich 1947 nach Tabgha kam, mich zuerst der Kirche von Tabgha anzunehmen. Das wird mir erst heute so recht bewusst.

Mit Zustimmung des Vereins machte ich mich an die Arbeit. Das Dach sollte mit Eternitplatten versehen werden. Wegen des Gewichts des neuen Materials mussten zuerst auf jeder Seite noch je eine Säule errichtet werden, die den Dachstuhl abstützen sollten.

Restaurierung des Mosaikbodens

Die durch Regenwasser beschädigten Mosaikflächen wurden von einem Mosaizisten des Israel-Museums in Jerusalem begutachtet. Außerdem waren bei der ersten Restaurierung im Jahr 1936 durch den erwähnten Bernhard Gauer 60 qm Mosaikfläche im linken Kirchenschiff nicht befestigt worden. Aufgrund von Erdbewegungen wölbte sich an verschiedenen Stellen der Boden, so dass einzelne Mosaiksteinchen heraus brachen und die Bildkomposition zerstörten.

Im Jahre 1969 wurden dann umfangreiche Restaurierungsarbeiten am Mosaikboden vorgenommen. Da habe ich gerne zugeschaut. Die Technik hat mich fasziniert. Unsere heutige Schreinerei wurde zur Restaurationswerkstatt. Zuerst mussten Kleinflächen von Mosaikbildern in der Größe von ca. einem Quadratmeter so entfernt werden, dass weder die Figuren noch die floralen Muster zerstört wurden. Dies geschah durch das Aufkleben eines Sacktuches, wodurch man das Mosaikfeld leicht vom Untergrund ablösen konnte. Dieser Ausschnitt wurde nun auf der Rückfläche zuerst von Mörtelresten gereinigt, mit feinem Blechrahmen eingefasst und mit Beton ausgegossen und verfugt.

---

1 Anm.d.Red.: Im Jahr 2000 war besuchte auch Papst Johannes Paul II. im Rahmen seiner Pilgerreise die Brotvermehrungskirche.

Mit Pater Hieronymus durch die Geschichte von Tabgha

In der Kirche wurde zwischenzeitlich ein fester Untergrund geschaffen, die Blechumfassung von den gegossenen Platten entfernt und diese wieder an Ort und Stelle, gewendet, in das Muster eingefügt. Bei genauem Hinschauen sieht man gelegentlich die Nahtstellen. Um das Sacktuch nun wieder entfernen zu können, wurde es angefeuchtet. Nun musste das Mosaikstück nur noch vom Klebstoff gereinigt werden. Nahstellen, die sich nicht verwischen ließen, wurden vom Mosaizisten mit neuen Steinchen verklebt. Das Rohmaterial dazu fand sich in unserem Omayyaden-Palast in Khirbet Minje. Es handelt sich dabei um dasselbe antike Lokalmaterial, das damals sowohl bei der Originalanfertigung unseres Fußbodens in der Kirche als auch im Palast verwendet wurde.

Erste Ideen für den Neubau der Kirche

Erst in den siebziger Jahren wird immer wieder der Gedanke an einen Neubau aufgegriffen, insbesondere Abt Laurentius Klein, 1969 zum Abtadministrator der Abtei Dormitio gewählt, gehört mit zu den Initiatoren, die sich für den Bau einer neuen Brotvermehrungskirche unermüdlich eingesetzt haben. Auch im Organ des Deutschen Vereins vom Heiligen lesen wir im Jahr 1976 die Überschrift: „Große Pläne für Tabgha" (S 10ff). In dem Artikel heißt es:

> Das Anwesen in Tabgha rückt von Jahr zu Jahr mehr in den Mittelpunkt des Interesses. Die Pläne für den dringend notwendigen Neu-

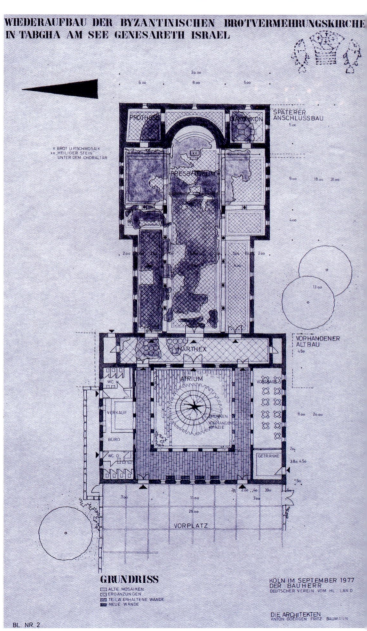

233

Mit Pater Hieronymus durch die Geschichte von Tabgha

bau einer schlichten aber würdigen Kirche am traditionellen Ort der Brotvermehrung nehmen langsam Gestalt an."

Kritische Stimmen waren laut geworden, die Behelfskirche sei „feuergefährlich". „Der Zustand, dass sich mehr und mehr Touristenbusse auf dem kleinen Platz direkt vor der Kirche drängen, dort lärmend ihre Motoren laufen lassen und die Auspuffgase in die Kirche blasen", erregte Unmut, wie wir in einem Bericht aus dem Jahre 1976 entnehmen können. Ein Jahr später schreibt Abt Laurentius:

> Wer nach Tabgha kommt und sich dort umschaut, wird ohne Schwierigkeit zustimmen, dass der jetzige Zustand der Brotvermehrungskirche der Bedeutung des Ortes nicht angemessen ist und keine würdige Heilige Stätte darstellt. Dazu ist zu bedenken, dass Tabgha zum Pflichtpensum aller Israel-Besucher – Pilger wie Nichtpilger – gehört. [...] Am liebsten möchte man gleich mit dem Bau beginnen."[2]

Immer mehr Pilger strömen ins Heilige Land und an den See Gennesaret. Da steht die Primatskapelle, aus dunklem Basaltstein erbaut, fest auf dem Fels am See und die Kirche der Seligpreisungen wirkt auf der Kuppel des Seligkeitsberges wie ein Schmuckstück, eine aufgesetzte Krone.

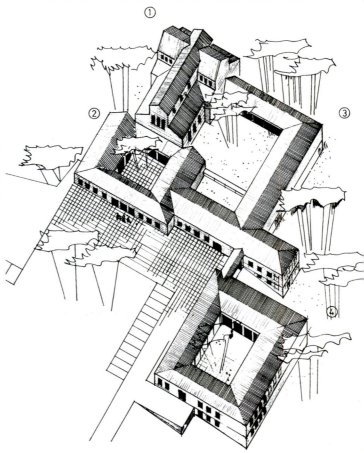

Eine planerische Idee für die Entwicklung von Tabgha aus dem Jahr 1976, die in dieser Weise nicht ganz umgesetzt wurde:
(1) **Brotvermehrungskirche**
(2) **Atrium**
(3) **Kloster**
(4) **Gemeindezentrum**

---

2 Das Heiilige Land 1977 (108), Heft 4, S. 10ff.

Mit Pater Hieronymus durch die Geschichte von Tabgha

„Schließlich entschloss sich der Vorstand des DVHL, eine besondere Anstrengung zu machen, um am Siebenquell in Zusammenarbeit mit den Benediktinern [...] ein Zentrum christlichen Lebens zu schaffen, das sowohl für die vielen Pilger wie auch für die einheimischen Christen gedacht war. [...] Es war eine besonders glückliche Entscheidung, über den wertvollen Mosaiken die Kirche im selben byzantinischen Stil erstehen zu lassen, unter Wahrung der Grundrisse der Architekten des 5. Jahrhunderts."³

Erste Entwürfe

Erwägungen, eine moderne Kirche zu bauen, wurden zwar diskutiert, aber bald verworfen. Ein erster Plan, von Finanzausschussmitglied, Oberbaurat Anton Georgen 1976 vorgelegt, sah zunächst ein Großprojekt mit Kirche, Atrium, neuem Kloster, Gemeindezentrum und Parkplatz vor. Dieses Projekt sprengte jedoch von Anfang an den Finanzierungsrahmen. Was der erste Entwurf jedoch schon erkennen ließ, war die Ausrichtung an der byzantinischen Basilika aus dem 5. Jahrhundert. 1977 liegt bereits ein Modell vor, das sich, wie es heißt, an „den klaren Linien der früheren Kirche orientiert und auf jedweden repräsentativen Aufwand verzichtet". Man hatte sich für den Typus einer byzantinischen Basilika entschieden. Der Grund war ja gelegt im wahrsten Sinne des Wortes: Grundriss und Grundlage waren gegeben durch den 1932 ausgegrabenen Mosaikfußboden und Reste der Außenmauern der Vorgängerkirche. So wurde das „Grundmuster" des kostbaren Erbes aus byzantinischer Zeit zum inspirativen Faktor bei der Konzeption des Neubaus. „Der Wiederaufbau der Kirche von Tabgha", schreibt Abt Laurentius Klein voller Begeisterung, „wird in den nächsten Jahren zum Hauptprojekt unserer Arbeit werden."

Im selben Jahr konnten die Pläne der beiden Architekten Anton Goergen und Fritz Baumann bei den örtlichen Behörden vorgelegt werden. Umfangreiche Vorstudien waren vorausgegangen, gibt es doch für den Grundriss der byzantinischen Basilika aus dem 5. Jahrhundert mit dem Querschiff keine Vorbilder in Palästina. Kirchen aus derselben Epoche fanden sich vereinzelt im Negev, in Jordanien, Syrien und Griechenland. Aber auch ganz reelle Überlegungen in Bezug auf die Statik mussten wegen der Tatsache, dass sich die Erde ab und zu bewegt, angestellt werden. Während der Planungszeit wurden bereits die wertvollen Mosaiken aus der Notkirche ausgelagert, das Hauptmotiv mit dem Brot und den Fischen jedoch weiterhin den Besuchern zugänglich gemacht. Dazu wurde ein kleiner Schuppen mit Überdachung gebaut. Er befand sich draußen beim heutigen Parkplatz.

Auswahl des Steins

Eine besonders glückliche Entscheidung wurde bei der Auswahl der Steine für die Mauern der Kirche getroffen.

---

3 Bargil Pixner OSB, Tabgha, der Eremos des Herrn, in: Festschrift des theologischen Studienjahres der Dormition Abbey Jerusalem für Abt Dr. Laurentius Klein OSB, St. Ottilien 1986, S. 45.

Mit Pater Hieronymus durch die Geschichte von Tabgha

...Laurentius, Pater ...ton Goergen.

Der Vorstand des Vereins, die Architekten und wir wählten, vielleicht inspiriert vom hellen Stein der Synagoge von Kafarnaum und der Josefskirche von Nazaret, einen hellen Stein, der aus einem Steinbruch eines christlich-arabischen Dorfes mit Namen Taybeh bei Ramallah stammt. Die Farbe des Steins ist eine chromatische Mischung aus Ocker, Rose, Sand, Champagner und einer Spur Apricot.

Wir haben angefangen

„Wir haben angefangen", schreibt P. Laurentius in einem Bericht aus dem Jahr 1979. „Hier wird nun nach langen Vorüberlegungen und Planungen ein neues Gotteshaus errichtet, das einmal die wertvollen Mosaiken besser schützt, zum anderen aber den vielen Pilgern die Möglichkeit bietet, des Speisungswunders gedenkend, Eucharistie zu feiern."

Die Genehmigung durch die israelischen Behörden für Denkmalpflege und Umwelt lagen vor und nun

Mit Pater Hieronymus durch die Geschichte von Tabgha

konnte mit dem Bau begonnen werden. Heute noch gibt es in Tabgha einen ganzen Schrank mit Akten von Plänen, Skizzen, Protokollen und Abrechnungen.

Viele Namen sind zu nennen

Viele Namen sind zu nennen: die Architekten Anton Goergen und Fritz Baumann; der Polier Alfons Auer, der zwei Jahre nach der Einweihung der Kirche auf tragische Weise ums Leben kam; der Statiker Lothar Fink; Herr Pelek, der zusammen mit Alfons Auer die örtliche Bauleitung inne hatte; ferner die Firma Neemann und Khalil Dowery, die mit der Ausführung des Baus betraut waren. Zimmerleute und Dachdecker kamen aus Deutschland. Die Kapitelle fertigte Herr Nastas, ein Bildhauer aus Bethlehem. Abt Laurentius Klein übernahm die organisatorische Leitung und war für die finanzielle Abwicklung zuständig, und „dem Auge von Pater Hieronymus wird auf der Baustelle nichts entgehen", hieß es in einem Bericht. Auch Bruder Eduard wird erwähnt. Er sei der „eifrigste und gründlichste Beobachter beim Fortgang der Arbeiten in Tabgha gewesen".

Grundsteinlegung

Am 23. Mai 1980 wurde der Grundstein gelegt. Viele Gäste waren gekommen. Jacobus Beltritti, der Lateinische Patriarch von Jerusalem nahm die Zeremonie vor. In der Nähe der Baustelle fand ein feierlicher Gottesdienst statt, den der Patriarch, der Bischof von Nazaret, Hanna Kaldany, unser neu gewählter Abt Nikolaus

Mit Pater Hieronymus durch die Geschichte von Tabgha

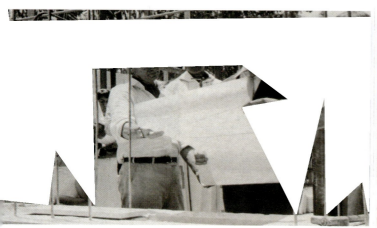

Oberbaurat Goergen verliest die Urkunde bei der Grundsteinlegung (23. Mai 1980).

Erste Fundament-Arbeiten.

Egender, meine Mitbrüder aus der Dormitio, der Generalsekretär des DVHL, Msgr. Herbert Michel, Pfarrer Johannes Düsing aus Jerusalem und ich gemeinsam zelebrierten. Viele Vertreter aus verschiedenen Ordensniederlassungen waren nach Tabgha gekommen. Die Bundesrepublik Deutschland war vertreten durch ihren Botschafter in Israel, Klaus Schütz. In der feierlichen Urkunde heißt es:

> „Im zweiten Jahr des Pontifikates von Papst Johannes Paul II., während der Amtszeit des Bundespräsidenten Carl Carstens in Deutschland und des Staatspräsidenten Yitzhak Navon in Israel, legt der Lateinische Patriarch, S.S. Jacobus Joseph Beltritti den Grundstein."

Msgr. H. Michel hielt die Predigt. Eindrucksvoll berichtet er von der Stadt Köln, die nach dem Zweiten Weltkrieg in Trümmern lag, und von deren Bürgern, die zuerst „ihren" Dom wieder aufgebaut haben, und erst dann daran gingen, ihre eigenen Häuser wieder zu errichten: Das Haus Gottes in die Mitte stellen. Ein solches Zeichen solle auch der längst fällige Wiederaufbau dieses Gotteshauses in Tabgha sein![4] Nach der Eucharistiefeier erfolgte die Grundsteinlegung. Nachdem Oberbaurat A. Goergen die Urkunde vorgelesen hatte, senkte sie der Patriarch von Jerusalem in den Grundstein, der dann von den Bauleuten verschlossen wurde.

ZWEIJÄHRIGE BAUZEIT

Nur zwei Jahre währte die Bauzeit. Ein Guide, der unerlaubterweise mit einer Pilgergruppe die Baustelle betre-

---

4   Vgl. Das Heilige Land 1980 (112), Heft 2/3, S. 18f.

Mit Pater Hieronymus durch die Geschichte von Tabgha

Links das „alte" Kloster, daneben die Baustelle der neuen Kirche.

Deutlich sind die Außenmauern und der Chor schon zu erkennen.

ten hatte, meinte sogar, er habe nie ein Bauwerk weit und breit im Heiligen Land so schnell wachsen sehen."

Was die Materialherkunft anbelangt, braucht unsere Kirche keinen Vergleich mit der Verkündigungskirche von Nazaret zu scheuen, bei deren Ausschmückung Künstler aus aller Welt beteiligt waren. Der helle Stein für die Mauern stammt aus einem christlichen Dorf bei Ramallah. Es ist Stein aus dem Heiligen Land. Der Marmor für die Kapitelle kam aus Carrara in Italien, das Holz für die Dachbalken aus meiner Heimat Kroatien. 20.000 Dachziegel wurden in Südtirol bestellt, wo mein Mitbruder P. Bargil herstammt. Der fertige Dachstuhl für Kirche und Atrium wurde aus Deutschland geliefert, ebenfalls die Eichenholztüren mit den schmiedeeisernen Beschlägen. Mit der Einrichtung für die Sakristei, den Beleuchtungskörpern aus Eisen und den Fenstern zusammen machte die Lieferung der Bauteile aus Deutschland 75 Tonnen aus. Die Rohquader für die Säulen wurden aus Hebron geholt. Die Basaltsteine für die Bodenpflasterung des Atriums und die Ummauerung des Vorplatzes stammen aus der unmittelbaren Umgebung von Tabgha, womit wir von der „Materialreise" zum Ort des Bauplatzes zurückgekehrt sind.

Die Vorarbeiten

Zuerst dachte man daran, die Steinmetzarbeiten in Ramallah direkt am Steinbruch ausführen zu lassen, was sich als unrentabel erwies, da die Sichtflächen für Fenster und Türen aufeinander abgestimmt werden mussten. So wurden zehn Steinmetze nach Tabgha geholt. Sie waren im heutigen Gästehaus untergebracht. Die jetzige Schreinerei war damals noch nicht überdacht. Auf dieser Terrasse wurden die Vorarbeiten ausgeführt. Aber es wurden auch Schutzzelte aufgestellt, da der Platz nicht ausreiche. Das Klopfen der Steinmetze wurde nun für zwei Jahre tagsüber zum täglichen „Ohrenschmaus". Am Abend hörte man weithin das metallene Hämmern, wenn die Steinmetze ihre Meißel schärften für den kommenden Tag. Pünktlich um 5.30 Uhr begann die Arbeit.

Auch die Säulen wurden als Rohquader aus Hebron mit Lastwagen herbeigeschafft und vor Ort bearbeitet. Die Farbe der Säulen weicht von der Polychromie der Mauersteine ab. Sie ist heller und ohne Mischtöne. Für die Kapitelle musste Marmor verwendet werden, da der lokale Stein zum Splittern neigt. Bei der Ausschreibung fiel die Wahl auf einen einheimischen Bildhauer aus Bet Jala bei Bethlehem. Er hieß F. Nastas und hatte acht Jahre auf der Bildhauerakademie in Mailand studiert. In seinen Zeugnissen wurde ihm eine 98 % exakte Wiedergabe von anatomischen Figuren bescheinigt. Er hatte schon Kapitelle für die Grabeskirche und den Felsendom gemeißelt.

Für unsere Säulenkapitelle wurde ein Original aus einer byzantinischen Kathedrale der Stadt Hippos als Muster verwendet. Es wurde uns von den israelischen Behörden zur Verfügung gestellt und steht heute im Atrium vor dem Brunnen. Ein Vollkapitell kostete 6000 DM. Von Nastas stammen auch die kleinen Porträts, die jeweils auf der Gangseite in die Kapitelle gemeißelt sind. Sie werden oft übersehen. Verewigt sind dort oben Kardinal Höffner, P. Laurentius, Br. Eduard, Anton Goergen, ich selbst und andere.

Integration von Originalteilen

Bei den Ausschachtungsarbeiten wurden Säulenbasen und ein großes Stück des Apsidengesimses zu Tage befördert. Dieser Stein aus der byzantinischen Vorgängerkirche wurde in den Neubau integrativ einbezogen und bildet heute den Schlussstein in der Apsis. Alles, was vom Originalbau erhalten geblieben war, wurde mit verwendet. So sind im linken Seitenschiff, im Nordtransept und in der Prothesis die Fundamentmauern aus Basaltstein der alten Kirche noch zu sehen. Obwohl in den dreißiger Jahren die Säulenreste des Altartisches gestohlen worden waren, gab es Fotos aus einem Ausgrabungsbericht von Dr. A. Schneider, die nun als

Die Kapitelle werden an Ort und Stelle bearbeitet.

Mit Pater Hieronymus durch die Geschichte von Tabgha

Modelle für die Rekonstruktion dienen konnten. In Jerusalem wurde im Israel-Museum an der Restauration der Mosaike gearbeitet. Außerdem wurden zehn Quadratmeter Ergänzungsmosaik hergestellt. Diese zeigen ein vereinfachtes Muster und unterscheiden sich daher deutlich von den Originalflächen. Figurale Mosaikbilder sollten nicht ergänzt werden. Auf Anregung von Abt Laurentius war vorgesehen, das Emblem mit dem Brotkorb und den Fischen, das ursprünglich hinter dem Alter gefunden wurde, vor den Altar zu verlegen. Die Mosaike im Mittelfeld der Kirche konnten aus Kostengründen nicht ergänzt werden. Die Lücken waren bei den Restaurierungsarbeiten mit Beton gefüllt worden und vermitteln heute durch die klare Konturierung einen guten Eindruck des 1932 vorgefundenen Fußbodens.

Das Richtfest

Der Bau ging zügig voran. Nur drei Tage wurden benötigt, um den Dachstuhl aufzubauen. Am 3. Juni 1981 konnte das Richtfest stattfinden. Nach deutschem Brauch befestigt der Zimmerer den sogenannten Firstbaum, ein kleines geschmücktes Bäumchen, auf der Spitze des Dachstuhles und trägt den Richtspruch vor. Der Zimmerermeister und Dachdeckermeister, Herr Gerhard Detzen hatte den Richtspruch gedichtet:

*„Vom Grundstein bis zum Firste steht
die neue Kirche, wie Ihr seht.
So dass der Maurer wie der Zimmermann
den Bau mit Stolz betrachten kann."*

Mit Pater Hieronymus durch die Geschichte von Tabgha

Khalil Dowery an den Bögen des Atriums.

Am 2. März 1982 war das Atrium fertiggestellt Draußen musste noch der Vorplatz planiert und die Umfassungsmauer errichtet werden. In der Kirche wurden die restlichen Arbeiten zu Ende geführt.

Eine Pilgergruppe des Deutschen Katholischen Frauenbundes spendete 15.000 DM für die beiden Eingangstüren. Von den Handwerkern in Tabgha wurde ein Betrag bereitgestellt für unsere beiden Ikonen, die von Benediktinerinnen auf dem Ölberg gemalt wurden. Die Beleuchtungskörper wurden aus Arnsberg (Sauerland) gestiftet. Das heute viel bewunderte Hauptportal, eine Bronzearbeit des Kölner Künstlers Prof. Elmar Hillebrandt wurde erst 1986 fertig gestellt. Auch die Mosaikarbeiten konnten bis zur Einweihung noch nicht abgeschlossen werden. Sie zogen sich noch bis 1985 hin.

Die Einweihung der Kirche

Zwei Jahre nach der Grundsteinlegung kann am 23. Mai 1982 die neue Brotvermehrungskirche vom Präsidenten des DVHL, Kardinal Joseph Höffner, Erzbischof von Köln, eingeweiht werden. Wieder sind alle gekommen, die schon bei der Grundsteinlegung teilgenommen hatten. Neben dem Lateinischen Patriarchen von Jerusalem, dem Bischof von Nazaret und dem melkitischen Bischof Lutfi Laham, kamen diesmal auch unser Abtprimas aus Rom, Viktor Dammertz, der heutige Bischof von Augsburg, ferner: eigens aus Amerika angereist unser Altabt Leo von Rudloff, unser Abt Nikolaus, der Kustos der Franziskaner, der Vizepräsident des DVHL, Dr. Bernd Potthast, und der Generalsekretär des Vereins, Prälat Herbert Michel.

Unter den Gästen waren auch der Metropolit der griechisch-orthodoxen Kirche, der armenische Bischof, ein Vertreter des Apostolischen Delegaten, der Deutsche Botschafter, ein Vertreter des israelischen Religions-, Außen- und Tourismusministeriums und Schalom Ben Chorin. Neben diesen hohen Gästen und Vertretern der verschiedenen Institutionen und Behörden, neben 60 Ordensleuten und Weltpriestern, nahmen auch zwei Pilgergruppen des DVHL an der Feier teil.

Kardinal Höffner klopfte mit seinem Bischofsstab an das verschlossene Portal: Anton Goergen, der Architekt

Mit Pater Hieronymus durch die Geschichte von Tabgha

der Kirche, überreichte ihm daraufhin den Schlüssel. Nach der Segnung des Wassers wurde das Gotteshaus mit Palmzweigen besprengt. In drei Sprachen wurden die Lesungen und Texte vorgetragen. Die erste Lesung auf Hebräisch, die zweite in Arabisch, das Evangelium in deutscher Sprache. Bischof Lutfi Laham trug ein Kirchweihgebet aus der orientalischen Liturgie vor. Der Antwortpsalm zur Litanei wurde in verschiedenen Sprachen gesungen.

Die Gabenbereitung begann mit einer Gabenprozession. Frauen brachten einen Kelch, eine Stola, Kerzenleuchter für den Altar, die Ikonen und den Schlüssel für den Tabernakel. Die beiden Architekten der Kirche A. Goergen und F. Baumann legten das Modell der Kirche und die Pläne vor den Altar. Anschließend wurden Brot und Wein gebracht. Nach dem Hochgebet wurde das Allerheiligste in die Sakramentskapelle übertragen und so die Kapelle ihrer Bestimmung übergeben. Der Tabernakel steht auf einem alten Stein aus der byzantinischen Basilika. Die Tabernakeltür schmückt ein byzantinisches Kreuz. Auf beiden Seiten sind aus Ebenholz die Szenen der Speisung der 5000 und des wunderbaren Fischfangs geschnitzt. Das Werk stammt von dem Bildhauer Gert Reifschneider aus Wuppertal.

Kardinal Höffner überreichte als Geschenk das Prozessionskreuz, eine Emailarbeit des Kölner Künstlers Egino Weinert. Auf dem rautenförmigen Mittelfeld ist das Wunder des Ortes dargestellt. In den kleinen Feldern werden Begegnungs-Szenen aus dem Leben Jesu aufgegriffen: Die Begegnung mit Maria und Martha, mit Nikodemus, der reuigen Sünderin und der Samariterin. Auf der Rückseite finden sich fünf Bilder mit Darstellungen der Verkündigung, der Taufe, Tod, Auferstehung und Sendung des Heiligen Geistes.

In der Altarplatte wurden Reliquien der hl. Ursula, des hl. Gereon und der hl. Hildegard beigesetzt. Alle Kerzen waren angezündet, 12 in der Apsis, 12 auf dem Kronleuchter und weitere 12 in den Seitenschiffen. Sie symbolisieren die Zahl 12 in Erinnerung an die 12 Söhne Jakobs, die 12 Stämme Israels und die 12 Apostel.

Ein Meisterwerk

Seit dem Tag der Einweihung zählt die Brotvermehrungskirche zu den schönsten Kirchen im Heiligen

Baurat Goergen, Kardinal Höffner und Khalil Dowery.

Land. Mein Mitbruder, P. Bargil schreibt: „Was die Architekten geschaffen haben, ist tatsächlich ein Meisterwerk der Reinheit und Einfachheit der Linien, das allgemein Bewunderung findet." Guides kommen ins Schwärmen, wenn sie eine Einführung geben und viele Pilgerseelsorger beginnen ihre Predigten mit einem Loblied auf unsere Kirche: Die Basilika von Tabgha sei eine Symphonie aus Stein, Farbe, Klang und Licht. Sie besticht durch die Schlichtheit und Klarheit der Architektur und die dezente Farbenpracht der Mosaikdarstellungen und ihrer Bildpredigt. Vom goldenen Maß für Dimensionen war die Rede. Viele rühmen die effektvolle Akustik, die das Klangvolumen eines Quartetts vervielfältigt zum Tonkörper eines kleinen Kammerorchesters. Diesen akustischen Effekt erfahren wir insbesondere bei der Morgenhore, wenn wir, die wenigen Mönche und Schwestern, allein in der Kirche sind und die Psalmen rezitieren. Dann, so scheint es, wird unser Gebet verstärkt durch die Klangkompetenz des Raumes.

Die tageszeitliche Atmosphäre wird bestimmt durch die „Mobilität des Lichts", von der fortschreitenden Aufhellung am Morgen bis zu klaren Zeichnung der Konturen von Säulen, Bögen und des Gebälks am Mittag. Gegen 18 Uhr wird es still und dunkel in der Kirche. Die Pilger sind fort und die Nacht fällt ohne Vorankündigung herein. Nur die letzten Kerzen im Ständer vor den Ikonen brennen langsam aus. Das Glas spiegelt das Lichtspiel der Flammen und lässt das Bild von Maria und Jesus aus der Dunkelheit des Hintergrundes erstrahlen. Nun sitze ich gerne in der Kirche, am liebsten ganz hinten. Jetzt ist Tabgha der stille Ort, den Jesus aufgesucht hat, um zu beten. Die viel gepriesene Kirche von Tabgha ist ein wirkliches Gotteshaus, groß genug für viele und klein genug, um die Entstehung eines Raumgefühls für Gemeinschaft aufkommen zu lassen.

Abbild der byzantinischen Basilika

Die jetzige Kirche in Tabgha ist, wie schon erwähnt, das vierte Gotteshaus am Ort der Brotvermehrung. Was verbindet diese vier Kirchen miteinander? Die heutige Kirche aus dem 20. Jahrhundert steht auf dem Grundriss der zweiten Kirche aus dem 5. Jahrhundert. Sie ist über dem antiken Mosaikboden der Vorgängerkirche gebaut. So sind wir gleichsam „auf dem Teppich" geblieben.

Über den Mosaikboden schritten schon die Christen und Pilger in der frühbyzantinischen Zeit. Unsere Kirche ist eine Nachbildung der byzantinischen Vorgängerkirche und stellt damit die Einzigartigkeit und Einmaligkeit eines Kirchentypus wieder her, für den es in Palästina keinen vergleichbaren Bau gibt. So ist unsere neue Brotvermehrungskirche ein Abbild, eine Nachzeichnung, eine Ikone des historischen Vorbildes. Damit überbrückt sie die Jahrhunderte der christlichen Abwesenheit.

Allen Kirchen von Tabgha gemeinsam ist aber die Erinnerung an die Speisung der 5000. Diese ist jedoch nicht nur ein einmaliges Ereignis der Barmherzigkeit Jesu gewesen. Von Tabgha geht eine appellative Botschaft aus, insbesondere für alle Menschen, die diesen

Mit Pater Hieronymus durch die Geschichte von Tabgha

Ort besuchen. „Gebt ihr ihnen zu essen", sagte Jesus zu den Aposteln, ein Impuls, der gerade in unserer Zeit neue Aktualität gewinnt in einer Welt der Gegensätze und Ungleichheiten von Armut und Reichtum, Hunger und Wohlstand. Kardinal Höffner nannte in seiner Predigt am Tag der Einweihung die Kirche von Tabgha „eine Stätte der Begegnung, der Verheißung und der Sendung. Von hier geht der stärkste Antrieb aus zu einem christlichen Leben in der Welt."

Osternacht in der Brotvermehrungskirche

Das Wunder von Tabgha

Von Erich Läufer, Schriftleiter der DVHL-Vereinszeitschrift „Das Heilige Land"
Auszug aus: Tabgha. Wo die Brotvermehrung stattfand, Köln 2000.

Wenige Meter von der Basilika entfernt, unmittelbar am See, liegt ein gewaltiger, von zwei Felsen gestützter Megalith. Er ist zum Altar geworden. Rohe Baumstämme dienen als Sitzreihen. […] Unzählige größere und kleinere Gemeinschaften feierten hier die heilige Eucharistie oder hörten mit weitem Herzen die Worte der Heiligen Schrift wie zum ersten Mal.

Am Abend, wenn die vielen Pilger und Touristen heimgefahren sind, umfängt in Tabgha Stille den Menschen. Im vergehenden Tageslicht breitet sich noch einmal die ganze Schönheit der Landschaft aus. Die Luft ist erfüllt vom Wohlgeruch der Goldranken, Zyklamen und Kardon. Rot wie Rubine leuchten die Granatäpfel. Gleich schweren gelben Gewichten hängen die Bananenbündel an niedrigen Stauden. Über kleine helle und dunkle Muscheln gleiten einige Wasserschildkröten in ihre Verstecke. Aus dem Hinterhalt eines Eukalyptusbaumes schießen Mungos hervor, um Mäuse zu fangen. Draußen auf der spiegelglatten Fläche des Sees tummeln sich in sicherer Entfernung zum Ufer mehrere Königsfischer, und gurrend melden sich aus dem Mauerwerk der alten Wassermühle die Tauben. Süß weht betörender Duft aus den Blüten der Orangenhaine. Zur Seite wächst über den silbrigen Kugeln der Olivenbäume jener Hügel empor, der seit alter Zeit den Namen „Berg der Seligpreisungen" trägt.

Es wird Zeit, dass Christen aufhören, sich zu scheuen, daran zu erinnern, dass die Welt Gottes Eigentum ist. Indem der Mensch sie entdeckt, entwickelt, verwaltet und umsorgt, nimmt er Teil an Gottes Herrschaft. Wer denkt, vermag zu erkennen, wem er die Welt verdankt. Der Dichter des Psalmes 104 hat schon vor urdenklich langer Zeit formuliert: „Du lässt das Gras wachsen für das Vieh, auch Pflanzen für den Menschen, die er anbaut, damit er Brot gewinnt von der Erde und Wein, der das Herz des Menschen erfreut."

Der Mensch lebt nicht vom Brot allein. Aber er braucht Brot, um zu leben. Umgekehrt heißt es: Obwohl der Mensch Brot braucht, lebt er nicht allein davon. Es kann sein, dass der Hunger nach Brot den Hunger nach Gottes Wort verdrängt. Es kann sein, dass angesichts eines reich gedeckten Tisches mit viel Brot im Überfluss verdrängt wird, dass es auch das Brot des ewigen Lebens gibt: das Wort Gottes. In der Kirche darf nicht vergessen werden, warum die Menschen damals Jesus nachliefen: Sie wollten ihn hören. Ihn – das ewige Wort des Lebens. Worte, die sonst keiner zu sprechen vermochte.

Herr,
die Kirche ist
ein Haus des Wortes
und Geschenk im Brot
als Zeugnis für das Leben.

Mach uns hungrig
nach deinem Wort.
Lass uns begreifen,
dass ohne dieses Wort
das Leben nicht gelingt.

Still du den Hunger
nach ewigem Leben,
dann werden wir
im Wunder von Tabgha
für uns erfahren,
dass wir bis heute
von diesem Brot essen.

252

Spaß im Pool.

Konvent und Ministranten nach der Oblation von Br. Franziskus.

...die wundervolle Welt anschauen...

Auszug aus:
*Henry V. Morton,
Auf den Spuren des Meisters,
1939.*

SIEBENTES KAPITEL

Ich wohne in einem Garten am Galiläischen Meer, entdecke die Ruinen der Kirche der Brote und Fische und versuche, das Leben an den Seeufern so zu rekonstruieren, wie Jesus es gekannt hat. Ich besuche die Überreste von Kapernaum und das öde jetzige Bethsaida.

I.

Es gibt einen Gemütszustand, der meines Wissens keinen Namen hat. Es ist nicht Glück, denn das ist eine aktive Bejahung der Dinge, es ist auch nicht Zufriedenheit, die passiv ist und die man als den Abend des Glücks bezeichnen könnte. Die einzigen Worte, die mir einfallen, sind beide so abgenutzt, entwertet und allgemein missbraucht, dass sie ein Lächeln hervorrufen dürften. Das eine ist „Wohlbehagen", und das andere ist das wohlbekannte „Liebe".

Ein jeder kann sich hoffentlich aus seiner Kindheit einer Zeit erinnern, in der dieser Gemütszustand nicht Sekunden, sondern Tage oder gar Wochen hindurch andauerte. Manchmal versucht man mit Hilfe der Phantasie, sich in jene Glanzperiode des Lebens zurückzuversetzen, in der die Seele noch unbefleckt von Sünde und ohne Furcht vor der Ewigkeit ein Schmetterlingsdasein führte, nur nach Süßigkeit suchte und sie auch fand.

In jenen Tagen dufteten die Erde und die Blumen stärker, die Sonne schien heller als heute; der Regen, der Schnee und der Nebel waren Zauberdinge, und unbewusst waren wir ein Teil der uns umgebenden, sichtbaren Schönheit. Für die meisten von uns ist das Leben ein allmähliches Erwachen aus jener Verzauberung. Aber inmitten der zahllosen Prüfungen und Nöte des Lebens, die uns verhärten und verbittern, kann man dann und wann Bruchteile von Sekunden aus dieser früheren Welt wiedergewinnen; so blitzartig und kurz sind sie, dass man sich hinterher besinnt, ob man sie wirklich erlebt hat, oder ob sie nur eine Erinnerung aus einem andern Dasein waren.

Als ich am ersten Morgen in Tabgha erwachte und auf das Galiläische Meer hinaussah, empfand ich ein so unbeschreibliches Gefühl des Friedens, ein so starkes Losgelöstsein von der Welt, dass ich Adam hätte sein können, wie er staunend den Garten Eden betrachtete. Mein Zimmer war von einem tropischen Dschungel umgeben. Große und wohlriechende Blumen, deren Namen ich nicht kenne, rankten sich an dem kleinen eisernen Balkon empor und umrahmten die Fenster. Obwohl die Sonne eben erst aufgegangen war, erbebten die Blüten unter der Last der Bienen; unter mir lag der blaue See ruhig im ersten Sonnenlicht. Alles war still, ruhig, lieblich.

Ich dachte an meine Ankunft am Abend vorher. Pater Täpper, ein großer Rheinländer mit viereckigem Vollbart, priesterlich in Schwarz, mit einer Lüsterjacke, den weißen Tropenhelm auf dem Kopf, kam mir mit großen, knirschenden Schritten auf dem mit weißen Seekieseln bestreuten Gartenweg entgegen. Über ihm hing ein Gerank von Hibiskusblüten; hinter ihm grünte und blühte sein unglaublich schöner Garten.

„Ah, das sind Sie, lieber Freund!" rief er und legte mir seine große Hand auf die Schulter. Bei dem Anblick seiner blauen Augen, seiner apfelroten Backen, seines viereckigen, braunen Bartes und seiner breiten Schultern dachte ich mir, genau wie Pater Täpper müssen die Kreuzfahrer ausgesehen haben. „Lassen Sie uns plaudern."

Er führte mich in ein Zimmer, in dem die Vorhänge herabgelassen und Türen und Fenster mit blauem Moskitonetz bespannt waren. Als Pater Täpper seine Pfeife anzündete, bemerkte ich seine großen, braunen Gärtnerhände. Der Garten des Tabgha-Hospizes ist der einzige Fleck gepflegter Schönheit rund um

Das „alte" Pilgerhaus mit dem Brunnen davor.

das Galiläische Meer. Von Tiberias aus erscheint er als kleiner, dunkler Punkt am Ufer, aber wenn man darin ist, bilden die Palmen und Eukalyptusbäume, die von violetter Bougainvilla berankten Wände, die Zitronen- und Orangenbäume, die Nelken und Geranien, der persische Flieder, die Kapuzinerkresse und die Hibiskusstauden eine kleine Welt für sich, ein Heiligtum, um so kostbarer, je nackter und unfruchtbarer die wilde Gebirgswelt rings umher ist. Dieser von Blumen überquellende Garten mit seinem melodischen Wassergeriesel ist der einzige Ort an den Ufern des Sees, wo es möglich ist, sich ein wenig den Glanz und Luxus zu vergegenwärtigen, in dem zu alten Zeiten das ganze Westufer schwelgte. Der See, so wie Jesus ihn kannte, muss ähnlich gewesen sein wie Tabgha.

Pater Täpper und seine Vorgänger haben als gute Rheinländer versucht, eine kleine Nachbildung der von Zinnen gekrönten Burgen, wie man sie auf den Rheinhöhen von Mainz bis Koblenz sieht, an den Strand des Galiläischen Meeres zu versetzen. Aber das Galiläische Meer wollte nicht! Und die Blumen warfen ihre Üppigkeit über die Mauern, die Schlingpflanzen eroberten sie wie im Sturme, so dass man nur von einer einzigen Stelle im Garten aus noch unter den bunten Ranken die zackigen Umrisse einer kleinen Steinbaukastenburg entdecken kann.

Wir plauderten, bis die Sonne beinahe untergegangen war. Wir sprachen von Jesus, von Bethsaida (das mit Tabgha identisch sein soll), von Kapernaum, von Magdala, wo Maria Magdalena geboren wurde, von Petrus, von Andreas und Philippus; dann von dem Zollamt, in dem Matthäus einst von dem Handel längs des Ufers den Zoll erhob. Dem Pater Täpper ging die Pfeife aus. Er rückte seinen Stuhl etwas näher. Über dem langen, breiten Barte blickten mich die blauen Augen eines zehnjährigen deutschen Jungen an, weit geöffnet vor Begeisterung, als er von seiner Gartenarbeit erzählte und von den seltsamen Gegenständen, die ein Gärtner in dem Boden am Ufer des Galiläischen Meeres findet. Erst kürzlich gruben er und sein Beduine in dem Grundstück in der Nähe des Ufers, als sie plötzlich – o Wunder! – in der braunen Erde etwas erblickten. Erst schimmerte es blau, dann blitzte es golden auf und zuletzt ein wenig grün.

Da warfen sie ihre Spaten weg und arbeiteten mit den Händen, um nichts zu zerstören, denn sie hatten das längst verschwundene Mosaikpflaster der kleinen römischen Kirche der Brote und Fische entdeckt. Seit Aetheria von Aquitanien 380 herüberkam, um in Galiläa zu beten, war es verschwunden, und nun lag es wieder offen in der Sonne. Und als sie weiter scharrten und gruben, fanden sie den Stein, auf dem der Legende nach Christus die Brote und Fische segnete. Er war als Altar benutzt worden und lag nun unter der Erde auf vier kleinen römischen Säulen…

„Ich werde mit Ihnen hingehen", sagte Pater Täpper, „und Sie werden es selbst sehen. Es ist mit Erde zugedeckt, damit die Sonne es nicht verdirbt, aber eines Tages baue ich ein Dach darüber und sichere es für alle Zeiten."

Nun stand ich also in der Morgenstille und schaute auf den Garten hinab. Aus den Bergen von Gergesa stieg die Sonne in den wolkenlosen Himmel, der Garten war ein Netzwerk aus Licht und Schatten und voll kleiner Morgengeräusche, Quieken, Rascheln, Taubengirren und dem Plätschern eines von Blumen überwucherten Springbrunnens.

Die Jahre fielen von mir ab wie eine lästige Hülle, und ich war plötzlich wieder ein kleiner Junge, der früher aufgestanden ist als alle andern und die wundervolle Welt anschaut. Ich erschien mir wie ein Teil von ihr, und sie kam mir vor wie ein Teil von mir. Der Eisvogel, der auf dem höchsten Gipfel einer Föhre saß, war gekommen, mir guten Morgen zu sagen, und sogar die kleine, schwarze Eidechse, die, als ich mich bewegte, plötzlich anhielt und mit erhobenem Kopfe stillsaß, erlebte, so schien es mir, diesen Augenblick mit mir als guter Kamerad. Dieselbe Lebensfreude, die mich in meiner Jugendzeit bei Sonnenaufgang über Wiesen laufen hieß, die mich zu Waldlichtungen hinzog, wo Hasen spielten, oder zum Bachufer, wo Forellen standen, sie gab mir den Wunsch ein, die Welt umarmen zu dürfen. Ich warf ein Handtuch über die Schulter und ging durch den Garten, dann einen Felsenpfad entlang, zum Seeufer hinab. In südlicher Richtung kam ich in einen dunklen Wald aus Eukalyptusbäumen, der in die wüstenartige Ebene von Gennesaret überging.

Kein Mensch war zu sehen. Am Waldrand ergoss sich ein Bach aus einem Teich, über den sich steile Felsklippen türmten. Der Teich war sehr still und tief. Ich drückte mich gegen einen Baum und beobachtete, wie zwei Eisvögel tauchten. Sie umkreisten im Fluge den Teich, rüttelten dann plötzlich in der Luft und richteten ihre langen Schnäbel wie Pfeile auf das Wasser. Dann ließen sie sich wie Steine fallen. Rasch und leicht berührten sie den Wasserspiegel und flogen wieder auf; und indem sie kreisten, blitzte einen Augenblick das Sonnenlicht auf dem kleinen Silberfisch in ihrem Schnabel. Die Steine wimmelten von Wasserschildkröten. Sie sahen aus wie Lehmklumpen, einige dunkel von der Nässe, andere hell, von der Sonne getrocknet. Wenn ich mich bewegte, glitten sie von ihren Felsen langsam in das Wasser.

Am Waldrand lag ein schmaler, halbmondförmiger Sandstrand. Ich legte meine Kleider ab und ging ins Galiläische Meer. Das Wasser war grimmig kalt, aber mir war das gerade recht. Ich spazierte in dem seichten Wasser weit hinaus. Die Sonne schien mir warm auf den Oberkörper, aber bis zu den Knien stand ich in Eis. Bald wurde es tief genug zum Schwimmen. Einen Augenblick zögerte ich noch feige, dann stürzte ich mich hinein. Nun spürte ich die Kälte nicht mehr, und ich hielt auf die Hügel von Gergesa zu, die vor mir aus dem See ragten. Scharf und dunkel zeichneten sich die Morgenschatten auf ihren Abhängen ab. Langsam schwamm ich zurück. Auf meiner Linken sah ich, wie die Uferlinie nach Süden auf Tiberias zu abschwenkte. Man erkannte deutlich die kleine Gruppe weißer Schachteln: das war die Stadt. Vor mir lag die grüne Ebene von Gennesaret und der dunkle Gürtel der Eukalyptusbäume. Der wohlige, befriedigende Kontakt mit dem Wasser, der schöne blaue See, alles wurde an diesem zauberhaften Morgen nun Hochgenuss. Ich hörte ein Flügelrauschen in der Luft und beobachtete auf dem Rücken schwimmend eine Schar weißer Tau-

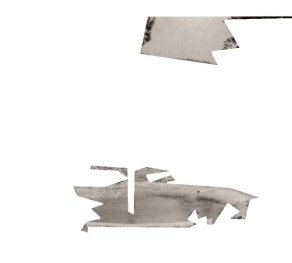

Springbrunnen im Garten des „Tabgha-Hospizes", im Hintergrund der See Gennesaret.

ben aus Tabgha, die gegen den Himmel kreisen. Ein kleiner Silbermond, den ich bis dahin nicht bemerkt hatte, lag auf dem Rücken in der Bläue.

Ich lief nach Tabgha zurück. Und es gab Honig zum Frühstück.

II.

Pater Täpper führte mich zu den Ruinen der Kirche der Brote und Fische. Sie ist nur fünf Minuten vom Hospiz entfernt. Niemand weiß, wann diese Kirche gebaut wurde. Wahrscheinlich stammt sie aus spätrömischer Zeit. Es ist nichts mehr von ihr vorhanden als das Pflaster und die Stümpfe einiger Säulen. Der alte Beduine, der das kostbare Altertum bewacht, kehrte die aufgeschüttete Erde weg, und mit jedem Besenstrich kamen entzückende Bildchen ans Tageslicht. Der Fußboden bestand aus feinem, zartfarbigem Mosaik, in dem Blau und Grün vorherrschten. Der Künstler, wer er auch gewesen sein mag, kannte und liebte das Vogelleben am Galiläischen Meere und gab es mit seinen kleinen, bunten Steinchen auf das zärtlichste wieder. Das Pflaster ist eingeteilt in Quadrate von der Größe eines mittelgroßen Teppichs, und jedes Quadrat enthält eine Zeichnung von stilisierten Vögeln und anderen Tieren, aber so liebevoll beobachtet und mit so originellem Humor ausgeführt, daß man sich den Schöpfer des Pflasters denken kann, wie er, im Schilf des Ufers verborgen, lächelnd den oft komischen Bewegungen der Enten und

Kraniche zuschaute und dem selbstsicheren Zwitschern der an den Binsen hängenden Vögelchen lauschte.

Mir gefiel besonders die Darstellung einer ungewöhnlich grauen Gans, die an einer Lotosblume zerrte. Ein anderes, lebendiges Bild gab den Kampf zwischen einem Reiher und einer Schlange wieder. Auch gab es eine fette Wachtel. Ich bewunderte die erstaunliche Geschicklichkeit, mit der in einem offenbar schwer zu behandelnden Material genau der Moment dargestellt ist, in dem ein Wasservogel sich im Wasser aufrichtet und ein paarmal mit den Flügeln schlägt, wie ein Mensch, der gähnend die Arme ausstreckt. Er ist flüchtig wie ein Blitz, der sofort wieder verschwindet. Aber dieser Mann, der vor Jahrhunderten die Wasservögel des Galiläischen Meeres beobachtete, hat es verstanden, mit seinen bunten Steinchen diesen Moment einzufangen, denn unter seinen Meisterstücken befindet sich ein kranichähnlicher Vogel, der gerade im Begriff ist, mit den Flügeln zu schlagen und sich zu strecken, wobei er die Brust herausdrückt, den Schwanz hebt und den einen Flügel ein wenig höher hält als den andern.

Das einzige vierfüßige Tier in den Zeichnungen dieses großen, aber unbekannten Künstlers ist ein komisches kleines Geschöpf, ungefähr wie ein Kaninchen. Es hat ein rotes Band um den Hals. Ich möchte annehmen, dass es das Lieblingstier des Künstlers war, denn jemand, der die Natur so genau und so humorvoll beobachtete, muss ein Tierfreund gewesen sein. Außerdem möchte ich annehmen, dass er das kleine Wesen in seine Zeichnungen aufnahm in der festen Zuversicht, damit seinem Schöpfer zu gefallen.

Das Mittelstück des Mosaiks ist ein Korb mit Brotlaiben, zu dessen beiden Seiten je ein Fisch liegt.

Es ist etwas Rührendes um dieses Pflaster, vielleicht weil es, anders wie die sonst üblichen Altertümer, wie zertrümmerte Säulen oder Kapitäle, unmittelbar aus seinem Grabe hervorgestiegen ist, mit einer Botschaft, die Zeit und Sprache bezwingt. Es ist wie eine Stimme, die plötzlich aus dem Boden heraus zu uns spricht und sagt: „Nicht wahr, die Wildenten auf dem See sind komisch? Hast du bemerkt, wie sie sich auf den Kopf stellen? Und hast du ihren Ausdruck beobachtet, wenn sie wieder hochkommen? Und wie fett die Wachteln sind, und wie mager die Störche! Ist das nicht lustig?!" – Wenn eine Stimme all dies wirklich gesagt hätte, so hätten wir dem Künstler nicht näherkommen können.

Mit Pater Hieronymus durch die Geschichte von Tabgha

Teil VII: Misereor. – „Mir ist weh um die Leute."
Vom Beginn der Begegnungsstätte Beit Noah

Alles hat seine Geschichte. Jede Geschichte hat einen Anfang. Auf der Suche nach neuer Sinngebung bewirkt mitunter ein äußerer Anlass eine neue Weichenstellung. Andererseits führt oft ein äußeres Ereignis zum Überdenken bereits gesteckter Ziele.
Der Neubau der Brotvermehrungskirche im Jahre 1980 und deren Einweihung am 23. Mai 1982 waren Anlass genug, den Aufgabenbereich unserer kleinen Kommunität in Tabgha zu überdenken.

DER ENTWURF

Bereits im Jahr des Baubeginns (1980) legen der 1979 gewählte Abt Nikolaus Egender und der damalige Prior, P. Immanuel Jacobs, einen „Entwurf für den Ausbau eines Benediktinischen Zentrums in Tabgha" vor. In diesem Gesamtplan wird neben einem Leben in Arbeit und Gebet der Mönchsgemeinschaft, neben der Pilgerbetreuung und Aufnahme von Gästen und Jugendlichen auch eine „soziale Tätigkeit in Tabgha" ins Blickfeld der Überlegungen gezogen. So sollte „der Ort der Brotvermehrung in besonderer Weise auch dem christlichen Grundgedanken der Caritas Ausdruck verleihen". Damit wird ein Gedanke der Predigt des Generalsekretärs des Deutschen Vereins vom Heiligen Lande, Msgr. Herbert Michel, bei der Grundsteinlegung aufgegriffen:

> „ Die Memoria der Brotvermehrung ist ein Zeichen besonders unserer Zeit. Sie erinnert uns daran, dass die großen sozialen Probleme in dieser Welt noch weit von einer Lösung entfernt sind."

„Immer häufiger haben wir uns in den letzten Jahren die Frage vorgelegt", so Abt Nikolaus und P. Immanuel, „was wir eigentlich als ausstrahlendes Engagement im sozialen Bereich haben. MISEREOR, das ist doch der Ort der Brotvermehrung!"

DER ANLASS

Mehrere Vorschläge wurden diskutiert. So dachte man zuerst an den Bau eines Behindertenheims, an Altenarbeit bis zum „Heilbach an den Schwefelquellen von Tabgha".

Der unmittelbare äußere Anlass kam jedoch vom SOS-Kinderdorf in Betlehem. P. Immanuel berichtet: „Sie fragten an, ob ihre Kinder, die sich sonst keine Ferien außerhalb des Kinderdorfes leisten könnten, nicht für ein paar Tage nach Tabgha dürften. Ein erster, stark improvisierter Aufenthalt gelang, und die Kinder kamen wie ausgewechselt aus Tabgha zurück." Die Gruppe war mit ihren eigenen Betreuern gekommen. Essenkochen besorgten sie selbst, den Einkauf für die Verpflegung haben wir übernommen.

DAS BEIT NOAH

Untergebracht waren sie im Beit Noah, wie das Haus seit 1989 konsequent bezeichnet wird. Beim Neubau des Klosters im Jahre 1953 wurde auch ein kleiner Stall für Schweine, Kaninchen und Hühner gebaut. Da jedoch von den hiesigen israelischen Behörden ein Verbot für Schweinezucht in unserer Gegend bestand, wurde der Stall noch eine Weile von Br. Kletus für das übrige Vieh benutzt. Dann stand der Stall leer und wurde 1974 auf Anregung von Abt Laurentius mit freiwilligen Helfern für einfache Unterkünfte ausgebaut. 1980 wurden lediglich noch Zwischenwände eingezogen. Von Anfang an erfreute sich das Beit Noah trotz oder wegen seiner Einfachheit besonderer Beliebtheit.

Mit Pater Hieronymus durch die Geschichte von Tabgha

DIE IDEE DES MACHBAREN

Der Anfang war gemacht. Der Aufenthalt der SOS-Kinder aus Betlehem erwies sich als geglücktes Experiment und gleichzeitig als Modell für das Machbare in der Zukunft. „Eine ständige soziale Institution zu gründen" (Abt Nikolaus und P. Immanuel), hätte sowohl den finanziellen, wie personellen Rahmen gesprengt. Nach Anfragen auch von Behindertenheimen kristallisierte sich alsbald die Idee heraus, diesen Zielgruppen wie SOS-Kinderdörfern, Waisenhäusern und Behindertenheimen, einen Ferienaufenthalt bei kostenloser Benutzung des Beit Noah anzubieten.

Gerade der ebenerdige Bau des ehemaligen Stalles, ohne Treppen und Stufen, bot alle Räume – Aufenthaltsraum, Küche, Schlafräume und Toiletten – auf einer Ebene und erwies sich deshalb als besonders behindertengerecht. Das Haus verfügt über 25 Betten. Gerade Wege wurden gebaut und ein schmaler Pool angelegt, der mit dem warmen, mineralhaltigen Wasser der Tabgha-Quellen gespeist wird. „So planten wir", schreiben Abt Nikolaus und P. Immanuel, „eine Intensivierung unseres Angebots an die verschiedenen Sozialinstitutionen von Jerusalem und im Heiligen Land."

DIE LEITUNG AUF DEM PLATZ

Bald kamen Anfragen aus verschiedenen arabischen, jüdischen und auch deutschen Einrichtungen. Im ersten Jahr konnten etwa 15 Heime aufgenommen werden. Mitte der 80er Jahre wurde ein Ehepaar mit

Mit Pater Hieronymus durch die Geschichte von Tabgha

Fachausbildung für Geistig- und -Körperbehinderte als Leiter des Platzes eingestellt, das unmittelbar dem Abt und Prior der Dormitio unterstellt war. Zu ihrer Unterstützung und zur Bewältigung des Arbeitspensums wurden jeweils sechs Volontäre und zwei bis drei Zivildienstleistende aus Deutschland geholt. Ab 1989 befand sich auch ein junger arabischer Mann unter ihnen.

Halbjahresberichte

Seit 1987 liegen uns Halbjahresberichte vor, in denen wir neben der allgemeinen Statistik über die Zahl der Übernachtungen einiges erfahren über die Herkunft der Behindertengruppen sowie über die inhaltliche Tätigkeit der Leiter und Mitarbeiter. Von Jahr zu Jahr wuchs die Zahl der Behindertengruppen, die in Tabgha für ein bis zwei Wochen einen Ferienaufenthalt verbringen konnten. Im Jahr 1990 wurden 5.432 Übernachtungen registriert, die sich im Jahr 1992 noch auf 6.983 steigerten. Während der Wintermonate, wenn die Behinderten nicht kommen konnten, logierten Jugendliche für den Betrag von 10 NIS, umgerechnet 5 DM, pro Nacht im Beit Noah. [...] Stets war es mein Anliegen, das Angebot der kostenlosen Unterbringung von Behinderten aufrecht zu erhalten.

Diashow

In einer Diashow, die wir vielen Pilgergruppen auf Wunsch ihrer Guides vorführten, wird neben einer

Mit Pater Hieronymus durch die Geschichte von Tabgha

allgemeinen Einführung in die Geschichte des Ortes auch von der Unterbringung von Behinderten berichtet. Von den Bildern tief beeindruckt, spenden viele der Zuschauer gerade den Betrag für eine Übernachtung eines Behinderten, nämlich 10 NIS. Mit Unterstützung dieser vielen anonymen Helfer, denen wir nicht persönlich danken können, konnte die Aufnahme der Waisenkinder und Behinderten bis heute kontinuierlich fortgesetzt werden. Dies wäre auch mein Wunsch für die Zukunft.

WOHER DIE BEHINDERTEN KAMEN

In den uns vorliegenden Berichten finden sich lange Listen der Einrichtungen, die ihre Gruppen zu uns nach Tabgha schickten. Es sind überwiegend arabische Gruppen, insbesondere aus den besetzten Gebieten. Israelische Gruppen und Gruppen aus Deutschland bzw. Europa sind nur vereinzelt zu finden. In einem Bericht wird auf die besondere Situation der Behinderten aus den besetzten Gebieten eingegangen. So schreibt Frau Dagmar Denker in ihrem Halbjahresbericht aus dem Jahre 1996: „Tabgha war und ist für palästinensische Behindertenorganisationen der einzige Ort, der ihnen zur Verfügung steht: erstens, weil sie bei uns umsonst wohnen können, zweitens – was ich in vielen Gesprächen mit den Betreuern und den Behinderten erfahren habe – dass es auch der einzige Platz ist, an dem sie angstfrei sein können" Was vielfach nicht bekannt ist, ist die Tatsache, dass Gruppen aus den besetzten Gebieten nur mit behördlicher Genehmigung ihren Wohn-

Mit Pater Hieronymus durch die Geschichte von Tabgha

sitz verlassen dürfen. Nach Tabgha dürfen sie kommen. Trotzdem kommt es immer wieder vor, dass angemeldete Gruppen keine Genehmigung für ihre Fahrt nach Tabgha bekommen. In einem Fall konnte eine Gruppe nicht kommen, weil zwar die Jugendlichen, nicht aber deren Betreuer eine Genehmigung bekommen haben.

Die Liste der aufgeführten Behinderteneinrichtungen ist lang: Rang eins gebührt dem SOSKinderdorf aus Bethlehem, das den Anstoß zur Behindertenaufnahme in Tabgha gegeben hat. Zu nennen sind ferner das Kinderhaus El Azariye aus Jerusalem, die Kinder von St. Vincent von Ein Karem und Jerusalem und die Kinder vom Caritas-Baby-Hospital in Bethlehem, ferner, die An-Noor-School und die Al Amal School für geistig behinderte Kinder aus Ostjerusalem. Es kommen Behindertengruppen aus Beit Jala, aus dem arabischen Heim Amira Basma aus Ostjerusalem, von der Behinderten-Werkstatt Jikud aus Rame, von der Shiloah-Mission aus Betlehem, von der Arche aus Betanien, aus dem Four Homes of Mercy Al Alzariye, der Körper-Behinderten-Selbsthife aus Jerusalem, dem Sternberginstitut Ramallah, aus dem Welfare-office von Nazaret und Lifegate Beit Jala, sowie die Akramgruppe „of the arabic society for physically handicapped" aus Jerusalem. Auch Erwachsenengruppen kommen ger-

Mit Pater Hieronymus durch die Geschichte von Tabgha

ne nach Tabgha, so die „Association of elderly people of Nazaret", die Elderly people of the old city of Jerusalem. An israelischen Gruppen sind zu nennen Beit Uri aus Afula und das Youth Rehabilitation Center of Jerusalem. Aus Deutschland kamen Rollstuhlgruppen aus München und Coburg und Behinderte aus dem Heinrich-Haus in Neuwied.

Drei Beispiele

Mit drei Beispielen soll von der Arbeit aus dem Beit Noah berichtet werden. Den ersten Bericht entnehmen wir dem Buch von Sumaya Farhat-Naser, die zusammen mit P. Laurentius die Ehrendoktorwürde der Theologischen Fakultät in Münster erhalten hat, „Thymian und Steine, eine palästinensische Lebensgeschichte":

Hilfe für Verletzte

„Ein kleiner Beitrag zur Verständigung war 1988 in Tabgha möglich geworden. Dort gab es ein Erholungszentrum für behinderte Kinder. Es gelang mir, mit dem Prior des Klosters und mit dem deutschen Leiterpaar ein Projekt für invalide und verwundete palästinensische Jugendliche zu verwirklichen, die an den Folgen von Schussverletzungen litten. Oft habe ich selber Gruppen von fünfzehn bis dreißig Verletzten aus Gaza, Jerusalem und Nablus nach Tabgha geschmuggelt. An diesem humanitären Einsatz beteiligten sich erstmals gemeinsam palästinensische und israelische Ärzte. Die Jugendlichen waren zu Beginn nur widerwillig bereit, sich von israelischem medizinischem Personal behandeln zu lassen. Zum ersten Mal erlebten sie Israelis in anderen Rollen als der der bewaffneten Soldaten. Deutsche Touristen, die den Erholungsort besuchten, kamen mit Verletzten ins Gespräch und halfen, soweit es möglich war. Das deutsche Fernsehen berichtete über unsere Arbeit. Das Projekt hatte leider nur etwa zwei Jahre Bestand. Die Kirche zog sich aus der Arbeit zurück – wegen mangelnder finanzieller Mittel, vor allem aber, weil es politisch zu brisant wurde. Immerhin hatten wir mehr als 200 Verletzten helfen können und die Idee von Verständigung und Versöhnung war wenigstens für eine gewisse Zeit praktisch umgesetzt worden."

Dieser Bericht muss relativiert werden. Wer den Zeltplatz und das Beit Noah kennt, weiß, dass hier nur eine ärztliche Notversorgung im Sinne einer Ersten Hilfe durchgeführt werden konnte. Der Begriff „Rehabilitationszentrum", vom damaligen Prior P. Immanuel bevorzugt und in der Presse und einer Fernsehsendung verwendet, musste zwangläufig zu Missverständnissen und falschen Vorstellungen führen.

„No Jews"

Den zweiten Bericht finden wir im Halbjahresbericht von Dagmar Denker aus dem Jahr 1996. Sie schreibt:

„Eine Begebenheit im Monat August mag die hohe politische Brisanz und zugleich die

Mit Pater Hieronymus durch die Geschichte von Tabgha

Der alte „Schweine-Stall".

große Bedeutung der Begegnungsstätte von Tabgha vor Augen führen. Nach einem der zahlreichen Straßenkämpfe in Hebron fanden wir nach Abreise einer arabischen Behindertengruppe aus dem Beit Noah eine verschmierte Wand mit der Aufschrift: No Jews. (Daneben war ein Davidsstern gezeichnet.) Es war uns klar, dass nur jemand von den Betreuern der Gruppe der Verursacher sein konnte, da alle Behinderten schwere körperliche Beeinträchtigungen aufwiesen. Wir haben die Betreuer zu einem erneuten Gespräch nach Tabgha eingeladen und den Vorfall besprochen. Es stellte sich heraus, dass einer der Betreuer auf diese Weise seinen Zorn, aber auch seine Trauer über einen bei dem Vorfall in Hebron erschossenen Onkel Ausdruck gegeben hatte. Wir haben lange mit der Gruppe darüber gesprochen, ob und wie es in diesem Land möglich sein könnte, einen Weg zum Frieden zu finden."

Wallfahrt der Behinderten

Die dritte Geschichte ist eine Geschichte der mitmenschlichen Fürsorge, die gerade bei uns, den Nicht-Behinderten einen tiefen Eindruck hinterlassen hat. Maria Pixner, die Schwester meines Mitbruders P. Bargil, war mit einer Behindertengruppe aus Südtirol zu uns gekommen. Ihre Gruppe bestand aus Blinden und Gehbehinderten, d.h. in erster Linie aus Rollstuhlfahrern. Die Gruppe wurde begleitet von mehreren Helfern und Betreuern. P. Bargil bot an, mit der Gruppe seine berühmte Fahrt um den See Gennesaret zu machen.

Mit Pater Hieronymus durch die Geschichte von Tabgha

Im Herbst 2002 beginnen die umfangreichen Arbeiten, um das Beit Noah rundum zu erneuern...

Diese Fahrt jedoch hatte den besonderen Charakter einer Wallfahrt zu all jenen Stätten, an denen Jesus Kranke und „Behinderte" geheilt hat. Maria Pixner hatte an mehreren Abenden in einer Bibelrunde mit der Gruppe die jeweiligen Texte aus dem Neuen Testament herausgesucht und vorbereitet. Mehrere Kleingruppen bereiteten die einzelnen Stationen der Fahrt vor. In Betsaida sollte eine kleine Andacht mit Texten und Fürbitten stattfinden. Texte aus den Psalmen und der Geschichte des Dulders Ijob wurden von den Helfern ausgesucht. „Niemals", so Maria Pixner, „würde ein Behinderter öffentlich eine Klage verlauten lassen." Die Fürbitten wurden von den Behinderten vorbereitet.

Die Fahrt begann mit einer kleinen Einführung durch P. Bargil. Tabgha sei, so P. Bargil, nicht nur der Ort der Wunderbaren Brotvermehrung. Jesus hat sich in Dalmanuta nicht nur zum Gebet zurückgezogen. Tabgha ist auch ein Ort der Behinderten. Und so führte er uns zur ersten Station, zur östlichen der drei großen Quellen von Tabgha, Hamam Ayub, die auch das „Bad des Aussätzigen" genannt wird. Er selbst trug die erste Perikope vor:

> „Als Jesus von dem Berg herabstieg, folgten ihm viele Menschen. Da kam ein Aussätziger, fiel vor ihm nieder und sagte: Herr, wenn du willst, kannst du machen, dass ich rein werde. Jesus streckte die Hand aus, berührte ihn und sagte: Ich will es – werde rein! Im gleichen Augenblick wurde der Aussätzige rein."

Niemand von der Gruppe war jedoch ein vom Aussatz

Befallener. Und doch setzte P. Bargil diese Geschichte an den Anfang der Reise. Der Aussätzige liefere gleichsam den Überbegriff für alle Ausgesetzten, Ausgestoßenen, Abgesonderten, aus der Gemeinschaft Entfernten. Der Aussätzige: ein Sammelname für alle Gezeichneten, mit einem Makel Behafteten, von der Natur mit einem Mangel Versehenen, für die von der Gesellschaft „Bemängelten".

Jesus sagte zu dem Aussätzigen: „Zeige dich den Priestern!" (Mt 8,4). Wem konnten unsere Behinderten sich zeigen – und was? Sie zeigten uns mitmenschliches Verhalten. Nie habe ich in einer Gemeinschaft eine solche Hilfsbereitschaft und Dankbarkeit untereinander erfahren. Da die Quelle des Aussätzigen auf einem abschüssigen Gelände liegt, war es für die Rollstuhlfahrer unmöglich, hinunter zu kommen. Da nahm jeweils ein Blinder unter Mithilfe der Betreuer, einen Gelähmten auf die Schulter und trug ihn hinab zur Quelle. Der Lahme auf dem Rücken beschrieb den Weg, der Blinde führte zum Ziel. Da bat Maria Pixner ihren Bruder, er möge von seiner fünfjährigen Tätigkeit in einem Aussätzigen-Dorf auf den Philippinen berichten. Dort habe er die Verstümmelten herumgetragen und täglich die Messe für sie gelesen. Man habe ihm dringend geraten, jedes Mal, wenn er die Hostie einem Aussätzigen auf die Zunge gelegt hatte, die Finger zum Schutz vor Ansteckung in Alkohol zu tauchen, worüber die Aussätzigen sich verletzt fühlten. Da sagte sich P. Bargil, wenn Gott will, dass ich mich nicht anstecke, werde ich gesund nach Hause zurückkehren können. Und er kehrte gesund nach Europa zurück.

Die Fahrt ging weiter nach Kafarnaum, wo am Haus des Petrus das Evangelium von der Heilung des Gelähmten vorgetragen wurde. Es war die erste Hauptstation der Wallfahrt, bestand doch die Gruppe zur Hälfte aus Gehbehinderten, Spastisch-Gelähmten und Rollstuhlfahrern. P. Bargil erzählte auch von P. Rupert Mayer, einem Münchner Jesuiten, der im Zweiten Weltkrieg ein Bein verloren hatte und vor einigen Jahren durch Papst Johannes Paul II. selig gesprochen wurde. Er ist nicht nur der Patron der Gehbehinderten, er ist zum Patron aller Behinderten erhoben worden.

Da man bei dieser Wallfahrt alle Körper- und Geistigbehinderten einschließen wollte, wurde bei Kursi auch die Perikope von der Heilung der Besessenen gelesen, die in Grabhöhlen hausen mussten. (Mt 8, 28) Auch die Geschichte von der Heilung eines Taubstummen wurde vorgetragen, die sich dort zugetragen haben soll (Mk 7, 31-36).

In Betsaida sollte die zweite große Station der Wallfahrt sein und man ließ sich im Kreis um den sogenannten Bargil-Stein nieder, den er zur Erinnerung an die Blindenheilung aufgestellt hatte. Einer aus der Gruppe las nun die „Heilung bei Betsaida" aus einer in Blindenschrift notierten Bibel vor: Jesus „nahm ihn bei der Hand, bestrich seine Augen mit Speichel", legte ihm zweimal die Hand auf die Augen und nun war der Mann geheilt und „konnte alles ganz genau sehen" (Mk 8,22). Nach der Lesung folgten Texte und Fürbitten. Einer der Betreuer trug stellvertretend für die Blinden eine Klage Ijobs vor: „Nie fragt Gott von oben nach mir. Nicht leuchtet über mir des Tages Licht" (Ijob 3,4)

Mit Pater Hieronymus durch die Geschichte von Tabgha

Ein Blinder aus der Gruppe sprach die Fürbitte: Herr, verborgen ist uns die Schönheit der Welt, die Du geschaffen hast. Wir können die Farbenpracht der Blumen nicht sehen, nicht das Antlitz eines geliebten Menschen. Aber Du hast uns Hände gegeben, die Welt zu begreifen. Wir danken Dir. Segne die, die uns die Hand reichen und uns führen! Und alle antworteten: „Der Herr hat es gegeben, der Herr hat es genommen, der Name des Herrn sei gepriesen. Der Herr hat es nicht gegeben, der Name des Herrn sei gepriesen!"

Ein zweiter Betreuer las in Vertretung aller Gehbehinderten Stellen aus Psalm 35:

Am 23. Mai 2004 wird das erneuerte Beit Noah eingeweiht.

„Sie freuten sich, wenn ich stürzte, sie spotteten und hörten nicht auf. Als ich hinkte, verhöhnten sie mich als Krüppel. Herr, wie lange noch wirst du da zusehen?"

Es folgte die Fürbitte eines Gelähmten: „Herr, wir leben in einer Welt der Technik. Sie ermöglicht es, dass wir uns fortbewegen können. Wir danken dir! Segne alle, die uns tragen und stützen! Seliger Pater Rupert Mayer, bitte für uns alle!" Zum Schluss las P. Bargil, gleichsam alle einschließend, „Von der Heilung vieler Kranker":

„Jesus zog weiter und kam an den See von Galiläa. Er stieg auf einen Berg und setzte sich. Da kamen viele Menschen und brachten Lahme, Krüppel, Blinde, Stumme und viele andere Kranke zu ihm. Sie legten sie vor ihn hin und er heilte sie. Als die Menschen das sahen, waren sie erstaunt und priesen den Gott Israels." (Mt 15,29)

Nach einer Rast fuhren wir, tief beeindruckt und schweigend, nach Tabgha zurück.

Christliche Behindertengruppen kamen auch regelmäßig zu uns in die Kirche, um an Gottesdiensten und an der Vesper teilzunehmen. In einem der Halbjahresberichte heißt es: „Die permanente Anwesenheit von Behindertengruppen in Tabgha schafft eine besondere Atmosphäre am Platz." Sie sind für die vielen Nichtbehinderten, die sich gleichzeitig am Ort aufhalten, die beste Schule der Menschlichkeit.

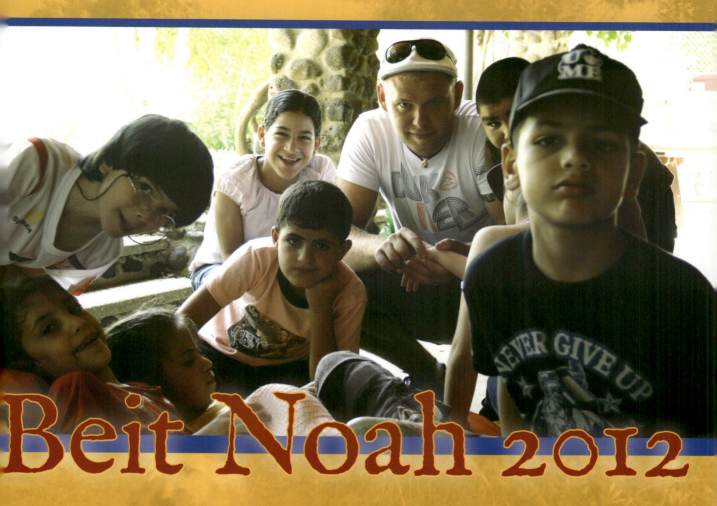

Beit Noah 2012

Von Paul Nordhausen-Besalel
Leiter der Begegnungsstätte Beit Noah

Tabgha ist ein heiliger Ort. Ganz offensichtlich wird das durch die Brotvermehrungskirche und das Kloster. Jedoch ist Tabgha auch auf ganz andere Art und Weise heilig. Hier, wo Jesus die Fünftausend speiste, werden auch heute noch Bedürftige „gespeist".

Ins „Beit Noah" kommen jedes Jahr unzählige Menschen, die aus verschiedenen Gründen in der Gesellschaft benachteiligt sind. Sie leben unter den Bedingungen von Behinderungen, sie sind Waisen oder leiden unter den Folgen von Traumata. Hier finden sie offene Türen. Das ist für viele eine ungewöhnliche Erfahrung. Viele unserer Gäste erleben oft genau das Gegenteil – Türen bleiben ihnen verschlossen: Türen zu einer Schule, Türen zu einem Hotel und oft auch die Tür ins eigene Zuhause. Hier in Tabgha finden sie einen Ort der Regeneration, des Friedens und des Miteinanders.

Zudem sind bei uns jedes Jahr auch Jugendgruppen, Priesterseminare und Pilger zu Gast und bereichern uns mit ihrer Anwesenheit.

Über allem steht der Grundgedanke der friedlichen Begegnung. Natürlich spielt hier in dieser Region die Begegnung von Israelis und Palästnensern eine große Rolle. Aber die Offenheit und Einladung zur Begegnung gilt für alle und beschränkt sich nicht auf zwei Gruppen.

So gibt es jedes Jahr hier auf dem Gelände ein buntes Treiben. Unterschiedlichste Menschen essen, feiern und leben miteinander: Behinderte und Nicht-Behinderte, Junge und Alte, Juden, Muslime und Christen. Wir konzentrieren uns auf das Gemeinsame, nicht auf das Unterscheidende.

„ Diese – leider nur – eine Woche in Tabgha wird, denke ich, ein eindrucksvolles Erlebnis bleiben, das ich nie vergessen werde. Alleine

schon die Tatsache das ca. 80 ‚wildfremde' Leute verschiedener Religionen gemeinsam eine Freizeit machen, die dazu noch ohne große Komplikationen vonstatten geht. Einfach unbeschreiblich. Der Umgang miteinander war einfach super. Obwohl man sich nicht kennt, ‚versteht' man sich doch sofort. Von Sprachbarrieren und Kulturkonflikt keine Spur. Jeder akzeptiert den anderen, wie er ist. Man hilft sich gegenseitig und stellt so fest, dass wir alle doch nur Menschen sind, die nicht für Kriege geschaffen wurden, sondern für Frieden."

(David, CVJM)

Im Folgenden stellen wir exemplarisch einige Gruppen vor, die die Vielfalt unserer Gäste darstellen.

Gruppen aus der Region

Palestinian Medical Relief Society (PMRS)

Die PMRS wurde 1979 gegründet. Seitdem ist sie zu einer der führenden Organisationen herangewachsen, die in den Palästinensischen Autonomiegebieten ärztliche Unterstützung anbietet. Die Gruppen, die zu uns nach Tabgha kommen, bestehen vor allem aus körperlich und geistig behinderten Jugendlichen aus den Dörfern rund um Ramallah. Seit ca. 20 Jahren arbeitet die Leiterin Majida Abu Ghoush an Ihrem Projekt. Sie arbeitet hart daran, für diese Menschen in ihren eigenen Familien und Dörfern Akzeptanz und Respekt zu erreichen. Für Majida ist ganz klar, dass das Problem

dieser Jugendlichen nicht bei ihnen selbst liegt, sondern in ihrer Umgebung. Nicht selten findet sie Kinder in unbeschreiblichen Situationen vor: In Höhlen angebunden oder zwischen Schafen lebend.

So ist eine ihrer Hauptaufgaben die Bildung der Eltern und des Umfeldes. Mit unglaublichem Einsatz gelingt es ihr, bei den Eltern und Geschwistern der Jugendlichen ein anderes Bewusstsein zu schaffen. Wenn sie mit ihrer Gruppe zu uns kommt, ist sie die einzige Betreuerin. Die Hälfte der Gruppe besteht aus behinderten Jugendlichen und die andere Hälfte aus Volontären. Diese Volontäre sind Geschwister der behinderten Jugendlichen oder andere Kinder aus den Dörfern. Es ist unglaublich zu sehen, mit welch einer Selbstverständlichkeit sich ein 13jähriger arabischer Junge um eine 20jährige schwerst behinderte Frau kümmert und das in einer Gesellschaft, in der ein behindertes Kind immer noch als Schande gilt.

„Schon von der Basis des Verständnisses der Kinderrechte geht es auch um die Rechte von Kindern, die unter Behinderungen leiden. Die Palestinian Medical Relief Society achtet und schützt die Rechte und die Würde derer, die unter Behinderungen leiden. Die PMRS achtet auch auf eine Gleichbehandlung, wenn die Kinder miteinander spielen und lernen, wenn sie an gemeinsamen Aktionen teilnehmen, wie z.B. beim Gesichts-Bemalen.

Für solche Kinder haben wir das vergangene Sommer-Camp in At-Tabgha organisiert. Dieses Sommer-Camp war sehr wichtig, denn es hat den Kindern die Möglichkeit gegeben, Team-Arbeit zu lernen und ihre Rollen und Verantwortlichkeiten aufzuwerten. Es ist wichtig, dass man sich vor Augen hält, dass sie nur in Teamwork voneinander lernen und eine gemeinsame Vision entwickeln können.

Dieses Camp ist ausschlaggebend, weil es die soziale Integration fördert. Es gibt diesen Kindern das Recht, zu lachen und zu spielen, ein Recht, das ihnen leider sonst vorenthalten wird. Das Camp fördert auch ihr Sprechen, ihre Aussprache und ihre Kommunikationsfähigkeiten. Sie sind sehr darauf aus, es zu versuchen, mit den Volontären zu sprechen – auch wenn sie die Sprache nicht verstehen. Das hält sie nicht davon ab; ihr Geist und ihre Motivation ist höher denn je.

Das Sommer-Camp bietet den Kindern viele Freizeitaktivitäten, an denen sie teilnehmen können. Dazu gehört zum Beispiel das Schwimmen und Baden in einer ungefährlichen und sicheren Umgebung. Die Kinder können draußen mit den Volontären spielen und schwimmen. Und sie werden in den Umgang mit Tieren eingeführt. Das ist sehr wichtig, denn es durchbricht die Mauer ihrer Angst, wenn sie ermutigt werden, den Hund zu streicheln. – Das Sommer-Camp hat unsere Vorstellung von Teamwork und sozialer Entwicklung bestärkt.

Ein weiterer Aspekt, der unterstrichen werden sollte, ist, dass das Camp eine ehrenamtliche Aktion war, denn die Jugendlichen, die dabei geholfen haben, haben das freiwillig getan. Diese Volontäre haben sehr hart gearbeitet, damit das Sommer-Camp ein Erfolg werden konnte und damit die Kinder ihre Zeit genießen konnten. Dieses Volontärs-Konzept fehlt der Palestinian Medical Relief Society leider, und doch war es überwältigend erfahrbar bei diesem Camp.

Zusammenfassend bleibt festzustellen, dass unser Sommer-Camp in At-Tabgha eine lebensändernde Erfahrung für diese Kinder ist, mit der sie rechnen und auf die sie warten. – Es ist etwas, worauf sie sich ein ganzes Jahr freuen, denn es gibt nicht viele andere Aktivitäten für sie außer dieser sehr speziellen.

[…] Im Namen der PMRS möchte ich all denen meinen tiefen Dank aussprechen, die geholfen haben, dass diese palästinensischen Kinder die Möglichkeit bekommen haben, nach Al-Tabgha zu fahren, die sie letztlich angeregt haben und die sie ausgerüstet haben mit der Hoffnung auf einer besser Zukunft!"

Majida Abu Ghosh (PMRS)

Arab Society of the Physically Handicapped (ASPH)

Die „Arab Society for Physically Handicapped" (ASPH) kommt schon seit über zwanzig Jahren nach Tabgha. Es handelt sich hierbei um eine Organisation, die ihren Sitz in Ost-Jerusalem hat. Es werden unter anderem kulturelle und sportliche Veranstaltungen für körperlich behinderte Menschen in der Gesellschaft organisiert. Für viele der Menschen, die an diesen Veranstaltungen teilnehmen, ist es die einzige Möglichkeit, am gesellschaftlichen Leben teilzuhaben. Die ASPH ist keine Institution mit festen Mitgliedern oder Patienten, viel mehr gehen die Mitarbeiter gezielt auf die teilweise vereinsamten Menschen in ihrer Umgebung zu und laden sie zu den Veranstaltungen ein. Darüber hinaus bieten die ASPH-Mitarbeiter ihre Hilfe bei Transportschwierigkeiten an und betreiben einen Verleih von Rollstühlen und Beatmungsgeräten für die Menschen, die sich aus finanziellen Gründen die oft teuren Geräte nicht leisten können.

Neben seiner Tätigkeit als „Director" der Society ist Akram Ali Okkeh, selbst auf den Rollstuhl angewiesen, noch als Vorsitzender des „Palestinian Paralympics Comitee" tätig.

Seit über zwanzig Jahren kommen Gruppen der ASPH nach Tabgha. Wenn diese Menschen hier sind, spürt man die tiefe Verbundenheit und Dankbarkeit, die unsere Gäste für diesen Ort empfinden.

„ Freundliche Strände, malerische Fußwege, historisch und religiös bedeutsame Stätten schmücken die Landschaft rund um den See von

Tiberias. – Tabgha muss man für das Paradies auf Erden halten.

Alle Stätten sind auf bestimmte Weise auch für Behinderte erreichbar. Und Tabgha liegt gut für die meisten Attraktionen rund um den See, und es hat genügend Unterkünfte in Zelten und im Haus. Unsere Gruppe sehnt sich nach Tabgha, und die gleiche Minute, in der wir Tabgha verlassen, ist die Minute, von der aus eifrig gezählt wird, wann der nächste Tabgha-Besuch ansteht.

Für mich und meine Familie gehört Tabgha zu unserem Leben dazu. Es ist jedes Jahr eine wichtige Station für uns, einer Zeit der Erholung, der Muße und der Unterhaltung.

Unser letzter Aufenthalt in Tabgha war großartig, der Pool war so sauber und die Natur war wunderbar. Wir haben uns zu verschiedenen Gelegenheiten mit den neuen hilfreichen Volontären und vor allem mit Paul getroffen, der außergewöhnlich auf Tabgha wirkt und der bemerkenswerte Ideen hat, um den Platz weiterzuentwickeln.

Tatsächlich kann man Tabgha kaum mit Worten beschreiben; es ist, wie ich schon gesagt habe, wie das Paradies auf Erden. Wir zollen denen unsere Anerkennung, die sich einsetzen, um dieses Stück Erde zu bewahren, und wir haben Respekt für diese Menschen in ihrer großzügigen Gastfreundschaft und ihrer herzlichen Begrüßung."

Akram Ali Okkeh

Arabischer Abend mit der „Akram-Gruppe".

Kibbuz Harduf

Der Kibbuz Harduf liegt im Norden Israels. Dort gibt es mehrere anthroposophische Einrichtungen, die auf verschiedenen Gebieten therapeutisch tätig ist. Zu uns kommt bis jetzt die Gruppe vom „Beit Elisha", die sich um körperlich und geistig behinderte Menschen kümmert und diesen eine Bildung und eine Ausdrucksplattform vor allem im künstlerischen Bereich bietet.

Die „Hiram"-Gruppe betreut Menschen, die unter psychischem Stress leiden. Unter anderem werden viele Trauma-Patienten dort behandelt. Es gibt ein großes Agrarprojekt, in welchem die Mitglieder arbeiten und, wenn möglich, auch eine Ausbildung machen. Die Gruppe umfasst 30 Mitglieder und kommt jedes Jahr zu uns auf den Platz.

> „Hiram" – eine therapeutische Einrichtung im Kibbuz Harduf betreut junge Erwachsene zwischen 20 und 40, welche unter seelischen Problemen leiden.

In den letzten Jahren waren wir dreimal im Gästehaus „Beit Noah" in Tabgha und seinen umliegenden Anlagen untergebracht. Jedes Mal fühlten wir uns herzlich willkommen und genossen den warmen Umgang der Verantwortlichen mit uns, die guten und sauberen Bedingungen und die hingebungsvolle Betreuung.

Aufgrund sehr begrenzter finanzieller Mittel unsererseits ist die Ferienanlage in Tabgha fast die einzige Möglichkeit für uns, ein paar schöne und angenehme Ferientage im heißen israelischen Sommer zu erleben.

Amit,
Leiter der Betreuer und des Kulturlebens in „Hiram"

Gruppen aus Deutschland

Jedes Jahr haben wir hier einige deutschsprachige Priesterseminare zu Gast. Zu nennen sind hier die Propädeutiker aus Freiburg, Horn (Österreich), Bamberg und Münster, die regelmäßig zu uns kommen. Hinzu kommen noch einige Schulen und Hochschulen wie die Ursulinenschule aus Köln oder die Katholische Studierenden und Hochschulgemeinde (KSHG) aus Münster.

Weitere Gäste

Darüber hinaus ist Tabgha auch ein Pilgerort, und so haben wir französische, italienische und deutsche Pilgergruppen, die sich in das bunte Gemisch unserer Gäste einfügen.

Angebot

Um unseren Gästen das Aufeinanderzugehen zu erleichtern, bieten wir kleine Aktivitäten an, die die Gruppen gemeinsam wahrnehmen können.

Pool: Er ist das Herz der Einrichtung und gerade im Sommer der Treffpunkt auf unserem Gelände. In der Mitte des Platzes gelegen, lädt der aufgestaute Frischwasserpool jeden zum Toben, Schwimmen und Spielen ein. Das Wasser ist leicht salz- und schwefelhaltig und hat so noch einen pflegenden und therapeutischen Effekt!

Tierhaus: Unser kleines Tierhaus beheimatet Kaninchen, Meerschweinchen und ein paar Vögel. Bei „Streichelzeiten" können die Gruppen unsere Tiere auf den Schoss nehmen, füttern und beobachten. Fast immer gibt es Baby-Häschen, die vor allem bei unseren ganz kleinen Gästen für Verzückung sorgen.

Der Kontakt zu den Tieren hat nicht nur den Effekt eines gemeinsamen Erlebnisses, sondern wirkt für einige unserer Gäste oft auch therapeutisch. – Kinder, die unter den Bedingungen von Autismus leben, halten sich oft bis zu zwei Stunden mit einem Hasen auf…

Sportplatz (in Planung): Noch in der Planung, und doch wichtig für die Einrichtung, ist unser kleines Sportareal. Fußball, Basketball, Tischtennis sollen hier gespielt werden. Tanzabende und kleine Musikveranstaltungen können dann hier stattfinden.

Ora-et-labora: Durch einen Tag „Bete und arbeite!" kann man einen kleinen Einblick in das Klosterleben bekommen und so auf ganz besondere Weise diesen biblischen Ort kennenlernen. Der Tag beginnt mit einer geistlichen Einführung und einem gemeinsamen Gebet, und danach wird in verschiedenen Bereichen mitgearbeitet, bevor man sich zum Mittagsgebet wiedertrifft und nach Absprache gemeinsam das Mittagsessen einnimmt. Nachmittags wird noch einmal gearbeitet und am Abend gemeinsam die Vesper gebetet! Auf Anfrage ist meistens auch noch ein Bibelgespräch mit den Mönchen zu organisieren.

Barfußpfad (in Planung): Neben dem Sportplatz soll ein „Barfußpfad" entstehen. Zwischen Olivenbäumen könnte dieses Angebot von verschieden Gruppen gemeinsam genutzt werden. Ein „Führer" führt einen „Läufer", dessen Augen verbunden sind, über verschiedene Bodenbeläge. So werden die Sinne geschärft und das Vertrauen zu einem Partner aufgebaut.

Interkulturelles Essen: Oft laden sich die verschiedenen Gruppen gegenseitig zum Essen ein. Hierbei bietet es sich an, verschiedene Rezepte dem Gegenüber vorzustellen und so die eigene Kultur näherzubringen. Aktuell beginnen wir mit dem Bau eines großen Grillplatzes, der für solche Abende selbstverständlich genutzt werden kann.

Tanzen/Musik: Ein Musik- und Tanzabend lockert oft die Stimmung und erleichtert das Aufeinanderzugehen. Für deutsche Gruppen ist es oft besonders schön, wenn man sich abends zum Klang einer Bedouinenflöte bewegen kann. Eventuell nötiges technisches Equipment muss allerdings selbst mitgebracht werden. Musiker können auf Anfrage organisiert werden. Allerdings müssen diese natürlich auch bezahlt werden.

Kleine Angebote auf Anfrage: Auf Anfrage können wir kleine Wanderungen in der Umgebung organisieren. Der Norden Israels ist übersät mit mehr oder weniger schwierigen Wanderrouten.

Malen auf großen Leinwänden am See ist eine schöne Möglichkeit, die wir gerne realisieren. Für das Material muss aber leider extra gezahlt werden.

Für Ideen von den Gruppen sind wir immer offen und freuen uns, wenn diese realisiert werden können.

Ausblick im die Zukunft

Der Blick in die Zukunft ist bei uns immer mit einem weinenden und einem lachenden Auge verbunden. Es gibt viel zu tun. – Das zeigt auf der einen Seite, was immer noch fehlt, aber es zeigt auch, dass es sehr viele Möglichkeiten gibt! Eine von uns anvisierte Begegnung des israelischen und des palästinensischen SOS-Kinderdorfes kann auch eine Möglichkeit und Chance, unabhängig von den ganzen Schwierigkeiten, denen ein solches Projekt unterworfen ist.

So versuchen wir kontinuierlich weiter daran zu arbeiten, dass sich in dieser Region Menschen begegnen und kennenlernen und dabei Berührungsängste abbauen.

Hier vor Ort, auf unserem Gelände erweitern wir durch kleine Ergänzungen unser Angebot für unsere

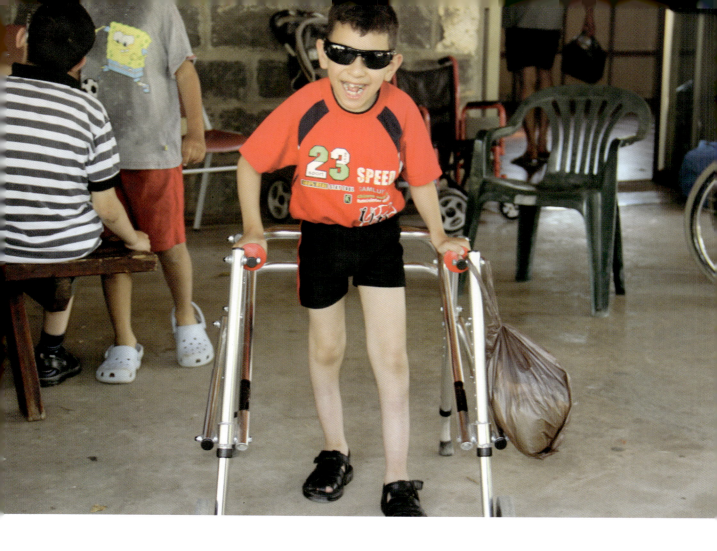

Gäste. Ein neuer Grillplatz soll sich zu einem weiteren Treffpunkt entwickeln, wo die Gruppen beim Essen und Trinken in Kontakt kommen. Der Sportplatz soll für den körperlichen Ausgleich sorgen, und der Barfußpfad soll die Sinne ansprechen. So blicken wir auf viel Aufregendes und Spannendes in den kommenden Jahren und freuen uns darauf!

Tanz-Abend mit der „Akram-Gruppe".

Sukkot-Feier mit Gästen aus Kfar Tikva.

Beit Noah: Unsere Gäste in 2011

Februar

- Seminar der Volontäre des Deutschen Vereins vom Heiligen Lande
- „Kreuzfahrer-Exkursion" des Theologischen Studienjahres der Dormitio-Abtei
- Einzelgäste und Familien

März

- Kfar Tikva (israelische Behinderteneinrichtung)
- KSHG Münster
- Propädeutikum Freiburg
- Pilgergruppe
- Einzelgäste und Familien

April

- Deutsche Pilgergruppe
- Gruppe aus dem Bistum Würzburg
- Englische Pilgergruppe
- Arab Society for Physically Handicapped
- Einzelgäste und Familien

Bastel-Aktion mit Gästen aus Kfar Tikva. Volontärs-Team 2011/12.

Mai

- Propädeutikum Bamberg
- Jugendgruppe aus Deutschland
- Holy Child Program (Betlehem)
- Armenian School (Jerusalem)
- Youth Rehabilitation Centre Jerusalem
- Propädeutikum Horn (Österreich)
- Einzelgäste und Familien

Juni

- Kfar Tikva
- Arabische und israelische Familien
- Al-Amal School (Behindertenschule, Ost-Jerusalem)
- Amutat Shekel (Behindertenprojekt Jerusalem)
- Al Sharooq School (Blindenschule Betlehem)
- Jugendgruppe Shufat-Camp (Jerusalem)
- Deutsche Pilgergruppe
- St. Konrad Gymnasium Ravensburg
- Einzelgäste und Familien

Juli

- Deutsch-israelischer Jugendaustausch
- Elwyn El Quds (Behinderteneinrichtung, Ost-Jerusalem, mehrere Gruppen)
- Rehabilitation School Nazaret
- Hiram (Israelische Behinderteneinrichtung)
- Arabische und israelische Familien

- Arabisches Jugendzentrum (Ost-Jerusalem)
- Deutsche Jugendgruppe
- Four Homes of Mercy (Behinderteneinrichtung Ost-Jerusalem)
- Italienische Pilgergruppen
- Einzelgäste und Familien

August

- The Ecumenical Theological Research Fraternity in Israel
- Kibbuz Harduf (Israelische Behinderteneinrichtung)
- Deutsche Pilgergruppe
- House of Light (Christliche Rehabilitationseinrichtung)
- Kindermissionswerk Aachen
- Italienische Pilgergruppe
- Deutsche Jugendgruppe
- Arabische Familie
- Einzelgäste und Familien

September

- Deutsche Jugendgruppe
- Arab Society for Physically Handicapped
- Deutsche Pilgergruppe
- Beit Uri (Israelische Behinderteneinrichtung)
- Al Basma Society (Behinderteneinrichtung, Beit Sahour)
- Palestinian Medical Relief Society (Rehabilitationseinrichtung, Ramallah)
- Deutsch-israelischer Jugendaustausch
- Arabische und israelische Familien
- Einzelgäste und Familien

Oktober

- Deutsch-israelisch-palästinensische Projektbegegnung
- Deutsche Jugendgruppe
- Deutsche Pilgergruppe
- Ursulinen-Schule Köln
- Arabische Familien
- Einzelgäste und Familien

November

- „Galiläa-Exkursion" des Theologischen Studienjahres der Dormitio-Abtei
- Kinder Abrahams (deutsch-israelisches Jugendprojekt)
- Einzelgäste und Familien

Dezember

- Einzelgäste und Familien

Summe für 2011

- 2514 Gäste
- 9165 Übernachtungen

Auf dem verehrten Felsen von Tabgha: Kukulle und Oblationsurkunde von Bruder Franziskus.

Benediktinisches Leben am See Gennesaret

Von Jeremias Marseille OSB
Kloster Tabgha

Kloster 2012

Der Grundstein des neuen Klosters.

Ut in omnibus glorificetur Deus

„*…damit in allem Gott verherrlicht werde*" (Benediktsregel 57,9), schreibt der heilige Benedikt uns Mönchen bereits im 6. Jahrhundert ins Stammbuch, seine Regel. Eingraviert auf dem Grundstein des neuen Klosters in Tabgha werden wir täglich daran erinnert, wenn wir vom neuen Kreuzgang in die Kirche gehen: „*Damit in allem Gott verherrlicht werde*". Was heißt das für uns Mönche?

Zunächst einmal – und immer wieder neu: den konkreten Ort kennen lernen, an dem wir leben. Im Grunde beginnt die *Stabilitas* der Benediktiner, indem sie dort, wo sie sich niedergelassen haben, ihr Ohr an den Boden legen und lauschen (vgl. Prolog der Benediktsregel 1) auf die Botschaft des Ortes, an dem Gott verherrlicht werden möchte. „Das Ohr an den Boden legen", ist ein Wort des früheren Erzbischofs von Recife (Brasilien), Dom Helder Camara, das mich seit meinem Noviziat begleitet.

Per ducatum Evangelii

Es ist ja nicht so, dass die Mönche etwas mitbringen. Sondern im günstigsten Fall sind sie bereit zu hören, zu empfangen und teilend weiterzugeben. Hierin lassen wir uns führen durch den täglichen Gottesdienst, dem, so Benedikt, nichts vorgezogen werden soll (Benediktsregel 43,3).

Was heißt das für uns in Tabgha? Hier kommt uns erstaunlich viel entgegen. Die Empfehlung der Regel, *„unter der Führung des Evangeliums"* (Prolog der Benediktsregel 21: „per ducatum Evangelii") zu leben, wird geradezu handgreiflich, leben wir doch – ob für kurze oder längere Zeit – am konkreten Ort des Evangeliums in der Lebensheimat Jesu. Seine Fuß-Spuren haben sich unauslöschlich diesem Boden eingeprägt. Und ohne es zu merken, kreuzen sich unsere Wege täglich mit den Seinen.

Die heilige Pilgerstätte macht uns täglich deutlich, dass wir Mönche ebenso Pilger sind wie die Vielen, die kommen und gehen. Wir teilen mit ihnen die Sehnsucht einmal wirklich anzukommen. Einige von ihnen halten nur für ein paar Minuten in der Brotvermehrungskirche an, vielleicht auch etwas länger (hoffentlich); einige für Tage und Wochen, auch Monate als Gäste; einige als Volontäre in der Regel für ein Jahr; einige als Mitarbeiter für einige Jahre. Indem wir täglich neu im Psalmengesang und in der Feier der Eucharistie das Ohr an den Boden legen, wächst ein Grundvertrauen und eine Freude aus dem Glauben an Jesus Christus,

der hier gelebt hat („*Er hatte Mitleid mit ihnen.*" Mk 6,31), und sich seinen Jüngern als der Gekreuzigt-Auferstandene offenbarte („*Er geht euch voraus nach Galiläa; dort werdet ihr ihn sehen.*" Mk 16,7). Auch seine Mutter und seine Jünger waren hier.

Wahrscheinlich haben das die Mitbrüder vor uns auch schon so erfahren. Wie sonst erklärt es sich, dass sie durch schöne und schwere Jahre hindurch nicht nur ausgehalten, sondern auch gern hier gelebt haben? Wie sonst erklärt es sich, dass wir als kleine Gemeinschaft in vielfältigen Aufgaben heute hoffnungsvoll in die Zukunft schauen? Man geht nicht gern von hier weg, außer wenn es der Gehorsam oder die Umstände gebieten.

Warum fügen sich Männer und Frauen (seit 1994 leben philippinische Benediktinerinnen mit uns Benediktinern hier in Tabgha), die im Geist des Heiligen Benedikts in der Nachfolge Christi stehen, gut in diesen konkreten Ort ein?

Kirche am Weg

Wir Mönche erleben diesen Ursprungsort Christi mit seinen Pilgern als ‚Kirche *auf dem* Weg'. Mögen umgekehrt die Pilger diesen Ort mit seinen Mönchen als ‚Kirche *am* Weg' erfahren.

Hierzu birgt das hiesige Nordwestufer des Sees Gennesaret eine einladende Atmosphäre. Das bestätigen uns viele Menschen, die hierher kommen. Es würde mich nicht wundern, wenn schon in vorchristlicher Zeit das hiesige Ufer, an dem entlang die alte Straße *Via Maris* wie eine Tangente den See gestreift haben soll, für vorbeiziehende jüdische Pilger und für Händler aus dem Osten ein Ort des Anhaltens, Sich-Niederlassens, Rastens und Wieder-Weiterziehens gewesen ist. Jesus sagt hier seinen Jüngern: „*Lasst die Leute sich setzen! Es gab dort nämlich viel Gras.*" (Joh 6,10)

Das Ohr an den Boden legen und lauschen, „*damit in allem Gott verherrlicht werde*", heißt heute, dass es gut ist, wenn Menschen schon hier „sitzen", um Menschen einzuladen sich zu setzen, anzuhalten und die Botschaft des Ortes auf sich wirken zu lassen. Da ist es nicht entscheidend, wie groß die Gemeinschaft der Mönche ist, sondern dass die Flamme am Leben gehalten wird und dass das Gotteslob nicht verstummt: „*Wo zwei oder drei in meinem Namen versammelt sind, da bin ich mitten unter ihnen.*" So verstehen wir auch unseren Dienst im Kontext der Ortskirche von Galiläa und Jerusalem. Ein Tag im Jahr ist ganz der Begegnung mit den einheimischen Christen reserviert, wenn wir mit ihnen gemeinsam das Brotvermehrungsfest feiern.

Gott zu suchen

Tabgha lebt durch seine Pilger aus aller Welt in einer Vielfalt, Gott zu suchen, zu loben und zu preisen. Wer sich einmal Zeit nimmt an einem pilgerreichen Tag, an dem die Kirche gut 3.000 bis 5.000 Gäste aufnimmt, für eine Weile im Atrium zu stehen, nimmt diesen Reichtum wahr, *damit in allem Gott verherrlicht werde*. Es sind vor allem, aber nicht nur, Christen, die in ihrer Gottes-

Kloster 2012

Vorbereitung der sonntäglichen Konvent- und Pilgermesse an Dalmanuta (Sister Leah und Pater Basilius).

Sehnsucht kommen. Darüber hinaus sind unsere einheimischen Gäste auf der Begegnungsstätte Beit Noah vorrangig jüdischer und muslimischer Herkunft. Die Suche nach Gott teilen wir mit allen. Eine Weisung kann uns das Wort der seligen Mutter Theresa von Kalkutta sein: *„Ich liebe die Religionen, ver-liebt bin ich in die eigene."*

Als der heilige Benedikt in Italien auf dem Berg Montecassino seine Regel schrieb, hatten gerade die Byzantiner eine erhabene Kirche in Tabgha zur Ehre Gottes und zum Gedenken an die Wunderbare Speisung der Vielen gebaut. Damals waren es gewiss nicht so viele Pilger wie heute. Und dennoch fühlten sich die Erbauer angeregt, in reichhaltigen Pflanzen- und Tierbildern (allein über 20 verschiedene Vögel) eine Vielfalt und Fülle zum Ausdruck zu bringen, die uns noch heute in leuchtenden Mosaiken auf dem Boden entgegenkommt. Wie stumme Zeugen sagen sie uns zu: *„…und alle wurden satt"* (Mk 6,42).

Wenn wir hier das Ohr anlegen, hilft uns das geistliche Urgestein unserer alten Mönchsregel in der Vielfalt und Fülle der Kommenden und Gehenden einfach „Gott zu suchen" (Benediktsregel 58,7) und „der Liebe zu Christus nichts vorzuziehen" (Benediktsregel 72,11). So kehren wir täglich neu zum schlichten Gesang der Psalmen zurück. *„Wohl dem Mann, der Freude hat an der Weisung des Herrn…"* (Ps 1), denn *„alles, was atmet, lobe den Herrn"* (Ps 150).

Unten ankommen

Wir wollen dabei nicht hoch hinaus. Wie sollten wir auch, leben wir hier doch 200 Meter unter dem Meeresspiegel, und dürfen uns das „tiefst gelegenste Benediktinerkloster der Welt" nennen. Nicht nur eine klimatische Wirklichkeit, sondern auch ein Sinnbild für das zentrale Anliegen der Regel, das sich im siebten Kapitel, dem Kapitel über die Demut, entfaltet. Wer länger hier lebt, weiß, dass er zeitweise auch recht unsanft an diese Grundtugend erinnert wird. Anders gesagt: Tabgha verhilft zum Kleinwerden, auf dass sich der Weg des Herzens, der anfangs nicht anders als eng sein kann, weite, wie der heilige Benedikt sagt, *„in unsagbarem Glück der Liebe"* (Prolog der Benediktsregel 49).

Ist es da ein Zufall, dass Jesus die meiste Zeit seines öffentlichen Auftretens in einer der am tiefsten gelegenen Gegenden der Erde verbracht hat? Der frühere Bischof von Aachen, Klaus Hemmerle, sagte einmal: „Gott kommt von oben, indem er von ganz unten kommt."

Tabgha ist jedoch nicht der Himmel auf Erden. Wer länger hier lebt, weiß das. Wenn Gäste uns immer wieder sagen, Tabgha sei wie ein Paradies, antworten wir gerne, dass es im Paradies auch die Schlange gibt. Tabgha ist auch der *Eremos Topos*, der einsame Ort, der Ort der Zuflucht, aber auch des Ausgeliefertseins. (vgl. Mk 6,31.46) ‚Tabgha' kann einen, der hier lebt, nicht nur fordern, sondern auch sehr herausfordern. Das haben heilige Orte wohl so an sich. Wen sollte es wundern? In diese Richtung weist das eigentliche Wunder, das lebendig macht.

Davon abgesehen, begegnete mir hier im Frühjahr 2001, kurz nach meiner Ankunft, die erste Schlange in unserer Kirche, wie sie sich abends nach der Komplet durch den Altarraum schlängelte und sich anschließend unter dem Priestersitz an der Ostwand der Apsis aufrichtete. Eine, ich gestehe, zunächst beängstigende aber ebenso beeindruckende Begegnung.

Unser Ort kann herausfordern ebenso wie klären. So gibt es immer wieder Erfahrungen, die sich unter uns in einer Redensart festgemacht haben: *„Tabgha ist, wenn's trotzdem klappt!"* Wie oft schon löste sich scheinbar nicht zu Bewältigendes plötzlich in Wohlgefallen auf. Ein Wunder?

Kleine Gäste des Beit Noah.

Den Glauben lernen

Hier ist es ratsam, die Regel Benedikts als eine „*einfache Regel des Anfangs*" (Benediktsregel 73,8) zu lesen, sind wir hier in Tabgha doch gehalten, uns stets neu dem Anfang von Christus her zu stellen: Hier begann sein öffentliches Wirken. Hierher kamen die Menschen, lauschten dem Herrn, liefen ihm nach, auch wenn sie vielleicht nichts, gewiss aber nicht alles, verstanden haben. Verstehen wir heute mehr?

Ja, wir sind nach Ostern. Und doch gehen wir nachösterlich auf Ostern zu. So sind wir miteinander unterwegs, Mönche und Pilger, im Anfang, die Botschaft Jesu zu buchstabieren, sie aufzunehmen und ihr je neu zu folgen. Tabgha ist und bleibt ein Ort des Ur-

Kloster 2012

sprungs und der Erneuerung unseres Glaubens. Dazu verhilft die Frische und Schönheit der Natur. Früh morgens und abends ist der Ort still. Tagsüber ist es der Ort der Vielen. Da kann es auch sehr heiß und manchmal laut werden.

Wenn wir offen und bereit bleiben, miteinander zu teilen, werden wir *„mit der Hilfe Christi und unter dem Schutz Gottes zum himmlischen Vaterland eilen"* (Benediktsregel 73, 8.9), wo unser Pilgern einst – das ist unsere Hoffnung – in der wahren Heimat angekommen sein wird.

DANKE

Für den Weg der Pilger mit den Mönchen und der Mönche mit den Pilgern braucht es zum Wachsen im monastischen Leben so etwas wie eine „zweite Haut", eine Klausur vor Ort, ein Monasterium. Von daher sind wir Mönche von Herzen dankbar, dass wir nun in ein wirkliches Kloster in Tabgha einziehen werden.

So erinnere ich gerne an den 27. Februar 2007: für die Geschichte von Tabgha ein Meilenstein und für uns Mönche ein wichtiges Datum der Ermutigung. Im Kreis der deutschen Bischöfe, vieler Mönche und

Bruder Franziskus, Pater Matthias, Pater Zacharias und Pater Ralph (v.l.n.r.) auf der Baustelle.

Kloster 2012

Nonnen, von Gästen aus dem In- und Ausland hat Seine Eminenz Joachim Kardinal Meisner, Präsident des Deutschen Vereins vom Heiligen Lande, den Grundstein gesegnet. Ziemlich genau fünf Jahre später, am 9. Februar 2012, konnte der Grundstein an derselben Stelle, an der er zur Segnung aufgestellt wurde, in den Kreuzgang des neuen Klosters eingefügt werden. Es gab mehrere Momente im Vollzug des Klosterneubaus, die einem unweigerlich unter die Haut gingen – dieser war einer davon.

Dass wir Mönche der Abtei Dormitio in Jerusalem nach über 70 Jahren Präsenz in Tabgha nun vor Ort in ein neues Kloster ziehen können, erleben wir wie ein kleines Wunder. Wer hätte vor Jahren damit gerechnet? Was lange, auch bei den Mitbrüdern, die vor uns hier gelebt haben, ein Wunsch war, ist nun Wirklichkeit geworden. Hierfür richtet sich unser Dank vor allem an Gott. Unsere Gedanken gehen dankend an die Vertreter des Deutschen Vereins vom Heiligen Lande, vor allem an den Präsidenten, Kardinal Meisner, und an den Generalsekretär, Herrn Heinz Thiel, und zu so vielen, die tatkräftig und im Gebet, materiell und ideell und durch finanzielle Hilfe am Neubau des Klosters beteiligt waren. Allen von Herzen Danke und Vergelt's Gott!

Es begann damit, dass wir im Sommer 2002 unseren deutschen Architekten des neuen Klosters, Professor Alois Peitz, Hubertus Hillinger und seiner Frau Susanne Hofmann-Hillinger (alle drei aus Trier), die Regel unseres Ordensvaters Benedikt auf der Terrasse des alten Klosters überreicht haben. Es war ein heißer Sommertag. Heute soll es uns nicht wundern, dass in einem

Kloster 2012

gemeinsamen Bauwerk, in dem es um den Dienst an Gott gehen soll, im Prozess des Bauens auch eine Beziehung aus demselben Geist gewachsen ist. Herzlichen Dank!

Neben den hiesigen Ingenieuren Walid Haj und Samir Saad, beide aus Nazaret, danken wir vor allem unserem altbewährten Bauunternehmer Khalil Dowery, auch aus Nazaret, der bereits als 27jähriger die Brotvermehrungskirche gebaut hat. Seither zieht es ihn hierher, wie er sagt. Wen wundert es? Und das war an allen Ecken und Kanten der Neubauphase spürbar.

In unserem Stundengebet erklang in den letzten Monaten immer wieder die Fürbitte für unsere Arbeiter auf der Baustelle und ihre Familien. Die meisten von ihnen sind arabische Christen, aber auch einheimische Juden, Muslime und Drusen, nicht zu vergessen die Schreiner, die aus Deutschland angereist kamen. Möge Gott sie alle segnen und teilhaben lassen an Seiner Barmherzigkeit über die Tage des gemeinsamen Bauens hinaus! Ihre Gesichter sind uns vor Augen, ihre Namen noch im Ohr: Said, Josef, Ghassan, Munir, Aouni, Jules, Michael, Farhood, Edward, Ihab, Wissam, usw....

Uns allen gilt der Vers des Psalmisten: *„Baut nicht der Herr das Haus, mühen sich umsonst, die daran bauen"* (Ps 127,1). Wenn wir heute das neue Kloster vor uns sehen, das einfach schön geworden ist, dürfen wir da nicht auch glauben, dass es unter der segnenden Hand Gottes geschah, auf dass der Ort Jesu Christi lebendig bleibe?

Das wurde uns in den letzten Jahren besonders deutlich in den Zuwendungen, die wir durch Spenden für das neue Kloster erhalten haben. Nicht selten lernten wir hier das Evangelium von der „Münze der armen Witwe" neu verstehen. Wie schon bei der Erneuerung des Gästehauses Beit Noah für unsere israelischen und palästinensischen Gäste mit Behinderungen in den Jahren 2002-2004 durften wir auch jetzt beim Neubau des Klosters erfahren, dass nicht einfach Geld in Stein geflossen ist, sondern uns eine lebendige Teilnahme so Vieler entgegenkam.

Spender, Helfer, Unterstützer, Mitbetende, Anteilnehmende,... – *Pilger* sind sie alle, ob sie hierher kommen konnten oder nicht!

Möge Gott allen ihr Werk vergelten und sie segnen!

Tabgha, am Hochfest Christi Himmelfahrt, 17. Mai 2012

Foto- und Abbildungsnachweise

Abtei Dormitio / Kloster Tabgha / Begegnungsstätte Beit Noah: S. 9 (Foto), S. 12, S. 14, S. 16, S. 17 (5), S. 21 (Ikone), S. 42, S. 60/61, S. 62, S. 63 (Grafik), S. 65, S. 67, S. 73 (aus Werk-Bericht Gauer, Manuskript), S. 77 (Grafik), S. 81 (aus dem Original-Manuskript), S. 85, S. 94/95, S. 96 (Grafik), S. 101 (aus dem Original-Manuskript), S. 109-111, S. 113 (Grafik), S. 114-124, S. 130-133, 144-147 (Fotos), S. 148, S. 152-155 (Fotos), S. 162-173, S. 178-187, S. 189-196, S. 197 (Grafik), S. 199-204, S. 214-217, S. 226, S. 228, S. 229, S. 231 (Grafik), S. 233, S. 237, S. 238 (rechts), S. 239 (links), S. 240-243, 254/255, S. 263 (Grafik), S. 265-274, S. 275-279, S. 282-285, S. 286 (rechts), S. 287, S. 290-291, S. 294-296.

Alois Peitz/Hubertus Hillinger (Fotos, Skizzen und Pläne der Architekten): S. 125-129, 135-143, 144-147 (Skizzen und Zeichnungen), S. 149-151, S. 152-155 (Skizzen und Visualisierungen), S. 156-159, S. 174-177.

Christian Schindler: S. 108, S. 207, S. 220, S. 222, S. 252/253, S. 289, S. 297.

Deutscher Verein vom Heiligen Lande / Zeitschrift „Das Heilige Land": S. 213, S. 234, S. 236, S. 238 (links), S. 239 (rechts).

Dominic Volkmer: S. 90/91.

Erzdiözese Köln: S. 6 (Wappen und Foto).

Görres-Gesellschaft: S. 69, S. 72.

Joachim Gimbler SJ: S. 76, S. 93, S. 208, S. 245, S. 262.

Kathy Saphir: S. 17 (unten rechts).

Lateinisches Patriarchat Jerusalem: S. 9 (Wappen).

Library of Congress, Washington D.C. via http://www.loc.gov/pictures: S. 82, S. 104, S. 224, S. 225.

Pilgerhaus Tabgha: S. 87, S. 219, S. 230, S. 256, S. 258, S. 261.

Resi Borgmeier / Freundeskreis der Dormitio: S. 22/23, S. 107, S. 221, S. 223, S. 227, S. 293.

Sebastian Heide: S. 24, S. 38, S. 248/249, S. 280-281, S. 286 (links).

Sebastian Skalitz: S. 209.

S. De Luca – S. De Stefano SDS Grafica (Napoli) © Magdala Project: Pläne S. 27, S. 28, S. 31, S. 36.

Priesterseminar/Propädeutikum Freiburg: S. 246/247, S. 251.